논리적
Computational
Thinking
문제 해결을 위한
컴퓨팅 사고

논리적 문제 해결을 위한
컴퓨팅 사고 Computational Thinking

ISBN 978-89-314-6142-8

독자님의 의견을 받습니다

이 책을 구입한 독자님은 영진닷컴의 가장 중요한 비평가이자 조언가입니다. 저희 책의 장점과 문제점이 무엇인지, 어떤 책이 출판되기를 바라는지, 책을 더욱 알차게 꾸밀 수 있는 아이디어가 있으면 이메일, 또는 우편으로 연락주시기 바랍니다. 의견을 주실 때에는 책 제목 및 독자님의 성함과 연락처(전화번호나 이메일)를 꼭 남겨 주시기 바랍니다. 독자님의 의견에 대해 바로 답변을 드리고, 또 독자님의 의견을 다음 책에 충분히 반영하도록 늘 노력하겠습니다.

파본이나 잘못된 도서는 구입처에서 교환 및 환불해 드립니다.

이메일 : support@youngjin.com
주소 : (우)08505 서울시 금천구 가산디지털2로 123 월드메르디앙벤처센터 2차 10층 1016호 (주)영진닷컴 기획1팀

저자 김두진 | **책임** 김태경 | **진행** 최윤정 | **디자인 · 편집** 고은애
영업 박준용, 임용수 | **마케팅** 이승희, 김근주, 조민영, 이은정, 김예진 | **제작** 황장협 | **인쇄** SJ P&B

머리말

컴퓨팅 사고(Computational Thinking)를 쓰는 것은 마치 다락방 속에 감춰져 있던 보물을 찾아내는 마음이었습니다. 카네기 대학의 자넷 윙 교수에 의해서 정의된 내용이긴 하지만 사실 컴퓨팅 사고는 우리 인간들의 지혜로운 문제 해결의 방식이었습니다. 이것을 컴퓨팅 사고라는 이름으로 풀어내면서 조상들의 지혜로움에 감탄하게 되었습니다. 사실 컴퓨터에 관련된 책을 쓰고, 공학 분야의 일을 하면서 고대 과학자들은 우리에게 과학자보다는 철학자의 이름으로 알려져 있습니다. 그래서 더욱 오랜 지혜의 이야기들은 마치 신화처럼 우리에게 다가오는 것 같습니다.

하지만 컴퓨팅 사고는 현재의 이름을 가지고 있는 아주 오래된 지혜의 방법입니다. 이것을 이 책을 읽는 분들에게 선보이고 조그마한 도움이 될 것이라는 생각에 가슴이 벅차기도 합니다.

이 책은 넓게는 문제를 대하는 방법과 그리고 문제를 해결하기 위한 필수 조건들에 대해서 기술하고 있습니다. 이것은 제품을 개발하는 엔지니어의 입장 혹은 공학도의 입장에서 보는 방법들을 기술하기도 합니다. 하지만 일상 생활에서 우리가 맞닥뜨리는 문제의 해결에도 도움이 될 것이라 생각합니다.

이 책은 공학을 쉽게 접하려는 분들과 이제 갓 대학에 입학하는 학생들을 대상으로 쓰였습니다. 몇몇 예제들은 제가 제품 개발의 현장에서 경험했던 것을 이용하였습니다. 제품 개발의 환경이 일반적인 환경은 아닙니다. 하지만 공학적인 지혜를 설명하기에 가장 적절하다고 판단이 되어서 가능하면 많은 예제를 통해서 설명하였습니다. 다소 어렵거나 혹은 생소하게 느껴질지도 모르겠습니다. 가능하면 쉽게 설명하려 노력하였으므로 호기심을 가지고 다가왔으면 하는 마음입니다.

여름의 시작이 언제였는지도 모르게 벌써 더위의 한복판에 있습니다. 이 책을 읽는 모든 분들도 언제인지도 모르게 컴퓨팅 사고라는 지혜의 한복판으로 같이 스며들었으면 좋겠습니다.

책이 나오기까지 도움을 주신 모든 분들과 가족들에게 감사함을 드립니다.

목차

PART 01

컴퓨팅 사고의 개요

컴퓨팅 사고(Computational Thinking)는 컴퓨터가 만들어낸 사고 방법이 아닙니다. 이는 과학자들이 혹은 과거의 현자들이 세상의 복잡하고 어려운 문제를 해결해 나가기 위한 생활 방식이었습니다. 과학자들은 이러한 검증되고 확실한 문제 해결 방법을 컴퓨터에 이식시켰던 것입니다. 컴퓨터는 이러한 방식들을 이용해서 인간의 능력을 뛰어넘는 문제 해결 능력을 보여 주고 있습니다. 그래서 이제 사람들은 이러한 컴퓨터의 사고방식을 역으로 배우려고 하고 있습니다. 이런 것을 청출어람이라고 하나요? 이번 파트에서는 컴퓨터의 사고방식에 대해서 배워 보려 합니다. 다소 딱딱하고 어려울 수 있지만, 현자의 지혜를 배운다는 마음으로 접근한다면 꽤 흥미롭지 않을까 생각합니다.

컴퓨팅 사고의 의미

1 | 컴퓨터의 의미

우리의 일상에서 컴퓨터는 너무나도 다양하고 빈번하게 사용되고 있습니다. 일상에서 작게는 TV나 냉장고에 사용되는 소형 컴퓨터, 데스크톱 컴퓨터, 핸드폰처럼 생활의 필수 제품뿐 아니라 기상청의 일기 예보나 회사의 데이터 센터 혹은 군사용 목적으로 사용되는 슈퍼컴퓨터까지, 컴퓨터는 우리 주변 많은 곳에서 사용되고 있습니다. 형태 또한 우리가 익히 알고 있는 컴퓨터 형태뿐만 아니라 다른 기기의 내부에 내장되어 있는 형태 등 다양한 모습을 하고 있습니다. 이렇게 컴퓨터는 형태와 모양이 어느 하나로 구체화된 일반 상품과 같은 과거의 모습이 아니라, 여러분들의 책상 위에 있는 노트북, 데스크톱 컴퓨터와 자동차 내부에 내장되어 있는 컴퓨터, 또는 TV 리모컨 안에 숨어 있는 작은 컴퓨터까지 여러 형태로 자리 잡고 있습니다.

컴퓨터의 어원은 '계산하다'라는 뜻의 Compute라는 단어에서 시작합니다. 현대 사회의 컴퓨터는 단순한 사칙연산뿐만 아니라, 우리 집에서 회사까지 가는 가장 빠른 길을 현재 교통 정보를 참고해서 알려 주는 것과 같이 사람의 생각으로는 빠르게 답을 내기 어렵고 복잡한 문제에 대해서도 척척 답을 알려 주고 있습니다. 또한, 어떤 이벤트가 발생했을 때 가장 적절하다고 여겨지는 답을 내놓을 수 있도록 프로그래밍도 할 수 있습니다. 가능한 상황들에 대한 대책을 위해 데이터를 수집하고, 이렇게 수집된 데이터를 근거로 이벤트가 발생했을 때 가장 적절한 답을 내놓을 수 있도록 하는 것입니다. 그래서 현대의 컴퓨터는 '예측 가능한 공학적인 시나리오의 집합이다'라고 정의할 수 있습니다.

사람의 경우에는 이러한 돌발상황에 대한 대책을 경험이라는 데이터를 근거로 해결할 수 있습니다. 이러한 경험 데이터를 축적하는 방법은 직접 경험하는 방법과 타인의 경험을 나의 것으로 만드는 방법이 있습니다.

그림 1.1 경험은 아주 훌륭한 자산 데이터입니다.

간접적인 방법으로는 책이나 방송 혹은 기타 정보를 습득하는 방법으로, 다른 사람의 경험을 여러 경로와 과정을 거쳐서 나의 데이터로 만드는 것입니다. 이렇게 사람이 경험 데이터를 축적하는 것에는 많은 시간과 노력이 필요합니다. 하지만 컴퓨터는 사람이 들이는 노력과 시간과는 비교할 수 없을 정도로 방대한 양의 데이터를 빠른 속도로 데이터화할 수 있습니다. 사람은 뇌를 이용해서 기억하고 연산하는 과정을 통해 경험이라는 데이터를 만들 수 있습니다. 이 과정은 마치 운동선수가 같은 동작을 끊임없이 반복해서 익히는 과정과 같습니다. 경험 데이터는 쉽게 얻을 수 없고 지속적인 시간과 노력이 필요합니다. 하지만 컴퓨터는 사람과 다르게 데이터의 축적만 있으면 경험을 쌓을 수 있습니다. 세상에 있는 지식과 데이터를 그냥 저장 장치에 잘 모아 두고 이것을 빠르게 액세스해서 사용하기만 하면 되기 때문입니다. 우리는 이미 프로기사들이 수십 년을 쌓아서 익혀 온 바둑 기보를 몇 십 배 또는 몇 백 배 빠른 속도로 모두 익혀버린 알파고라는 컴퓨터를 경험했습니다. 그리고 그렇게 익힌 경험을 통해서 바둑의 최고수들을 꺾는 과정을 지켜봤습니다.

그림 1.2 컴퓨터와 사람의 바둑 싸움

2 사고의 의미

컴퓨터적인 사고Computational Thinking의 의미를 설명하기 위해서 사고의 개념을 살펴봐야 합니다. 사고라는 것은 '생각하다'라는 의미로 간단히 접근할 수도 있지만, 한 단계만 더 깊게 생각해 본다면 다음과 같이 정의할 수 있을 것 같습니다.

"세상의 사물과 사건들을 대하는 인간의 태도 또는 방법"

좀 어려운 말로 들릴 수도 있습니다. 쉬운 이해를 위해서 다음과 같이 생각해 보겠습니다. 어떤 사건이나 일에 대해서 사람마다 해결하는 방법이나 접근하는 방법이 다 다르지 않습니까? 예를 들면 친구들끼리 해외여행을 가는 경우, 어떤 친구는 시간별로 또는 동선별로 세밀한 계획을 세우는 반면에 일단 현장에서 부딪히면서 그때그때 대응하는 것을 즐기는 친구도 있습니다. 이렇게 서로의 취향 그리고 어떤 것을 중요시하느냐에 따라서 대응 방법이 달라지는 것입니다. 사고 방법이 다르면 문제에 대한 태도가 다르고, 태도가 다르다는 것은 문제 해결의 방식이 다르다는 것을 의미합니다. 그렇다고 문제 해결 방식이 다르니 결과가 다르다고는 할 수 없습니다. 그리고 같은 결과를 내기 위해서 같은 방식으로 문제를 해결할 필요도 없을 것입니다. 컴퓨터에서는

A라는 방식으로 문제를 해결할 경우 항상 같은 답이 나와야 하지만 사람들의 관계에서는 이런 공식이 절대적이지 않습니다.

여행의 경우와 마찬가지로 사람마다 사건을 대하는 방법은 여러 가지가 있을 수 있습니다. 사람마다 특성과 정보의 보유량 그리고 감각의 정도에 따라서 다 다르게 생각할 수 있으니까요. 사고라는 것은 사건, 사물 혹은 어떤 분야를 인식하는 데 있어서 필요한 일정한 방법들을 이야기하는 경우가 많습니다.

다른 예를 들어서 집에서 학교에 가는 방법을 생각해 보겠습니다. 집에서 학교가 멀지 않은 곳에 있다면 간단하게 도보로 학교까지 가는 방법을 고려합니다. 혹은 걸어서 가기에는 거리가 멀다면 다른 교통수단을 이용하는 것을 고려해 볼 것입니다. 먼저 거리를 생각하고 나면 그다음은 어떤 경로를 통해서 학교에 갈 것인가를 고민합니다. '마트를 지나서 가는 큰길로 학교에 갈 것인가? 아니면 샛길 비포장도로를 통해서 학교에 갈 것인가?' 오늘의 날씨 조건에 따라서 비포장도로보다는 큰길을 선호할 수도 있습니다. 혹은 아침에 늦잠을 자서 지각을 할 가능성이 있다면 비포장도로의 지름길을 선택할 수도 있습니다. 이와 같이 어떤 방법을 사용하는 것이 현재 상황에 가장 좋은 선택이 될 것인가에 대해서 고민하고 결정하게 됩니다. 그리고 결정하기 위해서 우리는 주어진 조건과 현재 상황을 고려해서 사고하게 되고, 그 사고를 바탕으로 최선이라고 생각하는 선택을 합니다.

그림 1.3 갈림길에서 어디를 선택하죠?

사고라는 것은 사건, 사물 혹은 어떤 분야를 인식하는 데 있어서 필요한 일정한 방법을 이야기하는 경우가 많습니다. 이 방법에는 여러 가지가 있을 수 있습니다. 한 가지 예로는 어떤 일정한 공식을 생각할 수 있는데, 음식을 보면 먹고 싶다고 생각하거나, 멋있는 사람을 보면 계속 보고 싶다거나 하는 공통의 행동 양식이 있습니다. 이렇게 반복되고 대다수의 일정한 공통적인 것을 패턴Pattern이라고 표현할 수 있습니다.

이런 인식의 종류는 매우 다양합니다. 사람마다 지니고 있는 특성과 지식의 정도 그리고 감각의 정도에 따라서 다양한 방법으로 생각할 수 있으니까요. 상황에 따른 가장 좋은 방법을 사용하기 위해서 사람들은 각자가 알고 있는 경험과 지식을 근거로 가장 좋다고 생각되는 방법을 찾아내려고 합니다. 그렇게 다양한 인식의 종류에서 가장 좋은 방식을 선택하는 것을 사고라고 표현할 수 있습니다.

분야별로 '사고'라는 용어를 붙이면 그 분야의 인식 패턴으로 정의할 수 있습니다. 예를 들면 과학적 사고, 수학적 사고, 논리적 사고, 디자인적 사고 그리고 우리가 배워야 할 컴퓨팅 사고 등이 있지요. 이와 같이 사고라는 것은 '어떤 분야를 좀 더 쉽고 편리하게 이해하기 위해서 잡는 생각의 기본 구조'라고 표현할 수 있습니다. 논리적 사고의 경우, 감정적으로 접근하는 것을 논리적 사고라고 하기는 어렵습니다. 감정을 배제하고 논리적으로 타당하게 사고하는 것이 논리적 사고라고 표현하는 데 어울릴 것입니다. 가령 위에서 예를 들었던 학교까지 가는 길을 선택할 경우 큰 도로를 이용해서 학교에 가는 길을 선택하는 것이 시간적으로 편리함 등을 고려할 때 합리적인 결정이라고 할 수 있습니다. 하지만 꽃이 활짝 피어 있는 봄 시즌에는 감정적으로 꽃이 활짝 핀 길로 가는 것을 선택할지도 모릅니다. 이 2가지의 선택에서 큰 도로를 이용한 선택만이 좋은 결정이라고 하기는 어렵습니다. 우리는 가끔 활짝 핀 꽃 길을 걸어 보고 싶어 하지 않나요? 사고는 이와 같이 어떤 분야를 좀 더 쉽고 편리하게 이해하기 위해서 잡는 생각의 기본 구조라고 표현할 수 있습니다.

3 | 사람의 사고와 컴퓨터 사고의 차이

사람의 경우 사고를 하는 주요한 방법과 의미에는 무엇이 있을까요? 사람의 행동과 생각을 분석하기 위해서 인류 역사에 걸쳐 여러 방면으로 연구가 이루어졌습니다. 철학, 인문학 등의 이름으로 사람의 사고에 대한 연구가 이루어졌지요. 그중에서도 사람의 사고에 대해서 큰 업적을 세우고 분석한 사람이 있는데, 이 분야의 최고인 심리학자 프로이트입니다. 이 분은 인간 생활의 주요한 동기부여의 에너지가 성욕이라고 정의했습니다. 이렇게 동기부여의 에너지를 정의함으로써 사람의 행동 근거를 분석하고자 했고, 이러한 분석을 통해서 사람을 깊이 이해하고자 했습니다. 그리고 인간 생활의 동기부여 에너지를 분석하고 정의하려고 했던 또 다른 이유는 사람의 사고 패턴을 읽고자 했던 노력이었습니다. 그렇다면 컴퓨터 사고의 근간을 이루는 것은 무엇일까요? 컴퓨터는 인간처럼 자력으로 생각하는 생명체가 아니므로 오로지 사람이 만든 환경에서 주어진 조건에 의해서만 사고하게 됩니다. 컴퓨터가 하는 사고라는 것은 철저히 사람에 의해서 인공적으로 만들어지고 훈련된 환경 내에서만 이루어지게 되어 있습니다. 그리고 컴퓨터는 사람과 다르게 다양성이 용인되지 않습니다. 모든 컴퓨터는 동일한 문제 해결에 같은 답을 내놓기 마련입니다. 이것이 인간의 사고와 컴퓨터 사고의 가장 큰 차이점이라고 할 수 있습니다. 세상의 모든 컴퓨터는 주어진 문제에 대해서 동일한 결괏값을 내놓습니다. 만약 다른 값을 내놓는 컴퓨터가 있다면 우리는 그것을 '고장'이라고 표현합니다. 하지만 오늘날의 컴퓨터는 인공지능이라는 영역에 컴퓨터가 놓이게 되면서 이 부분에 대한 경계 역시 약간은 모호해진 것이 현실적인 상황입니다. 위에서 언급한 동일한 문제에 동일한 결괏값을 내놓는 것은 컴퓨터의 어원인 계산기에 충실한 기능입니다. 하지만 생명체가 가지고 있는 지능이라는 의미가 부여된 인공지능 컴퓨터는 주어진 데이터에 의한 자가 학습 능력에 따라서 얼마든지 다양한 값들을 내놓을 수 있습니다.

그림 1.4 스스로 공부하는 인공지능

사람의 뇌 구조라는 재미있는 그림이 있습니다. 사람들은 자기가 처한 현재 상황에 따라서 서로 다른 관심사가 사고의 중심이 될 수 있습니다. 갓난아이 사고의 가장 큰 중심은 먹는 것, 싸는 것, 엄마, 기저귀가 축축한 것입니다. 직장인 사고의 중심은 일, 월급, 진급 등일 것입니다. 아래의 그림은 이제 갓 대학에 입학한 학생들의 관심사를 표현해 본 것입니다. 여러분들의 관심사와 비슷한가요? 이처럼 사람은 각자 처한 상황과 시간의 변화에 따라서 사고의 구조도 조금씩 변화하게 됩니다. 우리는 이것을 다양성 혹은 개성이라고 표현합니다. 하지만 이런 개성이나 다양성은 사람에게만 주어진 특성입니다.

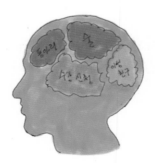
그림 1.5 대학 1년생의 뇌 구조

위의 뇌 구조라는 그림, 프로이트의 동기부여 에너지에 대한 이야기에서 공통으로 이야기하는 것은 사고의 중심이 되는 관심입니다. 어떤 부분에 관심이 있느냐에 따라서 앞으로 이야기할 사고의 방향과 패턴이 정해지는 것입니다. 사람은 주변 환경과 습득되는 정보의 종류와 양 그리고 사람의 사고 패턴에 따라서 다양한 관심의 변화를 가질 수 있습니다.

컴퓨터는 어떤 것에 관심이 있을까요? 사실 컴퓨터에게 있어 취향이나 관심은 사람이 지정해 준 프로그램에 의해서 정해지게 되어 있습니다. 냉장고에 들어가 있는 컴퓨터는 오로지 냉장고의 온도와 상태에 집중하게끔 프로그래밍되어 있지요? TV 리모컨에 들어가 있는 작은 컴퓨터는 오로지 사람이 누른 번호를 TV에 연결해 주는 것에 집중되어 있습니다. 컴퓨터에게 취향이라는 것은 없습니다. 억지로 취향이라는 것을 심어준다고 하더라도, 주어진 소프트웨어만 변경하면 이 취향이라는 것은 언제든지 변화할 수 있습니다. 어제까지 게임방에서 24시간 게임을 돌리던 컴퓨터를 오늘은 완전 포맷하고 회사에서 업무용으로 사용할 수 있는 것처럼요.

4 | 컴퓨팅 사고는 어떤 것인가?

컴퓨터의 사고 방법은 무엇일까요? 우리는 컴퓨팅 사고Computing Thinking 라는 이름으로 컴퓨터의 사고 방법을 이해하려 하고 있습니다. 사실 컴퓨팅 사고라는 것은 컴퓨터가 만들어지면서 생겨난 것은 아니라고 이미 앞에서 언급했습니다. 과거 컴퓨터가 세상에 나타나기 이전에 사람들은 문제를 해결하기 위한 방법으로 여러 가지 방법을 고민해 왔습니다. 이러한 문제 해결에 대해서 암묵적으로 그리고 경험적으로 어느 정도 공통적인 해결 방식을 가지고 있었습니다. 어렵고 힘든 문제일수록 문제를 잘게 나누고, 각각에 대해서 해결책을 고민하고, 작은 문제들의 해결책을 찾고 나면 이를 합쳐서 전체 큰 문제를 해결했지요. 또는 문제를 한쪽 면에서만 보는 것이 아니라 여러 각도에서 살펴보는 방식, 뒤집어 보기, 거꾸로 보기 등 여러 가지 방법을 가지고 있었습니다. 그리고 그렇게 만들어진 해법 중에 컴퓨터에 가장 어울리는 방식이 지금의 컴퓨팅 사고방식인 것입니다.

이런 컴퓨팅 사고방식을 우리는 어디서 가장 많이 볼 수 있을까요? 저는 드라마에서 많이 보는 범죄 수사의 한 방법이 이와 아주 유사하다고 생각합니다.

그림 1.6 범죄 현장의 증거들

보통 범죄 현장의 증거품은 하나하나 나누어서 각각에 대해서 분석합니다. 위의 사진에서 보듯이 증거에 대해서 번호를 붙이고 각각이 가지고 있는 의미를 따로따로 분석하지요. 주변에 흩어진 담배꽁초에서 사람의 DNA 정보를 얻어내거나, 주변에 버려진 쓰레기를 통해서 그 자리에 있었던 사람들의 정보를 얻을 수 있습니다. 주변에 흩어진 증거들을 각기 다르게 분석합니다. 혹은 몇 개의 증거들을 묶어서 하나의 결과로 만들기도 하지요. 그리고 이렇게 분석된 의미와 내용을 전체 하나로 합쳐서 사건을 해결합니다. 이런 방식은 앞으로 우리가 배울 컴퓨팅 사고의 방식과 동일합니다. 이것은 컴퓨터가 가르쳐 준 것이 아닙니다. 사람들의 경험을 바탕으로 만든 방식입니다. 그동안의 사람들의 지혜를 컴퓨터에 잠시 빌려주었던 것입니다. 그리고 이제는 그 방식을 다시 사람들이 배우려고 하고 있습니다.

이제 우리가 컴퓨터에게 알려 준 사고방식을 알아볼까요? 이것을 이해하기 위해서 자동차를 만드는 공장을 생각해 봅시다. 자동차를 만들 때 보통 한 사람이 자동차 전체를 만들지는 않습니다. 초기의 자동차를 처음 만들었던 벤츠는 아마도 혼자서 자동차 전체를 만들었을 것입니다. 하지만 대량생산 체계로 자동차를 만들게 되면서 더 이상은 한 사람이 전체를 만들 수 없는 구조가 되었습니다.

그림 1.7 초창기 벤츠

우리가 타고 다니는 자동차는 조향 장치, 프레임, 구동 장치, 엔진 등으로 이루어집니다. 그중에 가장 복잡할 것 같은 엔진을 보면 셀 수 없이 많은 조립 과정과 부품의 조합으로 만들어져 있습니다. 수많은 공정이 모여서 실린더와 밸브를 만들고, 그렇게 모여서 엔진을 만들고, 또 다른 수많은 공정이 모여서 차체를 만들고, 그렇게 중간 제품들이 모여서 완성품인 자동차를 만들게 되는 것이지요.

너무나도 유명한 찰리 채플린의 영화 〈모던타임즈〉를 보면 이런 대량생산에 대한 참고할 만한 장면이 나옵니다.

그림 1.8 모던타임즈의 찰리 채플린

주인공은 공장에서 단순 작업으로 나사를 조이고, 쉴새 없이 나사를 조인 제품들은 끝도 없이 생산됩니다. 이렇게 만들어진 조립품은 다른 전체 조립 공정을 통해서 완제품으로 만들어집니다. 사실 영화에서 저렇게 만들어진 작은 제품이 어디에 쓰였는지는 기억이 나지 않습니다. 아마도 아무 의미 없는 볼트와 너트이지만 분명히 저렇게 만들어진 부품들은 나중에 자동차 혹은 세탁기 같은 것에 쓰였을 것입니다.

컴퓨팅 사고를 이해하기 위해서 우리에게 자동차를 만드는 일이 주어졌다고 생각해 봅시다. 앞서 이야기했지만 현재는 초창기 벤츠처럼 한 사람이 자동차 전체를 다 만들 수는 없습니다. 심지어 엔진조차도 사람 혼자서 다 조립할 수 없을 것입니다. 만약 한 사람이 모든 조립을 다 해야 한다면, 조립 과정 전체를 기억하고 습득하기도 어렵고, 그것을 또 문제없이 숙련도 있게 수행하기 위해서는 많은 시간이 필요합니다. 자동차 하나를 조립하는 데 몇 년의 조립 과정 습득의 시간이 필요할 수도 있습니다. 하지만 자동차 만드는 과정을 아주 작은 단순 작업으로 나누어 나사를 조이는 일, 용접하는 일, 타이어를 조립하는 일들로 나누면 모든 사람이 자동차 전부를 조립할 필요는 없습니다. 각각의 단순 작업만 습득하면 되기 때문에 기술 습득도 단기간에 가능합니다. 그리고 숙련도 또한 아주 빠른 시간에 습득할 수 있습니다. 이렇게 한 사람이 수년을 습득해야 조립할 수 있는 자동차 조립을 다수의 문제로 잘게 나누고 이것을 수행하는 다수의 인력을 투입한다면 단순 작업의 합작으로 조립이 가능한 것입니다.

그림 1.9 작은 공정의 조합인 자동차 조립

자동차와 같이 아무리 복잡한 경우라도 작은 완성작들을 모아서 하나의 복잡한 완성품을 만들 수 있습니다.

이번에는 얽히고 설킨 실타래를 위의 분해와 단순화 과정을 통해서 해결해 보겠습니다. 고양이들은 종종 실타래를 가지고 노는 것을 좋아합니다. 고양이 한 마리가 실타래 하나를 엉망으로 만들었습니다. 우리는 이 실타래를 풀어야 합니다.

그림 1.10 고양이는 실타래를 참 좋아합니다.

이렇게 얽히고 꼬인 문제를 해결하기 위해서는 하나씩 차근차근 해결해야 합니다. 먼저 엉킨 실타래를 잘게 토막 내고, 한 개씩 토막 낸 엉킨 실들을 꼬인 유형에 따라 몇 가지로 나눌 수 있다고 가정해 보겠습니다. 아래와 같이요.

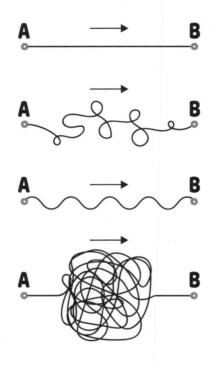

그림 1.11 엉킨 실타래의 유형

엉킨 유형을 몇 개의 유형으로 나누었습니다. 다 엉켜 있는 상태에서는 어렵게 보이는 실타래도 이렇게 몇 개의 얽힌 형태로 나누어 본다면 그리 어려운 문제가 아닙니다. 물론 엉켜 있는 형태의 종류가 많으면 많을수록 문제를 풀기는 어려울 수 있습니다. 하지만 전체가 얽혀 있을 때와 비교한다면 훨씬 쉽게 문제를 풀 수 있는 방법이 생깁니다. 이제 각각 쉽게 해체된 문제에 대해서 해답을 하나씩 얻습니다. 그리고 이렇게 준비된 해결 방법을 묶어서 하나의 알고리즘을 만듭니다. 이제 다시 원래의 문제로 돌아오겠습니다. 얽힌 전체 실타래의 한쪽 끝을 찾아서 실타래를 풀어갑니다. 풀어가는 도중에 엉킨 부분이 나타나면 위에서 유형별로 만들어낸 해결책 중에서 해당 실타래에 적용할 수 있는 해결책을 하나씩 적용해서 엉킨 매듭 부분이 나올 때마다 해결합니다. 결국 우리는 도저히 풀 수 없을 것만 같았던 실타래를 풀 수 있게 되는 것입니다. 위에서 설명한 실타래를 푸는 해법에서 우리는 앞으로 배울 컴퓨팅 사고의 개념을 정리할 수 있습니다.

Chapter 02
컴퓨팅 사고의 개념

컴퓨팅 사고를 이해하는 데에 다음의 개념들을 알아보아야 합니다. 각 개념의 내용은 중요한 내용이니 꼭 이해하고 넘어가야 합니다. 앞의 실타래를 푸는 과정에서 몇 가지 내용을 간추려 보자면, 먼저 복잡하게 엉켜 있는 실타래를 몇 가지의 단순화된 꼬임으로 변경하는 과정을 '분해'와 '추상화'라고 이야기할 수 있습니다. 간단하게 꼬여 있는 실타래를 잘라서 나누고 그것을 몇 개의 꼬임의 형태로 단순화하는 것입니다. 그리고 각각의 꼬임에 대해서 쉽게 푸는 방법을 생각할 수 있습니다. 그리고 이렇게 모인 솔루션을 한 데 묶으면 '알고리즘'이 되는 것입니다. 다음은 이러한 일련의 과정에서 꼭 필요한 개념에 대한 설명입니다. 크게 컴퓨팅 사고의 개념은 4가지로 이야기할 수 있는데, 이번 챕터에서는 각각에 대한 간단한 개요를 설명하고 자세한 설명은 파트 5에서 자세히 다루도록 하겠습니다.

1 │ 분해 Decomposition

어떤 문제를 해결할 때 너무나 어려워서 혹은 너무나 복잡해서 망설여질 때, 우리는 이것을 풀 수 있는 문제로 잘게 나눕니다. 잘게 나누어진 문제는 상대적으로 풀기 쉬우므로 몇 번의 단계를 거쳐서 부분적으로 문제를 해결하다 보면 결국 원래의 큰 문제를 풀게 되는 것입니다. 앞서 실타래를 푸는 과정에서 우리는 여러 형태로 꼬인 실타래를 몇 개의 형태로 나누었습니다. 이렇게 문제를 몇 개의 풀기 쉬운 형태로 나누는 것을 '분해'라고 합니다. 분해를 좀 더 쉽게 이해하기 위해서 아래의 고사를 소개합니다.

중국 고사에 '우공이산愚公移山'이라는 말이 있습니다. 중국에 태행과 왕옥이라는 두 산맥이 있는데, 이 산맥은 과거 아주 오래전에 북산을 사이에 두고 떨어져 있었다고 합니다. 태행에서 왕옥으로 가려면 북산을 넘어가야 했지요. 이렇게 북산에 가로막혀

두 산을 왕래하기가 불편하던 때에 우공愚公이라는 노인이 이러한 불편을 해소하고자 산을 옮기기로 합니다. 산에서 흙을 퍼 담아서 나르고 있는 우공의 모습을 보고, 친구 지수智叟가 그만둘 것을 권유하자 우공은 다음과 같이 말했다고 합니다.

"나는 늙었지만 나에게는 자식과 손자가 있고, 그들이 자자손손 대를 이어 나갈 것이다. 하지만 산은 불어나지 않을 것이니, 대를 이어 일을 해나가다 보면 언젠가는 산이 깎여 평평하게 될 날이 오겠지."[출처: 위키피디아]

이와 같이 산을 옮기는 큰 문제라고 하더라도 결국 하나씩 하나씩 해결하다 보면 해결이 될 것이라는 고사입니다. 큰 산을 분해해서 길을 뚫는 기분으로 문제를 분해하다 보면 결국은 그 문제를 해결할 수 있습니다.

그림 1.12 우공이산

2 | 패턴 인식 Pattern Recognition

패턴 인식은 일종의 공식을 만드는 과정이라고 보면 됩니다. 유사한 것들을 모아서 풀이 가능한 단위로 묶어 하나의 해결책을 만드는 것을 의미합니다. 프로그램적으로는 함수Function를 만드는 과정이라고 표현할 수도 있습니다. 공통으로 사용하는 기능에 대해서 함수로 만들고 적용이 필요할 때마다 선언해서 사용하는 방식이지요. 실타래의 분해 과정에서 본다면, 유사한 문제 해결 유형을 모아서 이것을 공식화하면 다음에 비슷한 문제가 발생했을 때 가장 유사한 문제 해결 방법을 적용할 수 있는 것입니다. 실타래를 풀 때 여러 형태의 꼬임을 비슷한 것들끼리 모아서 유사한 풀이 과정을 적용하여 푼다고 이해하면 쉬울 것입니다.

3 ｜ 추상화 Abstraction

추상화라는 단어는 사실 좀 이해하기 어려운 면이 있어서 저는 이것을 단순화라고 말하고 싶습니다. '추상화'라는 것은 복잡한 내부 시스템을 보여 주지 않고 사용자에게 필요한 부분만 소개하여 전체 시스템을 이해하지 못하더라도 시스템을 사용하는 데 문제가 없도록 하는 과정이라고 생각할 수 있습니다.

또한, 추상화의 내용은 누구에게 이 시스템을 제공하는가에 따라서 형태가 달라집니다. 운전자를 대상으로 자동차를 추상화한다면 핸들, 기어, 브레이크 등의 조향 기능과 사용자 기능으로 추상화를 하면 됩니다. 하지만 정비사를 대상으로 추상화한다면 앞서 말했던 핸들, 기어 등의 조향 기능 이외에도 엔진의 상태를 확인할 수 있는 진단 기능, 바퀴의 서스펜션 상태를 알아볼 수 있도록 하는 기능, 그리고 각종 오일의 상태 등이 추상화에 포함되어야 할 것입니다. 이처럼 추상화는 시스템 사용자를 위한 서비스에 따라서 형태와 내용이 달라질 수 있습니다.

4 ｜ 알고리즘 Algorithms

알고리즘은 위에서 잘게 분해한 문제들에 대한 해결책을 찾는 것에서 시작합니다. 앞서 예를 든 자동차를 만드는 상황에서 처음부터 자동차 전체를 설계하고 만든다고 하면 엄두가 나지 않을 것입니다. 하지만 분해 과정을 거치면서 과정 단계를 세분화해서 풀기 쉬운 단계까지 내려갑니다. 이렇게 쉬운 단계까지 분해하고 나면, 조립 과정 역시 나사를 조이거나 엔진 조립 등으로 잘게 나누어 파트별로 조립하는 과정으로 설명할 수 있습니다. 알고리즘은 이렇게 잘게 분해해 놓은 문제들의 해결책을 엮어서 전체의 해결책을 만드는 것입니다.

조립의 설계도라는 것도 결국은 점과 선, 면으로 이루어진 도형들로 나눌 수 있습니다. 선과 선을 이어서 면을 만들고, 면과 면을 이어서 입체를 만들고, 입체 도형들을 모아서 원하는 부품을 구성하고, 이를 모아서 더 큰 부품을 만드는 방법을 제시하는 것입니다. 처음에는 작은 알고리즘이 여러 파생의 형태로 만들어지고, 이렇게 만들어진 알고리즘이 또다시 더 큰 알고리즘을 구성하고, 마지막에는 자동차를 만드는 전체 알고리즘을 만들게 되는 것이지요.

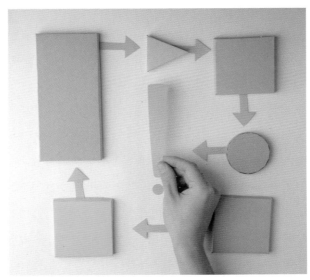

그림 1.13 각각의 구성을 엮어서 하나의 알고리즘을 만듭니다.

Chapter 03

컴퓨팅 사고를 왜 배워야 하나?

앞에서 잠깐 설명한 대로 컴퓨팅 사고는 원래 사람들이 생각하는 현명한 방식이었습니다. 출근하려고 나서는데 갑자기 자동차 키를 어디에다 뒀는지 잊어버렸을 때, 사람들은 무조건 온 방 안을 뒤지는 방법보다 효율적인 방법을 생각해낼 필요가 있었습니다. 그래서 자동차 키를 찾기 위한 방법으로 동선을 잘게 쪼개기 시작합니다. 어제 집에 차를 가지고 돌아왔으니 그 시간까지 자동차 키는 분명 내 손 안에 있었습니다. 돌아온 후 자동차 키를 들고 어디로 갔었는지 기억해내기 시작합니다. 그리고 잘게 동선을 쪼개서 자동차 키를 마지막으로 봤던 장소를 기억해냅니다. 거기서부터 하나씩 찾다 보면 결국은 잊어버린 자동차 키를 찾게 되는 것입니다. 이러한 생각과 행동의 방식이 문제를 해결하는 데 유용하다는 것을 과학자들은 이미 알고 있었고 증명도 되었습니다. 그리고 이러한 방법은 논리적이고 명확한 기계인 컴퓨터에 적용하기에 아주 적합한 방법이었던 것입니다. 컴퓨터는 이러한 방법을 비약적이고 눈부시게 발전시켰고, 이제는 거꾸로 사람들이 이러한 컴퓨터의 문제 해결 방식을 배워서 사용하고자 합니다. 우리가 그동안 잊고 있었던 훌륭한 지혜의 방법을 컴퓨터를 통해서 다시 찾는 것이지요.

그림 1.14 다시 찾은 보물

다음의 자넷 윙 교수의 컴퓨팅 사고의 특징에 대한 설명입니다.

'컴퓨팅 사고의 핵심은 프로그래밍이 아닌 개념화에 있다'

컴퓨터 공학은 컴퓨터 프로그래밍만을 지칭하는 것은 아닙니다. 컴퓨터 공학자와 같은 사고를 할 수 있다는 것은 컴퓨터 프로그래밍을 하는 것 그 이상을 의미합니다. 컴퓨터 공학자와 같은 사고로 대표적인 것은 단계의 추상화를 통해 사고하는 것입니다. 단계의 추상화라는 것은 앞서 설명한 내용의 함축적 의미가 있습니다. 프로그래밍하는 데 있어서 각 단계를 정의하고 정의된 각 단계에 대해서 추상화 과정을 거쳐서 단순화시키는 것이지요. 컴퓨터 공학의 의미는 이러한 여러 단계의 진행 과정을 몸에 습득하는 것을 의미합니다.

'컴퓨팅 사고는 단순 반복 기술이 아닌 모든 사람이 갖춰야 하는 핵심 역량이다'

컴퓨팅 사고는 지금까지 컴퓨터가 반복적으로 이행해 왔던 기술의 하나로 사람에게는 쓸모없는 기술로 인식되었지만, 이제 사람들이 배워야 할 실용적인 문제 해결의 방법 중 하나입니다. 단순 반복은 기계적인 반복을 의미합니다. 컴퓨터 공학자들이 인공지능에 대한 궁극적인 과제로 삼고 있는, 인간처럼 사고하는 컴퓨터를 만들기 전까지는 컴퓨터의 사고는 기계적 반복 사고에 머무를 것입니다.

'컴퓨팅 사고는 컴퓨터가 아닌 인간의 사고 방법이다'

컴퓨팅 사고는 인간이 문제를 해결하는 방법의 하나로 인간이 컴퓨터처럼 사고하는 것을 뜻하는 것은 아닙니다. 인간은 컴퓨터와는 다르게 영리하고 상상력이 풍부합니다. 우리는 컴퓨터라는 반복 기계에 인간의 영리함과 상상력을 불어넣어서 컴퓨팅 이전 시대에는 상상도 못 한 문제를 해결하려고 하고 있습니다. 다만 문제가 되는 것은 인간의 상상력의 한계만 있을 뿐입니다.

'컴퓨팅 사고는 수학적 사고와 공학적 사고를 보완하고 결합한다'

모든 과학 분야가 수학에 기초하고 있듯 컴퓨터 공학 역시 수학적 사고에 기반하고 있습니다. 또한 컴퓨터 공학은 실제로 사용될 시스템을 설계하는 데 쓰이기 때문에 공학 기술적 사고에 기초하고 있습니다. 컴퓨터 엔지니어는 컴퓨팅 기기의 한계로 인해 수학적 사고와 컴퓨팅 사고를 발휘할 수밖에 없습니다. 반면에 자유롭게 가상 현실을 만들 수 있기 때문에 그들은 물질로 이루어진 세상을 초월한 시스템을 구상할 수 있기도 합니다.

'컴퓨팅 사고는 인공물이 아닌 아이디어다'

우리가 만든 소프트웨어와 하드웨어만이 우리 생활의 일부가 되는 것은 아닙니다. 문제를 해결하기 위해 또는 일상생활을 꾸려나가기 위해, 다른 이들과 소통하기 위해 발전된 컴퓨팅 개념 또한 우리의 삶 구석구석에 막대한 영향을 끼치고 있습니다.

'컴퓨팅 사고는 모두를 위한 것이다'

컴퓨팅 사고가 인간 활동의 필수 요소가 되어 더 이상 특수한 철학으로 존재하지 않을 때 그것은 자연스러운 삶의 일부가 될 것입니다.

요약

1 컴퓨팅 사고의 의미

- 컴퓨터의 어원은 '계산하다'라는 뜻의 Compute라는 단어에서 시작합니다. 현대 사회의 컴퓨터는 단순한 사칙연산뿐만 아니라, 사람의 생각으로는 빠르게 답을 내기 어렵고 복잡한 문제에 대해서도 답을 알려 줍니다.

- 컴퓨터는 사람이 들이는 노력과 시간과는 비교할 수 없을 정도로 방대한 양의 데이터를 빠른 속도로 데이터화할 수 있습니다. 사람은 뇌를 이용해서 기억하고 연산하는 과정을 통해 경험이라는 데이터를 만드는데 이는 쉽게 얻을 수 없고 지속적인 시간과 노력이 필요합니다. 하지만 컴퓨터는 사람과 다르게 데이터의 축적만 있으면 됩니다.

- 사고는 사건, 사물 혹은 어떤 분야를 인식하는 데 있어서 필요한 일정한 방법을 이야기하는 경우가 많습니다. 예를 들면 음식을 보면 먹고 싶다고 생각하거나, 멋있는 사람을 보면 계속 보고 싶다거나 하는 공통의 행동 양식이 있습니다. 이렇게 반복되고 대다수의 일정한 공통적인 것에 대해서 패턴이라고 표현할 수 있습니다.

- 컴퓨터는 인간처럼 자력으로 생각하는 생명체가 아니므로 오로지 사람이 만든 환경에서 주어진 조건에 의해서만 사고하게 됩니다. 컴퓨터의 사고라는 것은 철저히 사람에 의해서 인공적으로 만들어지고 훈련된 환경 내에서만 이루어집니다. 또한, 사람과 다르게 다양성이 용인되지 않아, 모든 컴퓨터는 동일한 문제 해결에 같은 답을 내놓기 마련입니다.

- 컴퓨팅 사고는 자동차 만드는 과정을 아주 작은 단순 작업으로 나누는 것으로 예를 들 수 있습니다. 한 사람이 수년을 습득해야 조립할 수 있는 자동차 조립을 다수의 문제로 잘게 나누고 이것을 수행하는 다수의 인력을 투입한다면 단순 작업의 합

작으로 조립이 가능한 것입니다. 컴퓨팅 사고 또한 복잡한 것을 단순한 문제로 나누고, 유사한 것들을 모아 하나의 해결책을 만들고, 해결책들을 엮어 전체 해결책을 만드는 것입니다.

2 컴퓨팅 사고의 개념

- 분해는 너무 어렵거나 복잡한 문제를 풀기 쉬운 형태의 문제로 잘게 나누는 과정입니다.

- 패턴 인식은 일종의 공식을 만드는 과정으로, 유사한 것들을 모아서 풀이 가능한 단위로 묶어 하나의 해결책을 만드는 것을 의미합니다.

- 추상화는 복잡한 내부 시스템을 보여 주지 않고 사용자에게 필요한 부분만 소개하여 전체 시스템을 이해하지 못하더라도 시스템을 사용하는 데 문제없이 하는 과정입니다.

- 알고리즘은 잘게 분해한 문제들에 대한 해결책을 엮어서 전체의 해결책을 만드는 것입니다.

3 컴퓨팅 사고를 왜 배워야 하나?

- 자넷 윙 교수의 컴퓨팅 사고의 특징에서 컴퓨팅 사고를 배워야 하는 이유를 알 수 있습니다.
  1. 컴퓨팅 사고의 핵심은 프로그래밍이 아닌 개념화에 있다.
  2. 컴퓨팅 사고는 단순 반복 기술이 아닌 모든 사람이 갖춰야 하는 핵심 역량이다.
  3. 컴퓨팅 사고는 컴퓨터가 아닌 인간의 사고 방법이다.
  4. 컴퓨팅 사고는 수학적 사고와 공학적 사고를 보완하고 결합한다.
  5. 컴퓨팅 사고는 인공물이 아닌 아이디어다.
  6. 컴퓨팅 사고는 모두를 위한 것이다.

점검문제

1. 컴퓨팅 사고의 4가지 개념은 무엇입니까?

2. 여러분의 사고의 중심은 무엇입니까? 지금 머릿속에 가장 먼저 떠오르는 것에 대해서 설명해 보세요.

3. 실타래를 푸는 과정에서 분해에 대해서 설명하세요.

4. 추상화에 대해서 설명하세요.

5. 잘게 분해한 문제들의 해결책을 엮어서 전체의 해결책을 만드는 것은 무엇일까요?

6. 자넷 윙 교수의 컴퓨팅 사고의 핵심은 프로그래밍이 아닌 개념화에 있다는 의미를 설명하세요.

PART 02

컴퓨터의 기초

본격적으로 컴퓨팅 사고를 배우기 전에, 컴퓨터에 대해 먼저 알아야 겠지요. 초기 컴퓨터의 발달 과정을 살펴보면서, 사람들은 왜 컴퓨터를 만들게 되었는지 확인해 보겠습니다. 초기 컴퓨터의 발달과 오늘날의 컴퓨터는 단순히 사람들이 필요에 의해서 만들었던 여타의 기계들과는 다릅니다. 필요에 의해 만들어진 컴퓨터라기보다는 사람들과 대화를 시도하는 컴퓨터로 이해했으면 좋겠습니다. 컴퓨터의 발달은 마치 사람의 진화 과정과 흡사한 면도 있습니다. 사람의 진화 과정이 자연환경의 적응과 필요에 의해서 발달된 것처럼, 컴퓨터 또한 필요한 부분이 채워지고 사람들이 사용하는 환경에 맞춰서 진화하고 발달해 왔습니다. 이번 파트에서 소개할 초기 컴퓨터의 발달은 마치 옛날 이야기를 듣듯이 편하게 접근하기를 바랍니다.

Chapter 01

컴퓨터는 무엇일까?

우리의 일상에서 컴퓨터는 너무나도 다양하고, 빈번하게 사용되고 있습니다. 컴퓨터라고 하는 것이 무엇인지 알아보기 위해 먼저 컴퓨터의 범위에 대해서 이야기해 보도록 하겠습니다. 보통 컴퓨터라고 하면 모니터가 보이고 키보드와 마우스가 있는 데스크톱이나 노트북을 이야기할 것입니다. 하지만 엔지니어나 과학자의 관점에서 보면 컴퓨터는 그런 형태뿐만 아니라 게임기도 컴퓨터라고 이야기할 수 있으며, 프린터나 핸드폰도 컴퓨터의 한 종류라고 할 수 있습니다. 작게는 미니카 안에 들어가는 8bit 마이크로 컴퓨터Micro Computer부터 대형 워크스테이션Workstation까지 모두 다 컴퓨터라고 이야기할 수 있습니다. 그러다 보니 컴퓨터는 우리가 익히 알고 있는 겉모습을 가지고 있는 기기에서부터 다른 기기의 내부에 내장되어 있는 형태의 컴퓨터까지 장소와 크기에 상관없이 다양하게 사용되고 있습니다.

그림 2.1 대부분 전자 제품에는 컴퓨터가 내장되어 있습니다.

컴퓨터는 아주 빠른 계산으로 예측 가능한 경우의 수를 계산하여 확률적으로 가장 적절한 답을 제공하는 시나리오의 집합이라고 할 수 있습니다. 하지만 모든 시나리오에 대해서 각각의 경우의 수만큼 데이터를 가지고 있으면 그 양은 너무 방대할 뿐 아니라 시나리오가 늘어날수록 가지고 있어야 하는 데이터도 같이 늘어날 테니, 결국은 보유해야 하는 데이터는 무한대를 향해서 커질 것입니다. 그래서 컴퓨터에는 연산이나 반복 명령 등을 사용해서 반복적으로 쓰이는 데이터들은 공식화Functional함으로써 미리 정해진 함수와 법칙을 이용해서 패턴화하는 방법을 사용합니다.

이벤트 발생 시 적절한 대응을 할 수 있는 컴퓨터의 기능을 인공지능이라는 말로 표현합니다. 인공지능은 이전 컴퓨터의 수동적이고 주어진 데이터의 계산 결과만을 출력하는 형태보다는 훨씬 똑똑해진 모습을 하고 있습니다. 여기서 기계에 지능이라는 표현을 사용했다는 것에 주목할 필요가 있습니다. 지능은 창의성을 가진 생명력 있는 존재에만 해당하는 것으로 인식됩니다. 또한 지능은 학습의 횟수가 많아지고 이러한 학습이 쌓이면 스스로 성장한다는 의미가 있습니다. 인공지능이 적용된 컴퓨터는 매시간 일어나는 이벤트를 처리하면서 스스로 학습합니다. 그리고 학습한 결과와 과정들을 그대로 데이터로 남겨서 스스로의 패턴과 공식을 만들고 보완하면서 성장하게 됩니다. 사람으로 치면 커가면서 기질과 성격이 규정되는 것과 비슷하다고 할 수 있습니다. 그러니 신만이 만들 수 있다고 생각했던 지능을 가진 존재를 인간이 만들었다고 할 수도 있을 것입니다.

그림 2.2 이런 컴퓨터에 지능이 있다고 믿기지 않아요.

그리고 컴퓨터의 그런 기질과 성격들을 토대로 예측하지 못한 일들이 일어날 경우, 과거의 데이터에서 학습한 내용을 근거로 가장 적절하다고 판단되는 대응을 하게 됩니다. 컴퓨터에 기질과 성격이라는 말을 쓰는 것이 이상하고 어색하게 들릴 수도 있습니다. 하지만 우리는 이미 기계에 지능이라는 표현을 쓰고 있습니다. 그리고 현재 컴퓨터의 발전 속도를 본다면 머지않은 시기에 인간 같은 존재만 가지고 있다고 생각했던 기질, 성격, 성향과 같은 것들이 컴퓨터에는 없으리라 단정 지을 수 없습니다. 생명체에만 있다고 생각했던 언어 능력 또한 컴퓨터가 벌써 따라 하고 있지 않습니까? 우리가 가지고 있는 스마트폰에는 완벽하지는 않지만 대화가 가능한 서비스가 제공되고 있습니다. 아이폰을 가지고 계신 분들이라면 시리Siri를 한번 불러 봅시다.

이처럼 이제 컴퓨터는 스스로 학습하고 그 학습 데이터를 활용하여 정확히 예측되지 않은 상황에 대해서도 가능한 한 제일 적절한 답을 찾을 수 있도록 해 줍니다.

지금의 공학에 대해서 알아보기 위해 먼저 초창기 공학을 살펴보면, 과거 공학 이전에는 순수 과학이 있었습니다. 그리고 그 순수 과학의 시작은 종교라고 할 수 있습니다. 오늘날 과학의 성과를 사람들이 믿고 의지하는 이유는 과학의 결과가 대단히 예측 가능한 사실을 이야기하기 때문입니다. 과거에는 미래 예측을 오직 신만이 할 수 있다고 생각했습니다. 하지만 과학의 발달은 시간과 공간을 넘는 자연의 법칙을 발견하면서 신의 영역이라고 생각하는 미래 예측 영역에 다가가고 있으며, 이 영역에 다가가는 인간의 겁 없는 도전 과정이 곧 컴퓨터의 시작이고 역사라고 생각합니다. 우리는 그런 도전의 눈부신 결과물들을 눈으로 보고 있으며, 오늘 나온 결과물은 빠르게 과거로 묻히고 내일은 또 다른 새로운 결과물이 홍수처럼 쏟아지고 있는 시기에 살고 있습니다. 어떻게 보면 발달의 속도가 이제는 무섭다고 느껴질 정도입니다. 근래 100여 년의 기술의 발전 정도를 살펴보면 과거 수천 년 동안의 기술 발달 속도보다도 빠르다고 이야기할 수 있습니다. 그리고 이 속도는 점점 빨라지고 있습니다.

컴퓨터를 인간이 발명한 무생물적인 기계에서 이제는 우리가 키우는 동식물과 비슷한 존재로 여기는 날이 도래하고 있습니다. 향후에는 단순히 인간이 키우는 동식물에 비교되는 컴퓨터가 아니라 그 이상의 존재로 여겨질지도 모르겠습니다. 마치 영화에서나 예측했던 그런 컴퓨터의 모습을요.

컴퓨터는 언제부터?

1 최초의 컴퓨터 그리고 그 이후는?

사람은 계산을 하기 위해서 도구를 사용하였습니다. 아무래도 머릿속으로 하는 암산보다는 나뭇가지나 땅바닥에 기호를 써서 계산하는 것이 쉬웠을 테니까요. 그렇게 사용하게 된 도구들, 즉 나뭇가지나 막대기를 컴퓨터의 기원이라고 말하기에는 무리가 있습니다. 단순한 어원에 기원한다면 그 도구들도 컴퓨터의 시작이라고 할 수는 있겠으나, 형태로 봐서는 컴퓨터보다는 주판의 시작 정도로 생각할 수 있습니다.

현대 컴퓨터의 시작이라고 하면 대부분 애니악, 애드박으로 시작하는 시리즈라고 배웁니다. 발음도 비슷한 컴퓨터의 이름들이 나열되어서 기억하기가 쉽지 않습니다. 이제부터는 이렇게 단순히 발달의 역사를 암기하는 것이 아니라 컴퓨터가 왜 생겨났으며, 어떤 필요에 의해서 발전했는지를 살펴보도록 하겠습니다.

컴퓨터의 발달은 완벽하게 인간의 필요에 의해서 개발되고 발전합니다. 최초의 컴퓨터는 인간에게 편리함을 주는 아름다운 이유보다는 전쟁을 수행하기 위한 도구로 만들어졌습니다. 즉, 총이나 포탄의 탄도 계산을 좀 더 빠르고 정확하게 하기 위해서 만들어진 것입니다. 복잡한 탄도 계산을 위해서는 정확하고 빠른 계산기가 필요했습니다. 이러한 필요로 인해서 애니악, 애드박이라는 컴퓨터가 만들어졌고, 이들의 사용처는 포탄의 탄도 계산이었습니다.

컴퓨터의 역사를 이야기하는 데 있어서 도움이 될만한 영화 한 편을 소개해 드리려고 합니다. 〈이미테이션 게임〉이라는 영화로, 앨런 튜링Alan Turing이라는 영국 수학자의 이야기입니다. 이 영화는 2차 세계 대전에 독일의 에니그마Enigma라고 하는 통신 암호 체계를 해독하기 위한 컴퓨터 '콜로서스Colossus'가 만들어지는 과정을 이야기하고 있습니다. 자세한 영화 이야기는 하지 않겠습니다. 하지만 1939년에 만들어진 기계식 컴퓨터로 인해서 누군가는 살고 누군가는 죽을 수밖에 없는 운명을 가르는 책임을 짊어진 과학자들이 괴로워하는 모습을 보며 느끼는 바가 많았습니다. 이와 비슷한 일들이 현대 사회의 자율 주행에서도 화두가 되고 있습니다. 사람이 프로그램시킨 사고대비 알고리즘으로 인해 누군가는 사고를 피해갈 수도 있고 누군가는 사고로 인해 해를 입을 수도 있다는 사실이 오늘날에도 문제가 되고 있습니다.

그림 2.3 앨런 튜링과 그가 만든 컴퓨터

그림 2.4 사과를 들고 있는 앨런 튜링의 동상

세계 최초의 컴퓨터를 만든 앨런 튜링에 대해서 간략하게 좀 더 이야기하겠습니다. 앨런 튜링은 동성애자이면서 세계 최초의 컴퓨터를 만들어낸 뛰어난 수학자였습니다. 하지만 동성애를 금지하는 영국법에 의해서 앨런 튜링은 화학적 거세라는 형벌을 당합니다. 이후 앨런 튜링은 화학적 거세의 후유증으로 마라톤을 2시간대에 뛰던 체력이 망가지고 정신도 같이 망가져 버립니다. 나중에 결국 독극물을 주입한 사과를 먹고 자살을 하게 됩니다. 이 죽음에 대해서는 의문점이 많았으나 명확한 규명 없이 자살로 처리됩니다. 그리고 그의 사후에도 동성애자라는 이유로 제대로 된 평가를 받지 못하다가, 2000년대 들어서면서 영국의 동성애자들의 인권 운동으로 인해 청원 운동이 시작되어 2013년 영국 정부의 여왕 특별 사면령으로 복권됩니다. 한동안 앨런 튜링이 먹은 독사과를 모티브로 해서 애플의 로고가 나왔다는 설도 있었으나, 스티브 잡스가 직접 관계가 없다고 해명을 한 바도 있습니다.

그림 2.5 애니악 컴퓨터

앨런 튜링이 만든 콜로서스 다음에 등장한 컴퓨터는 1946년 애니악ENIAC: Electronic Numerical Integrator And Calculator 입니다. 앞서 언급한 대로 이 컴퓨터는 탄도 계산을 위해서 만들어졌습니다. 약 18,800여 개의 진공관으로 구성된 이 컴퓨터는 무게 30여 톤, 길이 24m, 높이 5.4m나 되는 집채만한 컴퓨터였습니다. 결과적으로 2차 세계 대전이 끝날 때까지 컴퓨터는 완성되지 못했으며 개발 중간에도 7분에 한 번 정도 동작 오류가 발생할 정도로 안정성에 문제가 있었다고 합니다.

애니악 이후에 비슷한 이름의 애드삭EDSAC: Electronic Delay Storage Automatic Calculator과 애드박 EDVAC: Electronic Discrete Variable Automatic Calculator이 등장합니다. 애드삭은 위의 영어 약자 이름에서 알 수 있듯이 스토리지Storage라는 개념이 사용되며, 이 컴퓨터로부터 프로그램이 저장되는 방식이 등장합니다. 스토리지라는 용어를 이름에서 사용했듯이 프로그램을 컴퓨터 내장 메모리에 저장해 놓고 명령어를 고속으로 실행하는 방식입니다.

그림 2.6 존 폰 노이만과 애드삭

이렇게 개발된 컴퓨터 개발자 중에 존 폰 노이만John von Neumann에 대한 이야기를 해 보겠습니다. 아인슈타인과 취리히 공대 동문이며, 인간계 천재의 끝판왕으로 불렸던 폰 노이만. 상대적으로 아인슈타인에 대해서는 모르는 사람이 없으나 이공계 출신이 아닌 일반인들은 폰 노이만이라고 하면 생소해하는 분들이 꽤 있습니다. 간단히 설명하면 지금의 CPU의 내장형 프로그램을 처음 고안했으며, 이때 고안한 방식이 현재의 컴퓨터 이론의 근간을 이룹니다. 이 이론은 무려 1946년경에 만들어졌습니다. 이 외에도 폰 노이만은 게임 이론을 만들었으며, 원자 폭탄을 만드는 데에도 큰 기여를 합니다. 여담으로 폰 노이만은 아주 지독한 반공주의자였는데, 원자 폭탄 개발에 발 벗고 나선 이유가 그의 사상적 이념의 영향도 있었다고 합니다. 또한 대륙간 탄도 미사일ICM 개발 자문위원을 맡기도 했습니다. 앞서 언급한 앨런 튜링과는 프린스턴 대학교에서 인연이 있었습니다. 머리가 너무 좋아서 화성인, 악마의 두뇌를 가진 남자로 불리기도 했는데, 대략 추정되는 IQ가 250에서 300 정도였다고 합니다. 그가 만든 컴퓨터 애드삭의 시운전 중에 누가 이런 문제를 냈다고 합니다. "오른쪽에서 4번째 자릿수가 7인 가장 작은 2의 지수는 얼마인가요?" 이 문제를 컴퓨터와 폰 노이만이 동시에 풀었고 폰 노이만이 컴퓨터보다 먼저 답을 맞췄다고 합니다. 답은 2의 21승인 2097152

다른 일화로, 누군가 아주 어렵다고 생각되는 다음과 같은 문제를 물었습니다. "200마일 길이의 기차 철로 양쪽 끝에 각각 위치한 기차가 시속 50마일로 서로를 향해 출발합니다. 기차가 출발하고 충돌할 때까지 파리 한 마리가 두 기차 사이를 시속 75마일로 계속 왕복합니다. 충돌할 때까지 파리가 이동한 거리는 얼마입니까?" 문제를 들은 폰 노이만은 바로 "150마일입니다."라고 답을 말합니다. 그러자 문제를 낸 사람 실망스러워하면서, "역시 당신은 속임수에 걸려들지 않는군요. 사실 이 문제는 두 기차가 움직이는 시간이 2시간이라는 사실만 간파하면 쉽게 풀 수 있는 문제이지만, 대부분의 사람들은 무한급수를 이용해서 풀려고 해서 오랜 시간이 걸립니다."라고 했습니다. 그러자 폰 노이만은 "음 무한급수로 풀었는데요."라고 답했다고 합니다. 저런 대단한 천재가 정립한 컴퓨터 이론 덕분에 지금 우리가 쓰는 컴퓨터가 이만큼 발전을 했는지도 모르겠습니다.

2 : 세대별 컴퓨터의 분류

2.1 1세대 컴퓨터 1951~1958

이 시기는 2차 세계 대전이 끝나고 전쟁 기간에 만들어진 컴퓨터를 토대로 기계적인 계산에서 전자기기로 막 넘어가는 시점입니다. 이 시기에 사용된 하드웨어적인 주요 소자는 진공관이었습니다. 진공관을 사용하여 전력 소모가 많고, 발열과 잦은 고장 등이 문제가 되었습니다. 또한, 발열에 대한 대비로 열을 식히기 위해서 가능한 한 넓은 공간에 설치해야 했고 냉각 장치도 필요했습니다. 프로그램은 기계어로 작성되었으며 주로 군사적인 목적의 통계나 미사일 탄도 계산에 사용되었습니다. 주기억 장치는 자기드럼이 사용되었고 연산 속도는 밀리세컨드Millisecond 단위로 이루어졌습니다. UNIVAC I, 80, 90과 IBM의 650, 700 그리고 Burroughs 220 등이 이 시기에 개발된 컴퓨터입니다.

1세대 컴퓨터의 가장 중요한 포인트는 사용 소자가 진공관이라는 것입니다. 지금은 거의 찾아보기 힘들지만 집에서 사용하는 고가의 오디오 장비에 진공관을 사용하는 경우가 있습니다. 진공관을 사용하는 전자 제품은 관리에 조금만 소홀하면 쉽게 고장나고, 열도 많이 나서 관리하기 힘듭니다. 그런 소자들이 1~2만 개씩 붙어 있다고 생각해 보세요. 관리하고 운용하는 데 쉽지 않았던 시대입니다. 그리고 초기의 컴퓨터는 속도 면에서도 사람들이 원하는 빠른 속도는 아니었습니다. 집채만한 부피에 효율성은 떨어지고 사용 소자도 열이 많이 나고 고장도 잦다 보니 이 시기의 가장 중요한 문제는 적절한 하드웨어의 개발이었습니다. 또한 사용 언어 역시 기계어, 어셈블리어를 사용했습니다. 아직 하드웨어를 적절하게 제어할 수 있는 프로그래밍 언어가 개발되기 전이어서 하드웨어를 직접 제어하는 기계나 어셈블리어를 사용할 수밖에 없었습니다.

그림 2.7 진공관 소자

2.2 2세대 컴퓨터 1958~1963

진공관 소자에 이어서 1948년에 좀 더 소형화된 트랜지스터Transistor가 개발되었고, 이 소자가 1958년경부터 컴퓨터에 사용되기 시작합니다. 진공관에 비해서 부피가 작고, 전력 소모도 적으며, 발열도 크지 않아 대형 냉각 장치도 필요 없게 되었습니다. 따라서 1세대에 비해서 컴퓨터의 크기가 많이 줄어들게 됩니다. 주기억 장치는 큰 자기드럼이 사용되었으며, 자기 디스크가 보조 기억 장치로 사용됩니다. 계산 속도는 마이크로세컨드Microsecond 단위 정도로 향상되었습니다. 이 시기에 개발된 컴퓨터부터 운영 체제OS: Operating System의 개념이 도입되어 다중 프로그램 방식이 가능해집니다. 사용되는 언어로는 FORTRAN, COBOL, ALGOL 등이 사용되었으며, 주 사용처도 군사적인 목적에서 과학기술 계산과 관리 업무 등으로 확장됩니다. 이제 어느 정도 하드웨어를 제어할 수 있는 프로그래밍 언어들이 본격적으로 등장하게 됩니다. 이 시기 등장한 컴퓨터들은 IBM 1401, 7070, UNIVAC III, CDC 3000 계열 등의 제품이 있습니다.

이 시기에서 기억해야 할 것은 운영 체제 개념의 도입과 트랜지스터 소자의 적용입니다.

그림 2.8 트랜지스터

그림 2.9 자기 드럼
(Magnetic Drums: 오클랜드 대학에 설치된
256byte 용량의 자기드럼)

2.3 3세대 컴퓨터 1964~1970

이 시기의 컴퓨터는 IC Integrated Circuit를 소자로 사용하게 됩니다. 사용되는 전자 소자의 발전으로 인해 장치는 더욱 소형화되며 저장 용량은 커지고 속도는 더 빨라지는 현상을 볼 수 있습니다. 사용되는 소프트웨어도 관리/처리/사용자 프로그램 등으로 세분화되고 체계도 확립되었습니다. 계산 속도는 이제 나노세컨드 Nanosecond 단위로 처리할 수 있게 됩니다. 사용 언어는 BASIC, PASCAL, LISP 등이 있으며, 또 다른 특징으로 다양한 입출력 장치들이 등장합니다. OMR Optical Mark Recognition, OCR Optical Character Recognition, MICR Magnetic Ink Character Recognition 등과 같은 입력 장치가 등장하며, 표시 장치로 CRT Cathode-Ray Tube 모니터가 등장하면서 인간과 컴퓨터 간의 대화가 시각적으로 가능한 시기가 열리게 됩니다.

이 시기의 중요 변경 사항으로 IC 소자의 사용과 다양한 입출력 장치의 등장을 볼 수 있습니다.

그림 2.10 1964년 개발된 IBM의 System 360

2.4 4세대 컴퓨터 1971~1983

기존 IC 소자에서 좀 더 발달한 LSI Large Scale Integration 소자를 사용한 컴퓨터를 4세대 컴퓨터라고 합니다. 이 시기는 이제 개인이 컴퓨터에 본격적으로 접근하는 시기라고 할 수 있습니다. 기존에는 가격과 크기 때문에 정부 기관이나 기업, 학문의 목적으로 대학에서 사용되었던 컴퓨터가 이제는 개인 컴퓨터PC: Personal Computer 라는 이름으로 개인에게 보급되는 시기입니다. 1980~1990년대 컴퓨터를 접했던 사람들은 CPU의 크기를 기억하고 있을 것입니다. 손바닥보다 작은 사이즈의 소자는 수십만 개의 논리 소자의 기능을 하고 연산 속도도 초대형 컴퓨터에서는 피코Pico 단위로 이루어지게 됩니다. 개인 컴퓨터의 보급으로 인해 기업체에서는 OAOffice Automation: 사무 자동화, 공장에선 FAFactory Automation: 공장 자동화, 가정에선 HAHome Automation: 홈 자동화의 바람이 불게 됩니다. 또한, 네트워크의 발달로 전 세계의 정보 공유가 빠르게 이루어진 시기입니다.

이 시기의 중요 사항은 LSI 소자가 적용되며, 개인용 컴퓨터가 본격적으로 등장한 것입니다. 그리고 중요한 인터넷이 등장하는 시기입니다.

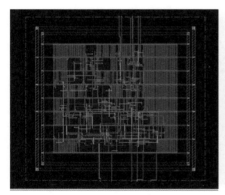

그림 2.11 VLSI의 설계도

그림 2.12 1977년 출시된 애플 II

2.5 5세대 컴퓨터 1984~현재

1984년 이후 현재까지의 컴퓨터 세대를 5세대로 명명하고 있습니다. 이전 세대에서는 대략 10년을 한 세대로 분류한 것과 비교해서 1984년 이후부터 현재까지를 한 세대로 잡는 것은 기간적으로 적절하지 않아 보일 수도 있습니다. 하지만 너무 많은 것들이 급변하고 있어서 더 이상 세대별로 나누는 것이 무의미할 수도 있습니다. 이 시기에 있는 변화의 내용은 다음과 같습니다. 80년 중반 이후로 소자는 더 빠르고 더 대용량으로 급속도로 변화하였습니다. 또한, 운영 체제의 종류도 윈도우, 리눅스, RTOS 등 하드웨어 기기의 상황에 따른 다양한 운영 체제가 존재하게 됩니다. 더불어 인터넷을 이용한 정보는 더 이상 측정이 무의미할 정도로 엄청난 양이 생산되고 공유되고 있습니다. 비약적인 발전은 입출력 장치에서도 볼 수 있습니다. 모니터, 키보드, 마우스 정도가 기존 PC에서의 입출력 장치였다면, 현재 입력 장치는 패턴, 필기, 음성 인식, 모션 인식 등으로 발전하고 있으며, 출력 장치는 대형 모니터뿐 아니라, 3D 모니터, VR Virtual Reality 등으로 발전하고 있습니다. 또한 모바일 기기의 획기적인 발전으로 인해 스마트폰이 개인 PC 역할을 하는 시기이기도 합니다. 이 시기의 컴퓨터는 이제 더 이상 책상 위나 서버실에서 보는 컴퓨터가 아니라 사람들의 손안이나 몸에 부착되는 형태로, 사용 형태에 따른 발전도 크게 일어난 시기라고 볼 수 있습니다.

그림 2.13 VR 헤드셋

이 세대 컴퓨터의 가장 큰 화두는 역시 인공지능일 것입니다. 이러한 지능적이고 능동적인 컴퓨터를 구동하기 위한 가장 중요한 과제는 프로그래밍 언어입니다. 지능적 프로그래밍 시스템은 컴퓨터의 지적 능력을 향상시켜 프로그래밍하는 기능을 컴퓨터에 맡기려고 합니다.

향후 컴퓨터의 발전은 너무나도 다양한 분야에서 일어날 것이란 것은 의심할 여지가 없습니다. 지금까지의 컴퓨터 발전에서 적용이 좀 미진한 부분이 있다면, 감성적인 부분과 인간 감각의 인식 부분이라고 할 수 있습니다. 하지만 이 부분도 빠르게 확장되고 많은 적용이 이루어지고 있습니다. 그리고 지금의 컴퓨터 발전 속도로 본다면 그리 머지않은 미래에 지금까지는 수치적으로 측정할 수 없었던 인간의 감정과 인식도 컴퓨터가 대신하는 시기가 올 것이라고 예상할 수 있습니다.

· Chapter · 03 컴퓨터는 무엇으로 이루어졌을까?

우리가 사용하고 있는 컴퓨터의 구성을 알아보기 위해서 우리가 집에서 쉽게 보고 사용하는 컴퓨터를 예를 들어서 설명하고자 합니다. 개인이 사용하는 컴퓨터의 겉은 케이스로 싸여 있어서 쉽게 내부까지는 볼 수 없습니다. 혹시 개인적으로 컴퓨터를 조립해 본 경험이 있다면 이제부터 설명하는 내용이 쉽게 이해될 수도 있습니다. 하지만 경험이 없다고 하더라도 조금만 상상력을 발휘한다면 그리 어렵지 않게 이해할 수 있을 것이니 문제없습니다.

1 딱딱한 것에 둘러싸인 하드웨어

우리가 사용하고 있는 컴퓨터의 기계적인 구조물, 즉 눈으로 볼 수 있고 손으로 만질 수 있는 구성품에 대해서 이야기해 보겠습니다.

겉으로 보기에 대부분의 컴퓨터는 모니터, 본체, 키보드, 마우스 등의 기본 구성에 프린터, 스캐너 등의 추가 구성품으로 이루어져 있습니다. 컴퓨터의 입장에서 봤을 때 '사람과 대화하기 위해서 명령을 받고, 받은 명령을 처리하고, 처리한 결과를 보여 준다'는 시나리오를 기준으로, 다음의 부품들로 기능을 나눌 수 있습니다.

그림 2.14 인간 vs 컴퓨터

1.1 입력 장치

인간은 컴퓨터에 명령을 내리기 위해서 적절한 도구를 이용합니다. 예를 들면 키보드로 명령을 직접 타이핑하거나, 혹은 마우스로 특정 메뉴를 선택해서 명령을 내립니다. 요즘의 모바일 기기에서는 스타일리스 펜을 이용하거나, 손가락으로 직접 터치를 하는 등 기타 여러 가지 도구를 사용합니다. 이렇게 컴퓨터에 일을 시키기 위해 명령을 내리는 입력 도구를 입력 장치라고 합니다.

1.2 CPU중앙 처리 장치

입력 장치를 통해서 받은 명령을 처리하기 위한, 사람으로 치면 뇌에 해당하는 부품입니다. CPU는 입력 장치로부터 받은 명령을 수행하기 위해 필요한 계산을 하기도 하고, 모니터에 결과를 표시하기도 하고, 프린터로 문서를 출력하기도 합니다. 이렇게 CPU는 컴퓨터에 연결되어 있는 여러 가지 부품과 기기의 제어 기능도 담당하게 됩니다. 모든 컴퓨터 내부 명령은 CPU가 관여합니다. CPU의 제조사는 대표적으로 인텔, AMD사가 있습니다. CPU는 너무도 하는 일이 많아서 아래의 몇 가지 장치들로 다시 나눌 수 있습니다. 하는 일이 많으니 아무래도 분업화하는 것이 맞겠지요?

그림 2.15 피라미드를 지을 때도 분업화가 이루어졌어요.

[가] 제어 장치Control Unit

제어 장치는 CPU의 모든 작업을 통제합니다. 연결되어 있는 입출력 장치와 기억 장치 등의 제어를 담당하고, 이 장치들의 동작을 위한 제어 신호를 보냅니다. 한마디로 '너 이거 출력해', '넌 이거 잘 저장해둬' 등의 명령을 하는 감독관 역할을 합니다.

[나] 연산 장치 ALU: Arithmetic Logic Unit

컴퓨터가 수행하는 대부분의 업무는 주어진 데이터의 연산입니다. 연산은 CPU의 중요한 일이다 보니 하나의 Unit으로 따로 분리하여 연산만 전담하는 부서를 만든 것입니다. 제어 장치, 즉 감독관의 명령에 따라서 사칙연산덧셈, 뺄셈, 곱셈, 나눗셈과 논리 연산 ADN, OR, NOT 등을 수행합니다.

[다] 레지스터 Register

컴퓨터는 곳곳에 저장 장치를 두고 있습니다. 레지스터는 그중 하나로 CPU 내부에 있는 저장소라고 보면 됩니다. CPU의 속도와 용량에 따라서 레지스터의 용량도 정해지는데, 이는 CPU의 속도에 맞춰 데이터를 넣고 빼는 속도와 메모리 용량을 가지고 있어야 CPU의 빠른 처리를 도와줄 수 있기 때문입니다. 만약 CPU는 시속 100km로 달리고 있는데 레지스터가 시속 50km로 달린다면 전체 시스템 속도는 시속 50km로 달릴 수밖에 없습니다. 그러니 CPU의 속도에 맞는 레지스터가 붙어 있어야 합니다.

1.3 기억 장치

위에서 설명한 CPU 내부의 레지스터부터 DDR 메모리, SSD, 하드 디스크, USB 메모리 등 컴퓨터에는 다양한 기억 장치들이 사용되고 있습니다. 사용자가 직접 사용하는 메모리일수록 속도와 가격은 낮아지고 용량은 커집니다. 사용자들이 가장 많이 사용하는 USB 메모리와 외장 하드 디스크를 제외한 CPU와 가까이 있는 메모리는 용량보다는 CPU 속도에 맞는 민첩함이 요구됩니다. 그와 거리상으로 떨어진 하드 디스크는 속도보다는 대용량의 사용자 파일을 저장하는 데 최적화되어야 합니다. 이미 설명한 CPU의 레지스터나 캐시 메모리 등이 스포츠카에 비교될 수 있습니다. 스포츠카는 빠르고 비싸지만 트렁크는 그리 크지 않지요? 이와 같이 가격은 비싸고 빠른 대신 용량이 적은 메모리들은 빠른 CPU 옆에서 CPU의 데이터를 처리하게 됩니다. 그리고 보통 RAM Random Acces Memory 이라고 불리는 메모리는 일반적인 승용차로 비교될 수 있습니다. 적당한 크기의 트렁크에 속도도 빠르지요. 메모리의 가격은 스포츠카에 비교되는 메모리보다는 쌉니다. 하지만 속도는 스포츠카보다는 좀 느리지요. 그리고 그다음은 하드 디스크입니다. 하드 디스크는 트럭 정도로 비교될 수 있을 것 같습니다. 많은 양의 데이터를 저장할 수 있도록 짐칸이 큰 대신에 상대적으로 속도는 조금 느리게 느낄 수 있습니다. 요즘 많이 사용하고 있는 SSD는 쿠페 스타일의 자동차 정도로 비교하면 될까요? 가격은 일반 승용차에 비해 비싸고 용량은 좀 작지만 속도는 일반 승용차보다는 빠릅니다. 기억 장치, 즉 메모리는 이처럼 용량과 속도라는 2가지 중요한 분야로 이야기할 수 있습니다.

그림 2.16 트럭과 스포츠카의 속도 및 용량은 하드디스크와 여타 메모리의 속도 및 용량으로 비교됩니다.

[가] 캐시 메모리 Cache Memory

가장 빠르게 데이터를 저장하고 돌려주는 장치로 주로 주기억 장치와 CPU의 속도 차이를 해결하기 위해서 사용됩니다. 예를 들면 너무나도 빠른 CPU에서 일반 승용차에 비유되는 RAM에 데이터를 저장하고 싶은데 RAM의 속도는 CPU의 속도에 비해서 느리기 때문에 CPU는 RAM이 일을 처리할 때까지 기다려야 하는 상황이 벌어질 수 있습니다. 하지만 중간에 빠른 메모리가 데이터를 그때그때 RAM이 있는 곳까지 전달해 준다면 CPU는 느린 속도에 방해받지 않고 계속 일을 할 수 있습니다. 이처럼 CPU와 주기억 장치의 속도 차이로 인한 방해를 해소하기 위해서 사용되는 메모리를 캐시 메모리라고 합니다.

[나] 주기억 장치

보통 주기억 장치의 종류로 휘발성 메모리인 RAM^{Random Access Memory}과 비휘발성 메모리인 ROM^{Read Only Memory}을 이야기합니다. RAM은 실행 중인 프로그램과 현재 실행 중인 데이터를 임시 보관하는 장소입니다. 임시 보관이라는 말의 의미에 유념한다면 RAM은 데이터를 필요할 때 썼다가 다시 지우는 작업을 계속할 수 있다는 걸 알 수 있습니다. 반면, ROM은 이미 쓰여진 데이터를 단순히 읽을 수만 있습니다. 주로 개인 컴퓨터에서 CMOS 프로그램 등이 ROM에 쓰이며 특별한 단계를 거쳐야만 ROM에 데이터를 쓸 수 있습니다. 그래서 시스템 구동에 필요한 프로그램은 ROM에 프로그래밍해 놓고 컴퓨터를 시동할 때 미리 저장된 데이터를 읽어서 사용하게 됩니다.

아래는 현재 사용하고 있는 개인 컴퓨터에서 RAM의 사용 현황을 볼 수 있는 방법입니다. 윈도우상의 맨 아래 작업 표시줄에서 오른쪽 마우스 클릭을 한 후에 작업 관리자를 클릭하면 현재 내가 사용하고 있는 프로그램들이 어느 정도의 RAM을 사용하고 있는지 한눈에 볼 수 있습니다.

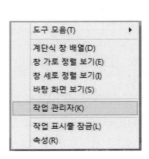

그림 2.17 작업 관리자

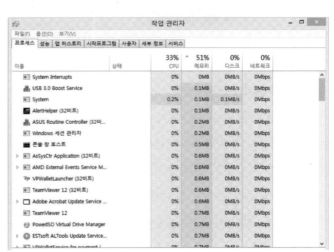

그림 2.18 메모리 사용 현황

[다] 보조 기억 장치

보조 기억 장치는 앞서 언급한 트럭에 해당합니다. 예를 들면 하드 디스크, 자기테이프, 광 디스크 정도가 될 것입니다. 간혹 보조 기억 장치를 가상 메모리 개념으로 주 기억 장치처럼 사용하는 경우가 있습니다. 하드디스크를 RAM처럼 사용하기 위해서 일정 용량을 차용해서 사용하는 기법이 있는데, 특히나 요즘같이 SSD를 많이 사용하는 상황에서 부족한 RAM을 충당하기 위한 방법으로 사용하고 있습니다. SSD는 속도가 하드 디스크에 비해서 빠르기 때문에 기존의 하드 디스크 용량을 차용하는 방법보다는 많이 애용되고 있습니다.

1.4 출력 장치

출력 장치는 컴퓨터의 결과를 사람에게 보여 주기 위한 장치입니다. 흔히 많이 볼 수 있는 것으로는 여러분 앞에 있는 모니터가 있습니다. 그리고 실제 종이에 데이터를 만드는 프린터Printer, 플로터Plotter 등이 있습니다. 요즘은 출력 장치의 빠른 발달로 인해 사람들에게 다양한 볼거리를 제공하고 있는데 그중 모니터의 발달은 눈부실 지경입니다. 4K 해상도의 UHD 모니터, 3D 모니터, VR 등이 있으며, 이런 디스플레이의 발달은 앞으로도 기대가 되고 있습니다.

그림 2.19 3D 모니터

그림 2.20 UHD 모니터

그림 2.21 VR 기기

1.5 시스템 버스 System Bus

시스템 버스는 컴퓨터 내부의 기기들을 연결하기 위한 연락선이라고 표현하겠습니다. 내부적으로 여러 기기들을 연결하기 위해서 다음과 같은 버스 형태로 데이터를 전송합니다.

[가] 데이터 버스 Data Bus

CPU에서 메모리나 입출력 기기에 데이터를 전송하거나 혹은 반대로 데이터를 읽을 때 통과하게 되는 전송 통로입니다. 데이터 버스는 쌍방향 버스로, 이는 양쪽에서 모두 데이터를 보낼 수 있다는 뜻입니다.

[나] 주소 버스 Address Bus

CPU가 메모리나 입출력 기기의 주소를 지정할 때 사용하는 전송로입니다. 예를 들어 주소 버스가 8개의 선으로 구성되어 있다면 2의 8승개의 주소, 즉 총 256개의 주소를 지정할 수 있습니다. 이 버스는 CPU에서만 주소를 지정할 수 있기 때문에 단방향 버스입니다.

[다] 제어 버스 Control Bus

CPU가 주변 장치와 데이터 전송을 할 때와 CPU 자체의 상태 신호를 전달할 때 사용하는 버스입니다. 제어 버스를 통하는 신호의 종류에는 기억 장치 동기 신호, 입출력 동기 신호, CPU 상태 신호, 끼어들기 요구 및 허가 신호, 클럭 신호 등이 있습니다.

2 ᅵ 말랑말랑하게만 볼 수 없는 소프트웨어

컴퓨터의 하드웨어만 가지고는 사람들에게 편리함을 제공하기에 한계가 있습니다. 사람들이 실제로 컴퓨터를 사용하기 위해서는 소프트웨어가 필요합니다. 대부분 사람들이 느끼는 컴퓨터의 실체는 이 소프트웨어에 의해서 규정되는데, 이는 우리가 컴퓨터를 사용할 때 CPU가 구동하고 메모리에서 데이터가 쓰이는 것보다는 워드프로세서 소프트웨어를 통해서 문서를 만들거나, 게임 소프트웨어를 이용해서 게임을 즐기기 때문입니다. 이러한 소프트웨어는 크게 시스템 소프트웨어와 응용 소프트웨어로 나눌 수 있습니다.

2.1 시스템 소프트웨어 System Software

우리가 처음 컴퓨터를 구입해서 사용할 경우 필요한 소프트웨어를 설치하게 됩니다. 그때 제일 먼저 설치하는 소프트웨어는 OS입니다. 보통 운영 체제 소프트웨어라고 설명할 수 있으며, 위에서 설명한 모든 하드웨어와 사람을 연결해 주는 첫 번째 소프트웨어라고 할 수 있습니다. 이런 운영 체제의 종류로는 윈도우, 리눅스, 유닉스, MAC OS 등을 들 수 있습니다. 스마트폰이나 기타 모바일 기기에서 사용되는 OS로는 안드로이드, iOS 등이 있으며 이런 운영 체제 소프트웨어를 시스템 소프트웨어로 분류할 수 있습니다.

그림 2.22 윈도우 OS   그림 2.23 리눅스 Cento OS

그림 2.24 iOS   그림 2.25 안드로이드 OS

2.2 응용 소프트웨어 Application Software

응용소프트웨어는 위에서 언급한 운영 체제를 제외한 일반적인 개인 컴퓨터 사용자가 사용하는 거의 모든 소프트웨어를 말합니다. 레포트를 쓰기 위해서 사용하는 워드프로세서, 인터넷 통신 프로그램 그리고 심심할 때 이용하는 게임 프로그램 등이 이에 속합니다.

컴퓨터가 주고받는 정보는?

컴퓨터가 사용하는 언어와 사람이 사용하는 언어는 서로 다릅니다. 컴퓨터는 사람이 하는 말을 알아들을 수 없습니다. 컴퓨터는 0과 1만 인식할 수 있는 단순 무식한 기계입니다. 이러한 컴퓨터가 알아들을 수 있는 정보로 인간의 언어를 연결해 주어야만 인간이 원하는 대로 컴퓨터가 움직일 수 있습니다. 그러기 위해서 컴퓨터가 알아듣는 정보의 단위를 먼저 알아보도록 하겠습니다. 컴퓨터는 0과 1만 알아들을 수 있다고 했는데, 이것을 공학적인 이해로 접근한다고 하면 스위치가 On이냐 혹은 Off냐 두 가지 경우의 수만 있다고 표현할 수 있습니다. 그래서 사용 가능한 신호 1개로 2개의 표현을 할 수 있습니다. 사용 가능한 하나의 신호를 보통 비트라고 표현합니다. 이제부터는 사용 가능한 신호의 단위와 표현에 대해서 알아보겠습니다.

1 | 데이터들은 어떤 단위로 표현되나요?

1.1 물리적 전송 데이터 단위

[가] 비트^{Bit}

비트는 컴퓨터가 알아들을 수 있는 최소의 데이터 형태로, 가장 작은 전송 데이터 단위입니다. 0 또는 1, On 또는 Off, True 또는 False, Yes 또는 No 등으로 표현할 수 있습니다. 하나의 버스선^{Bus Line}이 표현할 수 있는 경우는 수는 2개입니다. 버스에 데이터가 있든가 또는 없든가. 이런 버스선 몇 개를 묶어서 사용하면 우리는 좀 더 다양한 정보를 표시할 수 있습니다. 예를 들면, 앞서 이야기한 버스선 3개를 묶어서 사용하면 우리는 2의 3승, 즉 8개의 경우의 수를 표현할 수 있습니다. 다음은 전구 3개를 이용하여 표현할 수 있는 데이터의 경우의 수를 표현한 것입니다.

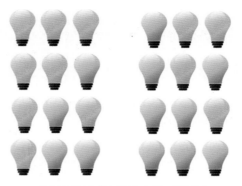

그림 2.26 전구 3개로 표현할 수 있는 경우의 수

[나] 니블Nibble

4개의 비트를 한 개의 니블이라 표현합니다. 많이 쓰이는 표현은 아니나 비트와 바이트의 중간 단위라고 기억하면 됩니다.

```
4bit = 1nibble
```

[다] 바이트Byte

8개 비트를 모아서 1바이트라고 표현합니다. 문자를 표현하는 최소 단위이며 보통 소문자 b는 비트를 대문자 B는 바이트를 표현합니다. 하지만 요즘은 혼용해서 사용하는 경우도 있습니다. 절대적인 것은 아니니 단위를 확인할 때 바이트인지 비트인지 유심히 확인해야 합니다.

```
8bit = 2nibble = 1byte
```

[라] 워드Word

Half word는 2바이트의 길이를 가지며, Full word는 4바이트의 길이를 갖습니다. Double word 경우는 8바이트입니다.

```
Full word = 32bit = 8nibble = 4byte
```

위에서 설명한 비트, 바이트, 워드는 물리적 데이터의 단위로 구분됩니다.

1.2 논리적 데이터 구성 단위

[가] 필드^{Field}

파일을 구성하는 최소 단위이며, 데이터베이스 테이블 중에 1개 열^{Column}을 지칭할 때 쓰입니다.

[나] 레코드^{Record}

위에서 설명한 필드가 하나 이상일 경우 레코드라고 합니다.

[다] 파일^{File}

여러 개의 레코드가 모여서 하나의 파일을 이룹니다. 그리고 파일은 프로그램을 구성하는 데이터의 기본 단위가 됩니다.

[라] 데이터베이스^{DataBase}

여러 개의 관련 파일을 모아서 일정한 목적으로 분류하여 모아 놓은 자료들을 데이터베이스라고 명칭 합니다.

논리적 구성 단위를 좀 더 쉽게 설명하기 위해 학교에서 사용하는 신체 검사표를 예로 들어 보겠습니다. 신체 검사표에는 학생들의 학년, 반, 이름, 키, 몸무게 등을 기재합니다. 학년, 반, 이름, 키, 몸무게 등 각각의 항목을 필드로 칭할 수 있습니다. 1학년 1반에 1번 학생에 대한 측정 데이터, 즉 키와 몸무게는 레코드라 칭할 수 있습니다. 측정한 몇 개의 필드가 모여서 레코드가 됩니다. 물론 측정하지 않았던 학년, 반 등 개별적인 정보들이 몇 개 모여서도 레코드가 됩니다. 이렇게 만든 한 학생의 모든 정보는 파일이라 합니다. 한 개 반을 이루는 구성원의 가장 기본적인 데이터입니다. 학생들의 데이터가 모이면 이제 그 반의 데이터베이스가 구성됩니다. 이제 쉽게 이해할 수 있겠지요?

그림 2.27 신체 검사

2 | 컴퓨터가 아는 0과 1로 무엇을 나타내는 것일까요?

앞에서 이미 말했듯이 컴퓨터는 0과 1말고는 알아들을 수 없습니다. 그래서 우리는 컴퓨터가 이해하는 0과 1로 숫자나 문자를 표현할 필요가 있습니다. 컴퓨터가 사람의 언어를 이해할 수 없으니 사람이 컴퓨터가 알아듣는 언어로 바꿔서 접근해야 합니다. 그래서 사람들은 0과 1의 특정 조합으로 알파벳을 표현하고 때로는 기타 문자와 기호를 표현합니다. 이렇게 코드화된 문자와 기호로 컴퓨터와 대화를 시도하게 됩니다. 마치 우리나라 사람이 미국 사람과 이야기하기 위해서는 우리나라 사람이 영어를 배우거나 혹은 미국 사람이 한국어를 배워야 둘의 대화가 되는 것과 같습니다. 아래 내용은 0과 1로 알파벳을 표현하는 기본 방식과 다른 표현에 관한 것입니다.

2.1 아스키 코드 ASCII: American Standard Code for Information Interchange

아스키 코드는 0과 1밖에 모르는 컴퓨터가 문자를 인식하기 위해서 만든 코드입니다. 아스키 코드는 8bit, 즉 1byte의 2진수를 이용해서 알파벳과 기타 문자를 표현하며, 0번에서 127번까지 128개만 사용합니다. 그래서 128개의 문자에 대응해서 사용하는 것입니다. 아래표에 숫자와 이에 대응되는 문자에 대해서 볼 수 있습니다.

아스키 코드는 미국 표준 협회ANSI: American National Standard Institute에 의해 제정되었으며, 128개의 문자 표현과 1개의 오류 검사를 위한 패리티 비트가 포함되어 총 8bit로 구성되어 있습니다.

Dec	Hx	Oct	Char		Dec	Hx	Oct	Html	Chr	Dec	Hx	Oct	Html	Chr	Dec	Hx	Oct	Html	Chr
0	0	000	NUL	(null)	32	20	040	 	Space	64	40	100	@	@	96	60	140	`	`
1	1	001	SOH	(start of heading)	33	21	041	!	!	65	41	101	A	A	97	61	141	a	a
2	2	002	STX	(start of text)	34	22	042	"	"	66	42	102	B	B	98	62	142	b	b
3	3	003	ETX	(end of text)	35	23	043	#	#	67	43	103	C	C	99	63	143	c	c
4	4	004	EOT	(end of transmission)	36	24	044	$	$	68	44	104	D	D	100	64	144	d	d
5	5	005	ENQ	(enquiry)	37	25	045	%	%	69	45	105	E	E	101	65	145	e	e
6	6	006	ACK	(acknowledge)	38	26	046	&	&	70	46	106	F	F	102	66	146	f	f
7	7	007	BEL	(bell)	39	27	047	'	'	71	47	107	G	G	103	67	147	g	g
8	8	010	BS	(backspace)	40	28	050	(	(	72	48	110	H	H	104	68	150	h	h
9	9	011	TAB	(horizontal tab)	41	29	051	)	)	73	49	111	I	I	105	69	151	i	i
10	A	012	LF	(NL line feed, new line)	42	2A	052	*	*	74	4A	112	J	J	106	6A	152	j	j
11	B	013	VT	(vertical tab)	43	2B	053	+	+	75	4B	113	K	K	107	6B	153	k	k
12	C	014	FF	(NP form feed, new page)	44	2C	054	,	,	76	4C	114	L	L	108	6C	154	l	l
13	D	015	CR	(carriage return)	45	2D	055	-	-	77	4D	115	M	M	109	6D	155	m	m
14	E	016	SO	(shift out)	46	2E	056	.	.	78	4E	116	N	N	110	6E	156	n	n
15	F	017	SI	(shift in)	47	2F	057	/	/	79	4F	117	O	O	111	6F	157	o	o
16	10	020	DLE	(data link escape)	48	30	060	0	0	80	50	120	P	P	112	70	160	p	p
17	11	021	DC1	(device control 1)	49	31	061	1	1	81	51	121	Q	Q	113	71	161	q	q
18	12	022	DC2	(device control 2)	50	32	062	2	2	82	52	122	R	R	114	72	162	r	r
19	13	023	DC3	(device control 3)	51	33	063	3	3	83	53	123	S	S	115	73	163	s	s
20	14	024	DC4	(device control 4)	52	34	064	4	4	84	54	124	T	T	116	74	164	t	t
21	15	025	NAK	(negative acknowledge)	53	35	065	5	5	85	55	125	U	U	117	75	165	u	u
22	16	026	SYN	(synchronous idle)	54	36	066	6	6	86	56	126	V	V	118	76	166	v	v
23	17	027	ETB	(end of trans. block)	55	37	067	7	7	87	57	127	W	W	119	77	167	w	w
24	18	030	CAN	(cancel)	56	38	070	8	8	88	58	130	X	X	120	78	170	x	x
25	19	031	EM	(end of medium)	57	39	071	9	9	89	59	131	Y	Y	121	79	171	y	y
26	1A	032	SUB	(substitute)	58	3A	072	:	:	90	5A	132	Z	Z	122	7A	172	z	z
27	1B	033	ESC	(escape)	59	3B	073	;	;	91	5B	133	[	[	123	7B	173	{	{
28	1C	034	FS	(file separator)	60	3C	074	<	<	92	5C	134	\	\	124	7C	174	|		
29	1D	035	GS	(group separator)	61	3D	075	=	=	93	5D	135	]	]	125	7D	175	}	}
30	1E	036	RS	(record separator)	62	3E	076	>	>	94	5E	136	^	^	126	7E	176	~	~
31	1F	037	US	(unit separator)	63	3F	077	?	?	95	5F	137	_	_	127	7F	177	&#127;	DEL

그림 2.28 아스키 코드

2.2 BCD 코드 Binary Coded Decimal

보통의 사람들은 대부분 10진수에 익숙해져 있습니다. 사람들의 손가락과 발가락이 10개씩 있어서 그런지는 모르겠으나 일단 우리 모두는 모든 측정 숫자들을 10개씩 묶어서 표현하는 것에 편리함을 느낍니다. 하지만 앞서 언급한 대로 컴퓨터는 10진수 같은 것은 모릅니다. 오로지 0, 1의 2진수에 특화되어 있는 시스템입니다. 이런 대화의 벽을 트기 위해서 BCD 코드가 생겨나게 됩니다. BCD 코드는 사람들이 사용하는 10진수의 숫자를 2진수로 표현하는 방식입니다. 예를 들어 5, 6, 7이라는 숫자를 BCD로 표현하면 0101, 0110, 0111이 됩니다.

0~9까지의 숫자를 2진수로 표현하기 위해서는 10개의 경우의 수를 표현해야 합니다. 앞서 설명한 전구를 예로 든다면 최소 4개의 전구가 필요하며 필요한 전구 하나 하나를 비트라고 표현하겠습니다. 다시 이야기하면 0~9까지를 표현하기 위해서 4bit가 필요합니다. 4bit가 필요한 이유는 3bit만 사용하는 2의 3승으로는 8가지의 수만 표현되므로 10을 표

현하기에 모자라고, 2의 4승으로는 16가지의 수가 표현되어 10개의 숫자를 표현하는 데 부족하지 않기 때문입니다. 그래서 최소 4bit가 필요한 것입니다. 이렇게 2진수로 10진수를 표현하는 데 가장 큰 수인 숫자 9의 표현은 1001로 1001 이상의 숫자인 1010~1111까지의 표현은 사용하지 않습니다. 다시 말해 4bit로 표현할 수 있는 2진수의 범위는 0000에서 1111까지이며, 그 범위에서 9까지 표현되는 1001까지만 사용하고 그 이상의 숫자인 1010에서 1111까지는 사용하지 않습니다. 이 표현하지 않은 숫자의 범위 때문에 BCD숫자들끼리 연산에는 주의를 기울일 필요가 있습니다.

2.3 HEX 코드

HEX 코드는 2진 코드와 함께 컴퓨터의 수의 체계에서 가장 많이 사용하는 코드입니다. 우리나라 말로는 16진수라고 표현합니다. 우리에게 익숙한 10진수는 보통 10개를 한 묶음으로 0~9까지 표현합니다. 비슷하게 16진수는 0~15까지를 하나의 묶음으로 표현합니다. 하나의 묶음으로 표현하기 위해 10 이상의 숫자는 알파벳 A, B, C, D, E, F로 각각 10, 11, 12, 13, 14, 15를 대신해 표현합니다. 간단히 소개하면 10진수 20을 16진수로 표현하면 14h라고 표현되는데, 이는 표현하려는 수를 16으로 나누어서 몫과 나머지를 열거해서 나타내고 끝에 HEX 코드임을 나타내는 h를 붙여서 표현한 것입니다.

요약

1 컴퓨터는 무엇일까?

• 컴퓨터는 아주 빠른 계산으로 예측 가능한 경우의 수를 계산하여 확률적으로 가장 적절한 답을 제공하는 시나리오의 집합이라고 할 수 있습니다.

2 컴퓨터는 언제부터?

• 앨런 튜링의 컴퓨터 콜로서스부터 역사는 시작되며 이후 애니악, 애드박, 애드삭 등의 컴퓨터가 개발됩니다. 세계 대전 중에 시작된 컴퓨터의 역사는 대부분 군사적인 목적으로 만들어졌습니다.

• 1세대 컴퓨터는 진공관 소자를 이용한 컴퓨터로 소자의 불안전성 때문에 잦은 고장과 발열, 그리고 크기의 문제가 있었습니다.

• 2세대 컴퓨터는 트랜지스터의 출현으로 부피가 획기적으로 줄어들었습니다. 2세대 컴퓨터에서부터 운영 체제의 개념이 도입되기 시작합니다.

• 3세대 컴퓨터는 트랜지스터보다 더 집적화된 IC 소자의 등장으로 처리 속도가 더 빨라지고 더 다양한 입출력 장치가 나타납니다.

• 4세대 컴퓨터는 드디어 컴퓨터가 개인에게 보급되는 중요한 시기입니다.

• 5세대 컴퓨터는 이제 더 이상 세대를 나누는 것이 무의미할 정도로 다양하고 빠르게 발전하고 있습니다. 눈에 띄는 부분은 디스플레이의 발달과 인공지능의 발달을 들 수 있습니다.

3 컴퓨터는 무엇으로 이루어졌을까?

• 컴퓨터의 구성 요소는 크게 하드웨어, 소프트웨어로 나눕니다.

• 하드웨어는 크게 입력 장치와 입력된 데이터를 처리하는 CPU, 데이터를 저장하는 기억 장치, 처리된 결과를 보여 주는 출력 장치로 나눕니다. 입력 장치는 대표적으로 키보드, 마우스 등이 있으며 CPU는 기능에 따라 제어 장치, 연산 장치, 레지스터로 나눌 수 있습니다. 기억 장치에는 하드 디스크, 캐시 메모리 등이 해당되며 이는 용량과 속도라는 2가지 중요한 분야로 나누어 설명할 수 있습니다. 출력 장치에는 모니터, 프린터 등이 있습니다.

• 소프트웨어는 운영 체제라고 불리는 시스템 소프트웨어와 우리가 일반적으로 사용하는 프로그램인 응용 소프트웨어로 나눕니다.

4 컴퓨터가 주고받는 정보는?

• 컴퓨터가 주고받는 물리적 데이터의 단위로 비트가 있으며 8개의 비트를 한 묶음으로 바이트라고 표현합니다. 논리적 데이터 구성 단위로는 필드, 레코드, 파일, 데이터베이스가 있습니다.

• 2진수의 0과 1로 문자를 표현하기 위해서 아스키 코드라는 표준 코드를 이용해서 표현합니다. 그 외에도 BCD 코드나 HEX 코드도 있습니다.

점검문제 --

1. 최초 컴퓨터의 제작 목적은 무엇일까요?

2. 개인용 PC의 용도로 컴퓨터 보급이 활성화된 시기는 어느 세대입니까?

3. 4세대까지 각 세대별 컴퓨터 사용 소자의 특징에 기반하여 기술하세요.

4. 컴퓨터 하드웨어에서 가장 빠른 메모리는 무엇인가요?

5. 응용 소프트웨어에 대해서 설명하세요.

6. 4byte는 몇 비트입니까?

7. HELLO를 아스키 코드로 표현하세요.

PART
03

컴퓨터의 수의 표현

전 세계의 여러 나라에는 여러 민족들이 살고 있습니다. 그리고 대부분의 민족은 영어, 불어, 독일어, 중국어, 일본어, 한국어 등 고유의 언어를 가지고 있지요. 컴퓨터도 컴퓨터 고유의 언어가 있으며 한 가지의 언어만을 가지고 있지는 않습니다. 인간의 언어와 유사한 소프트웨어에서부터 0, 1로 표현되는 기계어까지 다양한 언어들을 사용합니다. 이번 파트에서는 이러한 컴퓨터 언어의 가장 기초적인 수의 체계에 대해서 알아보도록 하겠습니다. 수의 체계는 컴퓨터가 이해하는 사고방식을 이해하기 위해서 필요한 가장 기초적인 내용입니다. 컴퓨터의 어원이 '계산하다'라고 이미 말했습니다. 그에 걸맞게 계산하는 수학적인 사고가 컴퓨터의 가장 기본적인 사고방식입니다.

다양한 수의 세계 몇 개로 묶을까요?

일반인들이 익숙해져 있는 진법은 보통 10진법입니다. 대다수의 사람들은 계산식에서 10진법을 사용합니다. 그러나 우리는 생활 속에서 알게 모르게 10진법 외에도 다양한 진법을 사용하고 있습니다. '계란 한 판'이라던가, '연필 한 다스' 라던가 혹은 아주 간단히 시간을 세는 단위도 10진법은 아닙니다. 이렇게 10개 혹은 12개, 60개 등 다양한 수의 묶음의 표현을 진법이라고 합니다. 그러면 이런 진법은 왜 사용하게 되었을까요? 우리는 수를 10개로 묶어서 사용하는 것이 편리하다고 느낄지 모르나 사실, 묶음의 단위는 계산의 사용처에 따라서 적절하게 사용하는 것이 편리합니다.

진법의 사용에 대해서 알아보기 위해서 처음 수를 세던 방식을 생각해 보겠습니다. 일단 수를 처음 배우는 아이들을 떠올려 봅시다. 수를 셀 때 아이들은 보통 신체의 일부분을 이용해서 수를 헤아립니다. 보통 손가락을 가장 많이 이용하지요? 이처럼 초기의 숫자 표기가 필요했던 사람들도 아마 신체를 이용해서 수를 표현했을 가능성이 높으며, 사람의 신체 중에 손가락이 수를 표현하기에 적합했을 것입니다. 그래서 다섯 손가락을 이용하여 숫자를 세는 방법으로 5진수 진법을 사용하게 됩니다. 사람은 한쪽 손을 사용하면 다섯까지 셀 수가 있습니다. 이렇게 5진수 진법을 사용했던 사람들은 고대 로마 사람들이었습니다. 로마 숫자는 I, II, III, IV, V와 같이 5를 기준으로 문자를 표기하였습니다. 5 이상의 숫자에는 다른 기호를 더해서 그 이상의 숫자를 표현합니다. 로마 표기에서 새로운 기호가 나타나는 주기는 다섯입니다. 그 다음으로는 손가락 10개를 한 묶음으로 사용하게 되는 10진법을 사용하게 됩니다. 10진법의 대표적인 예가 이집트 숫자입니다. 이집트 사람들은 현대 사람들이 익숙해져 있는 10진법을 사용했습니다. 10개의 숫자를 이용하는 표현과 로마 숫자, 기타 고대 숫자들의 체계는 다음의 그림을 참고하시기 바랍니다.

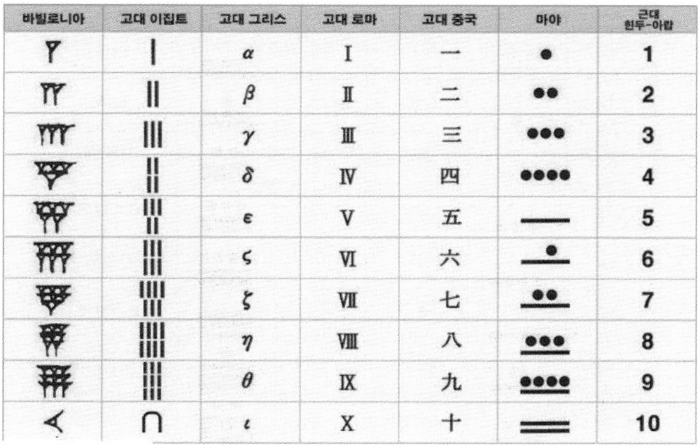

그림 3.1 고대 문명의 수 체계

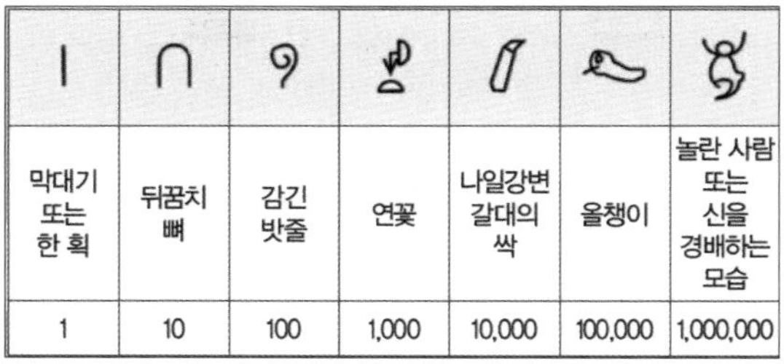

막대기 또는 한 획	뒤꿈치 뼈	감긴 밧줄	연꽃	나일강변 갈대의 싹	올챙이	놀란 사람 또는 신을 경배하는 모습
1	10	100	1,000	10,000	100,000	1,000,000

그림 3.2 고대 이집트 수

손가락을 다 쓰고 발가락까지 모두 사용한다고 하면 몇 진법이 될까요? 맞습니다. 손가락과 발가락을 모두 합하면 20이니 20진법이 됩니다. 20진법 숫자를 사용한 대표적인 사람들은 고대 마야 사람들입니다. 마야 사람들이 사용하던 마야 숫자는 20진법에 기반합니다. 0에서 19까지는 점을 1로, 가로 막대 하나를 5로 표기합니다. 사용된 기호는 0을 뜻하는 조개 모양의 기호인 시스임◉과 기본 단위를 뜻하는 점인 훈●, 그리고 기본 단위의 다섯 배를 뜻하는 가로 막대인 호오▅로 이루어져 있습니다.

수	기호	발음	수	기호	발음
0		시스임	10		라훈
1		훈	11		불룩
2		카아	12		라호카
3		오스	13		오스라훈
4		칸	14		칸라훈
5		호오	15		호오라훈
6		우아크	16		우아크라훈
7		우우크	17		우우크라훈
8		우아사이크	18		우아사이크라훈
9		보론	19		보론라훈

그림 3.3 마야 사람들의 수 표현(위키 피디아 참조)

마야 사람들은 이렇게 20까지의 수를 표기하였으며 저 기호들을 가지고 덧셈과 뺄셈 같은 연산도 했습니다.

수에 관한 재미있는 이야기를 하나 하겠습니다. 영국 작가 스위프트의 〈걸리버 여행기〉를 보면 걸리버가 배가 난파되어 소인국으로 가게 됩니다. 소인국 사람들은 자기들보다 엄청 큰 거인인 걸리버를 옥에 가두고 옥에 갇혀 있는 걸리버에게 먹을 것을 줍니다. 여기서 소인국 사람들이 걸리버에게 준 한끼 식사량이 재미있는데, 소인국 사람의 1,728명에 해당하는 식사를 제공합니다. 왜 1,728명일까요? 그냥 작가가 만들어낸 상상일까 했습니다만 나름 과학적인 의미가 있습니다. 그 계산에는 진법의 계산법이 숨어 있습니다. 영국 사람들은 12진법을 사용했으며, 작가 스위프트는 앞서 언급한 대로 영국 사람이었습니다. 그래서 걸리버가 얼마나 클지 상상했을 때 소인국 사람보다 12배 클 것이라고 생각했습니다. 그에 따라 걸리버의 위의 부피도 $12 \times 12 \times 12 = 1,728$배가 될 것이라고 생각해서 1,728배에 해당하는 음식을 줘야 한끼 식사로 가능하다고 판단한 것입니다. 나름 아주 똑똑한 소인국 사람들인 것 같습니다. 그리고 아무리 소설이라고 하더라도 꽤 과학적이지 않습니까?

그림 3.4 소인들보다 12배 큰 걸리버

12진법은 달의 변화가 30일을 주기로 1년에 12번 정도 반복되는데 이 주기를 계산하기 위해서 사용하는 데서 유래했습니다. 눈치채셨겠지만 12진법은 우리가 쓰는 음력 달력과 관련이 깊습니다. 또한 12진법은 연필을 세는 단위나 12개의 눈금으로 시간을 표현하는 방법으로 현재에도 쓰이고 있습니다.

메소포타미아 바벨론 문명에서는 60진법을 사용했습니다. 60진법을 사용한 것은 지구의 공전 주기가 약 360일이라는 사실과 원의 반지름으로 그 원을 내접하는 다각형을 만들면 정육각형을 만들 수 있다는 것에 기인합니다. 태양 주위를 도는 지구 모습을 360으로 생각하고 그것을 6등분한 60을 단위로 택하여 사용한 것입니다. 그래서 60진법은 태양력의 시간의 단위로 사용됩니다. 지금까지도 60은 시각과 각도의 단위로 사용되고 있습니다. 한 시간은 60분, 1분은 60초 그리고 각도에서 1도는 60분, 1분은 60초입니다. 아마도 12진법은 음력의 계산을 하기 위한 방법이며, 60진법은 태양력의 계산을 편하게 하기 위해서 조상들이 만들어낸 것에서 유래했다고 생각이 됩니다. 결국 이런 다양한 진법들은 사람들의 편리한 계산을 위해 숫자를 일정 단위로 묶어서 사용하였던 것이고, 이것은 자연의 현상을 숫자로 표현하고 이를 이용하기 위한 사람들의 노력에서 나온 것입니다.

자, 그렇다면 가장 중요한 우리가 배워야 할 컴퓨터는 어떤 진법을 사용할까요? 그리고 그렇게 사용된 진법들이 컴퓨터에게는 어떤 의미가 있을까요?

2진수의 표현

1 | 정수의 2진수 표현

컴퓨터의 거의 모든 연산은 2진수로 이루어집니다. 그 이유는 컴퓨터 내부에 사용되는 버스는 1개의 주소 라인이거나 혹은 데이터 버스가 표현할 수 있는 것이 2가지뿐이기 때문입니다. 신호가 있거나 없거나, On/Off, True/False 등 표현은 단 2가지뿐입니다. 일단 먼저 2진수 이야기를 하기 전에 현재 우리가 쓰고 있는 10진법에 대해서 알아보고, 이것을 2진수에 적용하여 이해를 돕도록 하겠습니다. 누구나 다 알고 있겠지만 세밀하게 10진수를 표현하는 방법에 대해서 먼저 알아보자면, 10진수 5,847을 표현할 경우 아래의 공식으로 표현할 수 있습니다.

$$5847 = (5 \times 10^3) + (8 \times 10^2) + (4 \times 10^1) + (7 \times 10^0)$$

5,847은 각 단위별로 10, 100, 1000을 곱하는 지수 표현으로 설명이 가능합니다. 이와 같이 10진수에서 각 자리수를 10의 몇승으로 표현하는 것처럼 2진수 1001을 표현하면 아래와 같습니다.

$$1001 = (1 \times 2^3) + (0 \times 2^2) + (0 \times 2^1) + (1 \times 2^0)$$

10진법과 같은 방식으로 2진법은 2의 승수를 곱한 것으로 표현이 가능합니다. 우리가 10진수는 무의식적으로 위의 연산을 하듯이, 2진수 역시 계산을 빠르게 하기 위해서 2, 4, 8, 16, 32, 64, 128, 256이 2의 1승부터 2의 8승까지의 수라는 것을 머릿속에 외워두면 나중에 계산이 편리합니다. 물론 외우지 않으셔도 조금만 계산하면 금방 알수 있으므로 상관은 없습니다.

2 | 소수점 이하의 2진수 표현

앞에서 정수 부분에 대한 2진수 표현을 배웠다면, 이번에는 소수점 이하의 표현에 대해서 알아보도록 하겠습니다. 소수점 이하의 표현도 위의 정수의 표현과 크게 다르지 않습니다.

$$0.011 = (0 \times 2^{-1}) + (1 \times 2^{-2}) + (1 \times 2^{-3})$$

이 역시 10진수의 표현 방법과 같이 비교해서 보면 쉽게 이해할 수 있습니다.

$$0.4576 = (4 \times 10^{-1}) + (5 \times 10^{-2}) + (7 \times 10^{-3}) + (6 \times 10^{-4})$$

10진수에서 소수점 이하의 수를 10의 마이너스 승수로 표현하듯이 2진수에서도 2의 마이너스 승수로 표현합니다.

3 | 음수의 2진수 표현

2진수에서 음수를 표현하는 방식은 3가지가 있습니다. 1의 보수, 2의 보수, 그리고 제일 앞의 비트를 부호 표시 비트로 사용하는 방식으로 나눌 수 있습니다.

3.1 1의 보수

1의 보수는 0은 1로, 1은 0으로 변경하여 음수로 표시하는 방법입니다. 수의 표현을 위해서 8bit를 사용한다고 가정합시다. 8bit는 2진수 8개를 한 묶음으로 사용한다는 의미라는 정도로만 이해하면 될 것 같습니다. 그리고 눈으로 확인할 때 헷갈림이 없도록 4개씩 묶어서 표현하겠습니다.

```
0001 0011 ▶▶ 1110 1100
```

0001 0011을 1의 보수를 이용해서 음수로 표현하면 1110 1100이 됩니다. 보수라는 의미에 충실하게 1은 0으로, 0은 1로 변경하면 음수로 표현이 됩니다.

3.2 2의 보수

2의 보수는 1의 보수 제일 끝자리에 1을 더하는 방식입니다.

```
0001 0011  ▶▶  1110 1100 + 0000 0001  ▶▶  1110 1101
   2진수              1의 보수 + 1                2의 보수
```

그래서 0001 0011의 2의 보수는 1의 보수인 1110 1100에 1을 더해서 1110 1101이 됩니다.

3.3 부호 비트를 사용하는 방법

부호 비트를 사용하는 방법은 다음과 같습니다.

```
0001 0011  ▶▶  1001 0011
```

2진수의 가장 왼쪽에 있는 1개의 비트를 부호 비트로 정하고, 이 부호 비트가 0일 경우는 양수이고 1일 경우는 음수라고 약속하고 표현하는 것입니다. 그래서 0001 0011은 양수 0001 0011과 같은 수이고 1001 0011은 부호 비트를 사용하는 환경이라고 하면 − 0001 0011의 다른 표현이 됩니다.

· Chapter ·
03 여러 진수로의 변환

1 | 10진수의 2진수로의 변환

다음으로 10진수를 2진수로 변환하는 과정을 살펴보겠습니다. 일반 정수의 변환과 소수점 이하의 변환을 한꺼번에 알아보기 위해서 2진법으로 변환할 때는 정수부와 소수점 이하 부분으로 나누어서 계산합니다.

```
65/2    몫 32    나머지 1            0.625
32/2    몫 16    나머지 0          ×     2
16/2    몫 8     나머지 0            1.25
8/2     몫 4     나머지 0            0.25  → 정수로 제외한 0.25만 남김
4/2     몫 2     나머지 0          ×     2
2/2     몫 1     나머지 0            0.5
1/2     몫 0     나머지 1          ×     2
정수표현 : 65 = 1000001           1.0   → 소수 부분이 없으므로 멈춤

                                소수점 이하부분 : 0.625 = 0.101
```

정수 부분인 65를 2진수로 변환하는 방법은 먼저 2로 나눕니다. 그러면 65는 32의 몫과 1의 나머지가 남습니다. 위에 표기되어 있는 대로 몫과 나머지를 차례로 표기합니다. 그리고 32를 다시 2로 나눕니다. 그러면 몫은 16이 되고 이번에는 나머지가 없기 때문에 0이 됩니다. 이런 식으로 2보다 작은 수가 몫이 되어서 더 이상 나눌 수 없을 때까지 나눗셈을 이어 갑니다. 그리고 마지막으로 2의 몫을 2로 나누면 1의 몫과 나머지가 0이 됩니다. 여기까지만 나누어도 되고 혹은 마지막 1을 2로 나누어서 몫이 0이 되고 나머지가 1이 되도록 해도 됩니다. 쉬운 이해를 위해 몫이 0까지 되도록 나누겠습니다. 그리고, 지금까지의 나머지 숫자들을 역순으로 열거하면 정수 65의 2진수 표현이 완성됩니다. 위의 그림에서는 아래에서 위의 방향으로 열거하면 그 결괏값은 1000001입니다.

이제는 소수점 이하 부분을 2진수로 변환하는 과정을 설명하겠습니다. 정수 부분과는 다르게 소수점 이하 부분은 2로 곱해서 소수점 이상의 정수 부분을 열거할 것입니다. 제일 먼저 0.625에 2를 곱하면 1.25가 됩니다. 그러면 정수 부분인 1을 남겨두고 다시 0.25에 2를 곱합니다. 그러면 0.5가 됩니다. 0.5의 정수 부분은 0이므로 0을 기록해놓습니다. 다시 0.5에 2를 곱하면 1.0이 됩니다. 그러면 정수 부분은 1이 되고 소수점 부분은 0이 됩니다. 소수점 이하가 더 이상 곱해도 소용없는 0이 되었으므로 이제 곱셈을 멈춥니다. 그리고 지금까지의 정수 부분을 열거하면 101이 됩니다. 이 숫자는 소수점 이하인 0.101로 표현합니다.

이제 아까 계산한 정수 부분과 소수점 부분을 합치면 1000001.101이 10진수 65.625의 2진수 표현이 됩니다.

2 | 4진수로의 표현

4진수의 표현은 2의 2승은 4인 것을 기억하면 편합니다. 2진수 표현의 2개 비트를 하나로 묶으면 4비트가 되므로 2진수를 2개씩 묶어서 표현하면 간단히 4진수로 표현할 수 있습니다.

10진수 187을 2진수 변환을 거쳐서 4진수로 표현하는 과정을 설명하겠습니다.

먼저 187을 2진수로 변환하면 다음과 같습니다.

```
187 / 2     몫 93    나머지 1
 93 / 2     몫 46    나머지 1
 46 / 2     몫 23    나머지 0
 23 / 2     몫 11    나머지 1
 11 / 2     몫 5     나머지 1
  5 / 2     몫 2     나머지 1
  2 / 2     몫 1     나머지 0
  1 / 2     몫 0     나머지 1
```

따라서 187의 2진수 표현은 다음과 같습니다.

187 = 1011 1011

이것을 2개씩 묶으면 다음과 같습니다. 이것이 4진수 변환 표현입니다.

[1 0] [1 1] [1 0] [1 1] ▶▶ 2 3 2 3

1011 1011을 2개씩 묶으면 10, 11, 10, 11로 나눌 수 있습니다. 각각을 다시 10진수로 변환하면 10은 2로, 11은 3으로 표현이 가능합니다. 이것을 열거하면 2323이 됩니다. 결과적으로 2진수 2개 비트를 묶어서 한자리씩 표현을 하면 4진수로의 표현이 됩니다. 결괏값으로 187의 4진수는 2323입니다.

3 | 8진수로의 표현 그리고 16진수

같은 방식으로 187을 8진법으로 변환합니다. 8은 2의 3승으로 표현이 가능합니다. 이렇게 계산하는 이유는 4진수와 마찬가지로 8진수는 2진수를 3개씩 묶어서 표현할 수 있기 때문입니다. 187을 2진수로 먼저 변환한 후 3비트씩 묶어서 8진수로 표현해 보겠습니다.

앞서 계산한 대로 187의 2진수는 1011 1011입니다. 아래 단위부터 3개씩 묶으면 [× 1 0], [1 1 1], [0 1 1] 로 표현합니다. 제일 앞에 ×는 없는 자리이므로 0으로 대치를 하면 다음과 같이 표현할 수 있습니다.

[0 1 0] [1 1 1] [0 1 1] = 2 7 3

이렇게 3자리씩 묶어서 8진법으로 표현한 후 10진수로 변환하면, 010은 2가 되고, 111은 7, 011은 3이 됩니다. 이 결괏값 273이 187의 8진수 표현이 됩니다. 이 방식을 응용하여 2진수를 4개씩 묶어서 표현하면 16진수가 됩니다. 단, 16진수는 10 이상의 수에 대해서 10 = A, 11 = B, 12 = C, 13 = D, 14 = E, 15 = F로 표현합니다.

10진수	2진수	8진수	16진수
1	0001	1	1
2	0010	2	2
3	0011	3	3
4	0100	4	4
5	0101	5	5
6	0110	6	6
7	0111	7	7
8	1000	10	8
9	1001	11	9
10	1010	12	A
11	1011	13	B
12	1100	14	C
13	1101	15	D
14	1110	16	E
15	1111	17	F

표 3.1 여러 가지 수의 표현

Chapter 04
2진수의 연산

1 | 2진수 정수의 덧셈, 뺄셈

2진수의 덧셈은 일반 10진수의 덧셈과 유사합니다. 아래의 덧셈식을 보면 이해가 쉽습니다. 10진수에서는 두 수의 합이 10이 되면 자리 올림을 합니다. 2진수의 덧셈도 같은 방식으로 두 수의 합이 2가 되면 자리 올림을 합니다.

$$
\begin{array}{r}
\overset{\scriptstyle 1\,1\,1}{1\,1\,0\,1} \\
+\ 0\,1\,1\,1 \\
\hline
1\,0\,1\,0\,0
\end{array}
\qquad
\begin{array}{r}
\overset{\scriptstyle 1}{1\,3} \leftarrow \text{자리올림}\\
+\ \ 7 \\
\hline
2\,0
\end{array}
$$

2진수의 뺄셈은 연산하려는 수의 보수를 이용하여 음수로 변경 후 덧셈으로 연산을 합니다. 다시 말해 빼려고 하는 수의 보수를 구한 후 두 수를 더하여 뺄셈의 결과를 얻습니다. 보수는 1의 보수와 2의 보수가 있는데 1의 보수는 0은 1로, 1은 0으로 바꾼 수를 말하며, 2의 보수는 1의 보수에 1을 더한 수입니다. 아래에서 각 보수에 따른 연산 방법을 살펴보겠습니다.

1.1 자리 올림이 생기는 1의 보수의 뺄셈

$$
\begin{array}{r}
\overset{\scriptstyle 1\,1\,1\,1}{1\,1\,1\,1} \\
-\ 1\,1\,1\,0 \rightarrow {}^{\text{1의}}_{\text{보수}}
\end{array}
\qquad
\begin{array}{r}
\overset{\scriptstyle 1\,1\,1\,1}{1\,1\,1\,1} \\
+\ 0\,0\,0\,1 \\
\hline
\textcircled{1}\,0\,0\,0\,0 \\
+\qquad\quad 1 \\
\hline
0\,0\,0\,1
\end{array}
$$

덧셈은 자리 올림이 생기는 경우가 있습니다. 1의 보수를 이용하여 덧셈을 실행하여 자리 올림이 생길 경우에는 자리 올림수를 마지막 결괏값에 다시 더해 결과를 얻습니다.

1. 뒷수의 1의 보수를 구합니다.
2. 앞수와 뒷수의 1의 보수를 더합니다.
3. 자리 올림이 있으면 2단계에서 얻은 결괏값에 자리 올림수 1을 더해서 최종 결괏
   값을 얻습니다.

1.2 자리 올림이 생기지 않는 1의 보수의 뺄셈

$$
\begin{array}{r}
1110 \\
-1111
\end{array}
\xrightarrow{\text{1의}\atop\text{보수}}
\begin{array}{r}
1110 \\
+0000 \\
\hline
1110
\end{array}
$$

1의 보수 0001
(-부호로 붙임)
= -1

1의 보수를 이용하여 덧셈을 수행하여 자리 올림이 생기지 않을 경우는 보수의 덧셈의 결과가 원래 수의 뺄셈의 결과가 됩니다. 결괏값에 다시 1의 보수를 시행하면 원하는 결과를 얻을 수 있습니다. 단, 이 경우는 빼려고 하는 수가 더 큰 수이므로 부호는 −가 됩니다.

1. 뒷수의 1의 보수를 구합니다.
2. 앞수와 뒷수의 1의 보수를 더합니다.
3. 자리 올림이 발생하지 않으면 2단계의 결괏값의 1의 보수를 구합니다.
4. 구한 1의 보수 값에 −부호를 붙여 결괏값을 얻습니다.

1.3 자리 올림이 생기는 2의 보수의 뺄셈

위에서 1의 보수를 이용했던 방식으로 2의 보수를 이용해서 연산을 하겠습니다. 먼저 뒷수의 2의 보수를 구한 후 덧셈을 했을 때 자리 올림이 생기는 경우는 다음과 같이 연산을 합니다.

$$
\begin{array}{r}
1110 \\
-1100
\end{array}
\xrightarrow{\text{2의}\atop\text{보수}}
\begin{array}{r}
1110 \\
+0100 \\
\hline
①\ 0010
\end{array}
$$

자리올림   2
제거

1. 뒷수의 2의 보수를 구합니다.
2. 앞수와 뒷수의 2의 보수를 더합니다.
3. 자리 올림이 생길 경우, 자리 올림은 제외하고 2단계의 결괏값을 그대로 답으로 사용합니다.

1.4 자리 올림이 생기지 않는 2의 보수의 뺄셈

1. 뒷수의 2의 보수를 구합니다.
2. 앞수와 뒷수의 2의 보수를 더합니다.
3. 자리 올림이 생기지 않은 경우, 2단계의 결괏값의 2의 보수를 구합니다.
4. 3단계의 결괏값에 - 부호를 붙여서 값을 얻습니다.

위와 같이 뺄셈을 하는데 왜 보수라는 개념을 사용할까요? 그 이유는 컴퓨터 내부는 감산기를 이용해 뺄셈을 하는 것이 아니라 가산기만을 사용하기 때문에 그렇습니다. 즉, 덧셈만 할 수 있고 뺄셈은 못하는 구조입니다. 그래서 빼야 하는 수의 보수를 더해서 결과적으로는 뺄셈을 수행하는 구조로 되어 있습니다. 왜 덧셈으로 뺄셈을 구현하는지 이제 이해가 되시죠? 이제부터는 본격적으로 컴퓨터에서의 정수의 뺄셈과 덧셈에 대해서 알아보도록 하겠습니다.

1.5 1의 보수를 사용한 정수의 덧셈과 뺄셈

10진수 정수를 2진수로 변환하고 이 변환한 수의 덧셈과 뺄셈을 1의 보수를 이용하여 연산하는 방법을 살펴보겠습니다.

7 = 0111 ▶▶ 1의 보수는 1000
5 = 0101 ▶▶ 1의 보수는 1010

$7 + 5 = 12$ 의 연산은 다음과 같습니다.

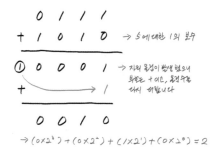

$$\rightarrow (1 \times 2^3) + (1 + 2^2) + (0 \times 2^1) + (0 \times 2^0) = 12$$

$7 - 5 = 2$ 의 연산은 다음과 같습니다.

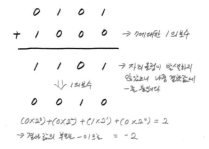

$$\rightarrow (0 \times 2^3) + (0 \times 2^2) + (1 \times 2^1) + (0 \times 2^0) = 2$$

$5 - 7 = -2$ 의 연산은 다음과 같습니다.

$$(0 \times 2^3) + (0 \times 2^2) + (1 \times 2^1) + (0 \times 2^0) = 2$$
$$\rightarrow 결과값의 부호는 -이므로 \quad = -2$$

1.6 2의 보수를 사용한 정수의 덧셈과 뺄셈

2의 보수를 이용한 뺄셈은 빼는 수의 2의 보수를 구한 후 더합니다. 최상위 비트에서 자리 올림이 생겼다면 자리 올림을 제외한 나머지 부분이 결괏값이 됩니다. 만약 자리 올림이 생기지 않았다면 결괏값의 2의 보수를 구한 후 − 부호를 붙입니다.

계산하기 위해서 각각의 수의 2진수와 2의 보수를 구합니다.

$$7 = 0111 \quad \blacktriangleright\blacktriangleright \text{ 2의 보수는 } 1001$$
$$5 = 0101 \quad \blacktriangleright\blacktriangleright \text{ 2의 보수는 } 1011$$

$7 + 5 = 12$ 의 연산을 알아보겠습니다.

$$
\begin{array}{r}
0\ 1\ 1\ 1 \\
+\ 0\ 1\ 0\ 1 \\
\hline
1\ 1\ 0\ 0
\end{array}
$$

$\rightarrow (1 \times 2^3) + (1 + 2^2) + (0 \times 2^1) + (0 \times 2^0) = 12$

$5 - 7 = -2$ 연산을 알아보겠습니다.

$$
\begin{array}{r}
0\ 1\ 0\ 1 \\
+\ 1\ 0\ 0\ 1 \quad \rightarrow 7\text{에 대한 2의 보수} \\
\hline
1\ 1\ 1\ 0 \quad \rightarrow \text{자리올림이 없으니 나온 결과값에 } -\text{를 붙입니다}
\end{array}
$$

$\Downarrow$ 2의 보수

$0\quad 0\quad 1\quad 0$

$(0 \times 2^3) + (0 \times 2^2) + (1 \times 2^1) + (0 \times 2^0) = 2$

$\rightarrow$ 나온 결과값에 $-$ 부호를 붙이므로 -2

$7 - 5 = 2$ 의 연산을 살펴보겠습니다.

$$
\begin{array}{r}
0\ 1\ 1\ 1 \\
+\ 1\ 0\ 1\ 1 \quad \rightarrow 5\text{에 대한 2의 보수} \\
\hline
\end{array}
$$

① $0\quad 0\quad 1\quad 0 \quad \rightarrow$ 올림수가 있으므로 결과값은 $+$

$(0 \times 2^3) + (0 \times 2^2) + (1 \times 2^1) + (0 \times 2^0) = 2$

$(-5) + (-7)$ 연산의 경우는 두 수의 부호가 같기 때문에 아래와 같이 변환해서 계산을 합니다.

$$-(5 + 7) = -12$$

이 경우는 보수를 사용해서 연산할 필요가 없습니다.

실수를 이야기하기 전에 먼저 우리는 수학에서 자연수라는 것을 배웠을 것입니다. 자연수는 1부터 시작하는 정수, 즉 1, 2, 3, 4로 뻗어나가는 수를 이야기합니다. 그리고 정수는 음의 정수, 양의 정수, 0을 포함한 숫자를 말합니다. 다시 말해 0을 기준으로 -1, -2, -3으로 뻗어나가는 수와 1, 2, 3으로 뻗어나가는 수를 이야기합니다. 자연수와 정수는 1의 크기로 뻗어나가는 수입니다. 그에 비해 실수는 1/2, 2의 제곱근, e, pi 등 소수점 이하로 쪼개지는 더 세밀한 수를 말하며, 위에서 설명한 자연수, 정수 등을 모두 포함하는 수입니다. 소수점 이하로 쪼개지는 이 실수를 표현하기 위해서 컴퓨터는 부동 소수점 방식과 고정 소수점 방식을 사용합니다. 고정 소수점과 부동 소수점에 대한 설명은 후에 자세히 하겠지만, 일단 간단히 설명하면 고정 소수점 방식은 소수점이 항시 고정되어 있고 부동 소수점은 수의 범위에 따라서 소수점 위치를 바꾸어가면서 표현하는 방식입니다.

이제 수를 가수와 밑수, 지수 등을 이용해서 표현해 보겠습니다. 예를 들면 1.3456은 13456×10^{-4} 와 같이 표현할 수 있습니다. 이것은 가수×밑수$^{(지수)}$와 같이 유효 숫자를 사용한 곱셈 형태로 표현합니다. 위의 수에서는 13456이 가수이며 10이 밑수, -4는 지수입니다. 다른 예를 들어 -0.4를 밑수가 10인 부동 소수점으로 나타내면 -0.04×10^1이 되며, 밑수가 2이면 -0.8×2^{-1}이 됩니다. 가수 부분을 한 자리 자연수를 갖도록 한다면 -4×10^{-1}과 같이 변형할 수 있습니다.

이처럼 가수의 첫째 자리가 밑수보다 작은 한 자리 자연수가 되도록 바꾸는 것을 정규화라고 합니다. 예를 들어, 앞의 값에서 밑수가 2이면 -0.8×2^{-1}이 되는데 이것을 정규화하면 -1.6×2^{-2}이 됩니다. 여기서 볼 수 있듯이 밑수가 2일 때 정규화하면 가수 부분의 첫째 숫자는 항상 1이 됩니다.

컴퓨터 프로그래밍이나 전자계산기 등에서는 밑수가 10인 경우에 로마자 E 또는 e를 사용하여 함수 형태로 표시하기도 합니다.

$-0.4 = -0.04E + 1$ 또는 $-0.04e + 1$

이것을 정규화하면 −4E−1 또는 −4e−1이 됩니다.

이제 6.25 + 1.78의 예로 실수의 연산을 살펴 보겠습니다. 6.25 + 1.78의 연산을 수행하기 위해서 먼저 앞수를 다음과 같이 변형합니다.

$$6.25 = 62.5 \times 10^{-1} \ (62.5: \text{가수}, \ 10: \text{밑수}, \ -1: \text{지수})$$

그리고 다음 단계로 뒷수를 앞수의 지수와 동일하게 변형합니다.

$$1.78 = 17.8 \times 10^{-1} \ (17.8: \text{가수}, \ 10: \text{밑수}, \ -1: \text{지수})$$

다음 단계는 가수를 연산합니다.

$$62.5 + 17.8 = 80.3$$

그러면 80.3×10^{-1} 의 결과를 얻을 수 있습니다. 이것을 2진수화해서 연산하는 과정은 연습문제로 남겨 놓겠습니다.

컴퓨터에서의 실수 연산에는 주의해야 할 점이 있는데, 바로 가수 부분이 데이터 범위를 초과할 경우 일부분의 데이터가 절단되는 round off error 현상이 나타날 수 있다는 점입니다. 아래에서 그 예를 살펴보도록 하겠습니다. 계산 숫자가 많아지는 것을 고려하여 일단은 가수 표현의 제한이 8bit라고 가정합니다.

$$(1.111011 \times 2^5) + (1.01 \times 2^{10})$$

1단계로 밑수는 2, 지수는 10으로 같게 만들어 줍니다.

$$(0.00001111011 \times 2^{10}) + (1.01 \times 2^{10})$$

가수 부분만 연산하면 $0.00001111011 + 1.01 = 1.01001111011$이며, 연산 결과에 지수를 붙이면 결괏값 $1.01001111011 \times 2^{10}$이 나옵니다. 그런데 가수 부분을 8bit라 제한했기 때문에 소수점 이하 8bit 아래는 반올림하여 정리를 합니다. 즉, 1.01001111011에서 8bit 아래를 반올림하면 결과는 1.01001111×2^{10}입니다.

3 | 2진수 정수의 곱셈

2진수끼리의 곱셈은 부분 곱을 이용하며, 우리가 보통 하는 곱셈과 크게 다르지 않습니다. 일반적인 10진법의 곱셈과 비교해 봅시다.

$$
\begin{array}{r}
1\ 2\ 3 \\
\times \quad 4\ 5 \\
\hline
6\ 1\ 5 \quad \rightarrow 123 \times 5의\ 부분곱\\
+\ 4\ 9\ 2 \quad \rightarrow 123 \times 4의\ 부분곱\\
\hline
5\ 6\ 3\ 5
\end{array}
$$

다음은 2진수의 곱입니다.

$$
\begin{array}{r}
1\ 1\ 0\ 0\ 1\ 1 \\
\times \quad\quad 1\ 0\ 1 \\
\hline
1\ 1\ 0\ 0\ 1\ 1 \quad \rightarrow 110011 \times 1의\ 부분곱\\
0\ 0\ 0\ 0\ 0\ 0 \quad \rightarrow 110011 \times 0의\ 부분곱\\
+\ 1\ 1\ 0\ 0\ 1\ 1 \quad \rightarrow 110011 \times 1의\ 부분곱\\
\hline
1\ 1\ 1\ 1\ 1\ 1\ 1\ 1
\end{array}
$$

여기서 부분 곱을 할 때 곱하는 수의 자릿수를 맞추어서 계산을 해야 하는 것에 주의해야 합니다.

4 | 2진수 정수의 나눗셈

진수끼리의 나눗셈은 어떻게 계산할까요? 2진수의 나눗셈은 뺄셈으로 계산을 합니다. 뺄 수 없을 때까지 계속 빼서 뺀 횟수는 몫이 되고 뺄 수 없이 작아진 남은 수가 나머지가 되는 것입니다. 이 원리를 설명하기 위해서 먼저 10진수의 나눗셈을 뺄셈으로 계산하는 것부터 알아보겠습니다.

123 / 45를 계산할 경우
123 − 45 = 78 ▶▶ 1번
78 − 45 = 33 ▶▶ 2번 그리고 33은 45보다 작으므로 여기서 계산이 멈춥니다.

결과적으로 2번을 빼고 나머지가 33이 되었으므로 몫 2와 나머지 33이 됩니다. 이제 이것을 2진수에 적용해 보도록 하겠습니다.

110011 / 110을 계산 할 경우
110011 − 110 = 101101
101101 − 110 = 101000
101000 − 110 = 100001
100001 − 110 = 11011
11011 − 110 = 10101
10101 − 110 = 1111
1111 − 110 = 1001
1001 − 110 = 11

8번을 계산했으므로 몫은 1000이며 나머지는 11이 됩니다.

5 | 고정 소수점 표현Fixed Point

고정 소수점은 말 그대로 표현한다면 소수점이 고정되어 있다는 의미입니다. 소수점을 기준으로 하여 소수점 왼쪽의 수는 정수이고 오른쪽의 수는 소수입니다. 컴퓨터에서 고정 소수점으로 정수를 표현하는 방식은 아주 쉽습니다. 맨 앞의 수를 부호를 표현하는 수로 지정합니다. 0은 양의 정수를 의미하고 1은 음의 정수를 의미하며 나머지 자릿수에는 정수값을 2진수로 표현합니다.

다음은 12.34의 고정 소수점 표현의 예입니다. 정수부와 실수부는 각각 8bit로 표현이됩니다.

```
12 / 2      몫 6 나머지 0
6 / 2       몫 3 나머지 0
3 / 2       몫 1 나머지 1
1 / 2       몫 0 나머지 1
```

정수부 12를 2진수로 변경하면 1100입니다. 이것을 8bit로 표현하면, 제일 앞의 비트는 부호 비트라고 가정하고 양의 정수이므로 0을 사용합니다. 즉, 12 = 0000 1100 이됩니다.

이제 소수점 이하의 수인 0.34를 2진수로 표현해 보겠습니다. 앞에서 이미 설명한 2진수 변환을 참고하시기 바랍니다.

```
0.34×2 = 0.68      ▶▶ 정수부 0
0.68×2 = 1.36      ▶▶ 정수부 1
0.36×2 = 0.72      ▶▶ 정수부 0
0.72×2 = 1.44      ▶▶ 정수부 1
0.44×2 = 0.88      ▶▶ 정수부 0
0.88×2 = 1.76      ▶▶ 정수부 1
0.76×2 = 1.52      ▶▶ 정수부 1
0.52×2 = 1.04      ▶▶ 정수부 1
```

이 이상으로 계속 곱을 하여 표현할 수 있으나 표현이 8bit로 한정되어 있으므로 여기까지 표현합니다. 그래서 0.34의 8bit 2진수 표현은 0101 0111이 됩니다. 이것을 앞에 계산한 정수 12의 2진 표현과 합치면 0000 1100. 0101 0111과 같이 표현이 가능합니다.

6 | 부동 소수점 표현 Floating Point

부동 소수점은 소수점의 위치를 고정하는 고정 소수점과는 다르게 소수점의 위치를 나타내는 수를 따로 적는 방식입니다. 그래서 부동 소수점의 표현은 유효 숫자를 나타내는 가수와 소수점의 위치를 나타내는 지수로 나누어서 표현합니다. 대표적인 부동 소수점 표현의 예를 설명하기에 앞서 부동 소수점 표현의 규격을 먼저 알아보겠습니다. IEEE Institute of Electrical and Electronics Engineers에서 제정한 부동 소수점 표현은 다음의 규칙을 준수합니다. 다음의 내용은 IEEE754형식으로 표현되는 부동 소수점 방식입니다.

그림 3.5 부동 소수점 표시

부동 소수점은 3가지로 표현됩니다. 가장 앞에 있는 1bit는 부호 표시로 0은 양수, 1은 음수입니다. 그리고 중간에 지수 부분을 표현하고, 나머지 비트는 모두 가수 부분으로 채워집니다.

이번에는 음수를 예를 들어서 −118.625를 부동 소수점으로 표현해 보겠습니다. 먼저 음수이므로 제일 앞은 1이 됩니다. 그리고 정수 부분인 118의 2진 표현은 0111 0110이 됩니다.

```
118 / 2 = 59    나머지 0
 59 / 2 = 29    나머지 1
 29 / 2 = 14    나머지 1
 14 / 2 = 7     나머지 0
  7 / 2 = 3     나머지 1
  3 / 2 = 1     나머지 1
  1 / 2 = 0     나머지 1
```

다음으로 소수점 이하를 계산하면 0.101이 됩니다.

```
0.625 x 2 = 1.25    ▶▶ 정수부 1
0.25 x 2 = 0.5      ▶▶ 정수부 0
0.5 x 2 = 1.0       ▶▶ 정수부 1
```

이 2개의 수를 합친 1110110.101이 118.625의 2진 표현입니다. 이제 소수점을 왼쪽으로 이동시켜 소수점 왼쪽에 1만 남게 남겨 둡니다.

1110110.101 = 1.110110101 x 2^6 (1.110110101: 가수, 2: 밑수, 6: 지수)

지수부에 대한 설명을 좀 더 하겠습니다. 지수부는 8bit로 표현할 수 있으므로 8bit로 표현 가능한 범위는 0~255까지이지만, 지수는 음수와 양수를 모두 지원하므로 범위는 −128~+127이 됩니다. 127에 지금의 구한 지수를 더한 값이 최종 지수값이 되는데, 이렇게 기준이 되는 지수 값을 Bias라고 표현을 하고 127을 사용합니다. 즉, 지금 구한 지수값 6에 127을 합한 133이 지수값이 됩니다. 133의 2진 변환 수는 10000101이므로 이 수가 최종 지수값이 됩니다.

이제 결과를 정리해서 32bit의 부동 소수점 표현을 하면 아래와 같습니다.

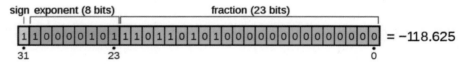

그림 3.6 −118.625의 32비트 부동 소수점 표현

요약 --

1 다양한 수의 세계

• 달의 주기나 태양의 주기를 표현하는 진법은 주로 시간의 개념에 많이 사용하였으며 12진법이나 60진법 등이 이에 해당합니다. 12진법은 주로 음력의 시간을 계산하는 데서 유래를 찾아 볼 수 있습니다. 그리고 60진법은 주로 태양력을 사용하는 데서 유래합니다. 이와 같이 진법은 옛날 사람들의 시간의 개념을 표현한 것에서 유래한 것이 많습니다.

2 2진수의 표현

• 컴퓨터는 주로 2진법에 기초한 진법을 사용합니다. 2진법은 우리가 가장 많이 사용하고 있는 10진법의 수의 표현과 같이, 2의 승수를 곱한 것으로 표현할 수 있습니다.

• 음수는 1의 보수, 2의 보수, 부호 비트를 이용하여 표현합니다. 1의 보수는 0은 1로, 1은 0으로 변경하여 음수로 표시하며, 2의 보수는 1의 보수 제일 끝자리에 1을 더합니다. 부호 비트는 2진수의 가장 왼쪽에 있는 1개의 비트를 부호 비트로 정하고 양수면 0으로, 음수면 1로 표현합니다.

3 여러 진수로의 변환

• 10진수에서 2진수로 변환하는 방법은 정수는 2로 나눈 후 나머지 숫자들을 역순으로 열거하여 표현하고, 소수점 이하는 2를 곱한 후 소수점 이상의 정수 부분을 열거하여 표현합니다.

• 2의 배수가 되는 4진법이나 8진법, 16진법은 2진법에 기초한 방법으로 표현이 가능합니다. 이러한 표현이 가능한 이유는 2의 승수에 따른 진법의 변화로 2진수를 2개 묶으면 4진수, 3개 묶으며 8진수, 4개 묶으면 16진수로 표현할 수 있기 때문입니다.

4 2진수의 연산

• 2진수의 덧셈 연산은 10진법과 유사한 방식으로 연산합니다. 뺄셈은 빼려는 수의 보수를 먼저 구하고 그 보수와 앞수의 덧셈으로 연산합니다.

• 2진수의 곱셈은 10진수의 곱셈처럼 부분 곱을 이용하며, 2진수의 나눗셈은 뺄셈으로 계산합니다. 나누려고 하는 수를 뺄 수 없을 때까지 계속 빼서 뺀 횟수는 몫이 되고 뺄 수 없이 작아진 남은 수가 나머지가 됩니다.

• 2진수의 실수를 표현하는 방법은 고정 소수점 방식과 부동 소수점 방식이 있습니다. 고정 소수점 방식은 소수점이 고정이 되어 있다는 의미입니다. 소수점을 기준으로 하여 소수점 왼쪽의 수는 정수가 되고 오른쪽의 수는 소수가 됩니다. 부동 소수점의 표현은 유효 숫자를 나타내는 가수와 소수점의 위치를 나타내는 지수로 나누어서 표현합니다.

점검문제

1. 달의 변화 주기에 기초한 음력 달력은 몇 진법을 사용하는 것일까요?

2. 10진수 46을 2진수로 바꿔보세요.

3. 0110 1111을 1의 보수와 2의 보수로 표현하세요.

4. 2진수 연산 0110 + 1000 = ?

5. 2진수 연산 1000 - 0110 = ?

6. 2진수 연산 0110 - 1000을 1의 보수를 사용하여 연산하세요.

7. 부동 소수점이란?

PART 04

컴퓨터의 논리 회로

앞서 배운 컴퓨터의 사고방식 다음으로, 컴퓨터의 생각 구조를 설명하는 파트입니다. 앞에서는 컴퓨터의 구조나 컴퓨터 언어의 기본 수치적인 것을 이해하고 배웠다면, 이번 파트는 컴퓨터가 이해하는 논리 방식에 대해서 알아 봅니다. 컴퓨터의 논리를 이해하기 위해서 보통은 디지털 전자 회로라는 과목으로 한 학기를 배웁니다. 이번 파트에서는 그런 디지털 전자 회로의 기초적인 내용만을 언급합니다.

· Chapter · 01 논리 회로

컴퓨터와 대화를 하기 위해서 사람은 컴퓨터가 알아듣는 방식으로 소통을 해야 합니다. 컴퓨터는 내부적으로 0, 1만 알아듣습니다. 이번 챕터에서는 0, 1의 값을 가지고 논리 동작을 다루는 내용을 살펴보도록 하겠습니다. 일반적으로 0은 False, 1은 True를 의미합니다. 이 논리 동작은 컴퓨터의 사고를 확장시켜 주고, 좀 더 복잡하고 다양한 환경에서 일정한 법칙을 적용하도록 합니다.

1 | 불 대수 Boolean Algebra

불 대수는 영국의 조지 불이라는 수학자가 만든 이론입니다. 불 대수는 논리 회로의 기본이 되며, 컴퓨터의 언어를 이해하는 데 아주 중요한 역할을 합니다. 또한, 공학에서 디지털 회로 설계에 응용됩니다.

1.1 연산자

불 대수에는 3가지의 연산자 AND, OR, NOT이 있습니다. 이 3가지 연산자의 특징에 대해서 살펴보도록 하겠습니다.

[가] OR 연산

A	B	A + B
0	0	0
0	1	1
1	0	1
1	1	1

A	B	A + B
0	0	0
0	1	1
1	0	1
1	1	1

표 4.1 OR 연산의 특징 1   표 4.2 OR 연산의 특징 2

OR 연산에는 2가지 특징이 있습니다. 첫 번째는 연산 대상 A, B 중에 어느 하나 이상이 1이면 결과는 1입니다. 두 수 모두 0일 때만 0이 됩니다. 그리고 또 하나 아주 중요한 특징은 두 개의 연산 대상 A, B중에 하나가 0일 경우, 상대방 상태가 결괏값으로 나타납니다. 즉, 일종의 스위치 역할을 하게 됩니다. 만약 A가 0으로 세팅된 경우스위치의 경우 on 결괏값은 B의 상태가 그대로 결과에 나타나게 됩니다.

표기되는 부호는 A + B, 혹은 A와 B의 합집합 기호를 사용합니다.

A + B, A ∪ B

그리고 자기 자신의 연산의 경우, A + A = A의 결과를 알 수 있습니다.

A	A	A + A
0	0	0
1	1	1

표 4.3 A + A 진리표

[나] AND 연산

A	B	A·B
0	0	0
0	1	0
1	0	0
1	1	1

표 4.4 AND 연산의 특징 1

A	B	A·B
0	0	0
0	1	0
1	0	0
1	1	1

표 4.5 AND 연산의 특징 2

AND 연산도 특징 2가지가 있습니다. 첫 번째는 A, B, 중에 한쪽이라도 0이 있다면 결괏값은 0이 됩니다. 두 수 모두 1이 되었을 때만 결괏값이 1이 됩니다. 또한, 한쪽이 1로 세팅된 경우스위치의 경우 on 상대방 상태가 결괏값으로 나타나게 됩니다.

표기 부호는 A × B, A와 B의 교집합 외에도 A · B, AB를 사용합니다.

A×B, A ∩ B, A · B, AB

자기 자신을 연산할 경우 A · A = A입니다.

A	A	A · A
0	0	0
1	1	1

표 4.6 A · A의 진리표

[다] NOT 연산

NOT 연산자는 현재 상태 부정을 표시하며, 입력과 반대로 출력을 하는 표현입니다.
입력이 0이면 출력은 1, 입력이 1이면 출력은 0이 됩니다.

A	A'
0	1
1	0

표 4.7 A'의 진리표

표기 방법은 0' = 1, 1' = 0 혹은 A', $\underline{A}$입니다.

0' = 1, 1' = 0, A', $\underline{A}$

Chapter 02

불 대수의 법칙

불 대수는 일반적인 연산에서 사용하고 있는 법칙들이 동일하게 적용됩니다. 수학에서는 당연히 구현되는 것으로 알고 있으나 그래도 가볍게 점검하는 마음으로 살펴보도록 하겠습니다.

1 교환 법칙

$$A + B = B + A$$
$$A \cdot B = B \cdot A$$

불 대수에서는 교환 법칙이 성립합니다. AND와 OR 연산에서 변수의 자리는 앞뒤로 변동이 되어도 결괏값에는 영향이 없습니다. 너무 당연한 이야기이죠? 여담으로 사칙 연산 중에 교환 법칙이 성립되지 않는 연산은 뺄셈과 나눗셈입니다.

2 결합 법칙

$$(A + B) + C = A + (B + C)$$
$$(A \cdot B) \cdot C = A \cdot (B \cdot C)$$

AND, OR 연산에서는 동일 연산의 경우 순서를 변경해도 결괏값에는 영향이 없습니다. 2개의 연산 작업 중에 어떤 것을 먼저 해도 결과에는 이상이 없다는 뜻입니다.

$A \cdot (B + C) = (A \cdot B) + (A \cdot C)$
$A + (B \cdot C) = (A + B) \cdot (A + C)$

위의 예시에서 첫 번째 예시는 수학에서 방정식을 풀 때 많이 본 형식일 것입니다. 그런데 2번째 예시는 무언가 약간 어색하죠? 분배의 법칙에서 아래의 법칙은 일반 수학에서는 성립하지 않는 법칙입니다. 불 대수에서 법칙의 성립 여부는 진리표를 만들어서 확인할 수 있으며 2개의 결과가 동일하면 법칙이 성립합니다. 2번째 법칙에 대한 진리표를 만들어 보겠습니다.

A	B	C	A + (B · C)	(A + B) · (A + C)
0	0	0	0	0
0	0	1	0	0
0	1	0	0	0
0	1	1	1	1
1	0	0	1	1
1	0	1	1	1
1	1	0	1	1
1	1	1	1	1

표 4.8 A + (B·C) = (A + B)·(A + C)의 진리표

위의 $A + (B \cdot C)$와 $(A + B) \cdot (A + C)$ 식에 대한 진리표가 동일하므로 위의 법칙은 참입니다.

4 | 드 모르간의 법칙

앞서 설명한 AND 연산을 다른 말로 논리곱이라 표현하고 OR 연산은 논리합이라 표현합니다. 드 모르간의 법칙은 논리합의 부정을 논리곱으로 표현하거나, 논리곱의 부정을 논리합으로 표현합니다.

$$(A + B)' = A' \cdot B'$$
$$(A \cdot B)' = A' + B'$$

위에서 설명한 대로 위의 공식이 성립하는지를 보기 위해 진리표를 만들어서 비교해 봅니다.

다음은 위의 공식에 대한 각각의 진리표입니다.

A	B	(A + B)'	A' · B'
0	0	1	1
0	1	0	0
1	0	0	0
1	1	0	0

표 4.9 (A + B)' = A'·B'의 진리표

A	B	(A · B)'	A' + B'
0	0	1	1
0	1	1	1
1	0	1	1
1	1	0	0

표 4.10 (A ·B)' = A' + B'의 진리표

지금까지 살펴본 불 대수의 특징에 대해서 아래와 같이 정리하겠습니다.

$$X + 0 = X$$
$$X \cdot 0 = 0$$
$$X + 1 = 1$$
$$X \cdot 1 = X$$
$$X + X = X$$
$$X \cdot X = X$$
$$X + X' = 1$$
$$X \cdot X' = 0$$
$$X + Y = Y + X$$
$$XY = YX$$
$$X + (Y + Z) = (X + Y) + Z$$
$$X(YZ) = (XY)Z$$
$$X(Y + Z) = XY + XZ$$
$$X + YZ = (X + Y)(X + Z)$$
$$(X + Y)' = X'Y'$$
$$(XY)' = X' + Y'$$
$$(X')' = X$$

Chapter 03

논리 게이트

이제 앞에서 배운 불 대수를 이용해서 디지털 논리 회로에서 사용하는 논리 게이트에 적용해 보겠습니다.

1 OR Gate

OR Gate는 말 그대로 Gate이니 성에 다다르는 문으로 가정하고 설명하겠습니다. 우리의 목적은 성에 다다르는 것이며 OR Gate를 통해서 성에 다다를 수 있습니다. 성에는 문 2개가 나란히 있습니다. 성문을 통과하기 위해서는 1이라는 표가 필요합니다. 표가 없으면 성문을 통과할 수 없겠지요? 성에 있는 문은 OR Gate이므로 두 개 중에 아무 문으로 들어가도 성에 들어갈 수가 있습니다. 이 문을 통과하기 위해서는 1이라는 표 하나만 있으면 충분합니다.

그림 4.1 성문이 나란히 있는 OR Gate

OR 연산의 논리식과 논리도는 다음과 같습니다. 저는 저 기호가 서핑 보드랑 비슷하게 생겼다고 생각했습니다. 여러분들도 나름의 떠오르는 형상과 일치시켜서 기억하면 쉽게 기억할 수 있을 것입니다.

논리식: A + B

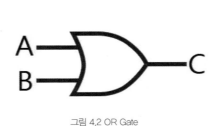

A	B	C
0	0	0
0	1	1
1	0	1
1	1	1

그림 4.2 OR Gate

표 4.11 OR Gate의 진리표

2 : AND Gate

이번에는 AND Gate입니다. AND Gate는 성문이 나란히 있는 것이 아니라 직렬로 연결되어 있는 성문을 모두 통과해야 성에 들어갈 수 있는 구조입니다. 2개의 성문을 통과해야 하니 문을 통과하는 1이라는 패스가 2개가 필요할 것입니다.

그림 4.3 직렬로 연결된 성문 2개

논리식과 논리도는 다음과 같습니다. 저는 AND 게이트의 형상은 마치 방패처럼 생겼다고 상상했습니다.

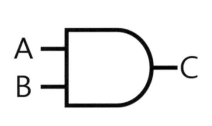

A	B	C
0	0	0
0	1	0
1	0	0
1	1	1

그림 4.4 AND Gate   표 4.12 AND Gate의 진리표

3 : NOT Gate

NOT Gate는 변화하는 문입니다. 이 문을 통과하면 반대로 변하죠. A가 들어가면 A'가 되어서 나오고, A'가 들어가면 A가 나옵니다. 마법의 문처럼요. 논리식과 논리도는 다음과 같습니다. 삼각뿔에 공이 달렸죠? 다른 게이트와 복합적으로 사용될 때는 저 동그라미만 사용하게 됩니다. OR Gate와 함께 사용할 경우에는 OR Gate 앞에 동그라미만 붙이면 됩니다.

논리식: A'

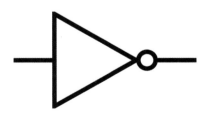

A	C
0	1
1	0

그림 4.5 NOT Gate   표 4.13 NOT Gate의 진리표

4 | Buffer

버퍼는 논리적으로는 별 의미가 없습니다. 하지만 파워 회로에서 가끔 사용할 경우가 있으니 기호가 있다는 정도는 알아 두는 것이 좋습니다.

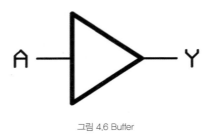

그림 4.6 Buffer

5 | NOR Gate

NOR Gate는 앞에서 설명했던 OR Gate의 결괏값에 NOT Gate를 붙인 형태입니다. 논리식과 논리도를 보면 아래와 같습니다.

논리식: (A + B)'

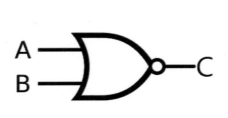

그림 4.7 NOR Gate

A	B	C
0	0	1
0	1	0
1	0	0
1	1	0

표 4.14 NOR Gate의 진리표

진리표를 보면 OR Gate의 결괏값에 정반대 결괏값인 것을 알 수 있습니다. 이 값은 입력값 두 개 중에 한 곳 이상이 1이면 결괏값은 0입니다.

6 | NAND Gate

NAND Gate는 AND Gate의 결괏값에 NOT Gate를 적용한 게이트입니다.

논리식: (A·B)'

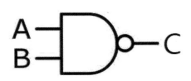

A	B	C
0	0	1
0	1	1
1	0	1
1	1	0

그림 4.8 NAND Gate   표 4.15 NAND Gate의 진리표

이 게이트의 특징은 0이 한 개 이상이면 출력이 1이라는 것입니다.

7 | XOR Gate Exclusive OR Gate

XOR Gate는 아주 재미있는 통로입니다. 이 문을 통과하려면 입력 A, B의 값이 서로 달라야 합니다. 같은 값이면 출입이 안 된답니다. 다른 표현으로 하면 두 입력값이 같으면 0을 출력하고, 다르면 1을 출력합니다. 두 입력을 비교하는 데 쓰면 아주 잘 사용할 듯합니다.

논리식: A ⊕ B

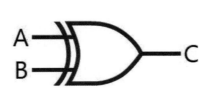

그림 4.9 XOR Gate

A	B	C
0	0	0
0	1	1
1	0	1
1	1	0

표 4.16 XOR Gate의 진리표

8 | X NOR Gate^{Exclusive NOR Gate}

이 회로는 입력된 두 수가 같은 조건이면 1을, 서로 다르면 0을 출력합니다. 위의 XOR Gate와 비슷하게 두 개 입력값을 비교하는 데 주로 사용하는 논리 회로입니다.

논리식: A⊙B

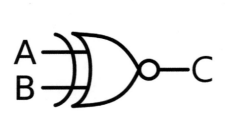

그림 4.10 X NOR Gate

A	B	C
0	0	1
0	1	0
1	0	0
1	1	1

표 4.17 X NOR Gate의 진리표

논리 회로 만들기

1 회로 구성하기

이번 챕터는 앞에서 배운 논리 게이트를 사용하여 원하는 회로를 구성하는 방법을 배웁니다. 먼저 회로 구성을 배우기 전에 논리식을 가지고 논리 회로를 구성하는 것에 대해서 알아보겠습니다. 주어진 논리식을 부분적으로 나누고 이것에 해당하는 논리 회로를 먼저 구성한 후에 합치는 방식으로 논리 회로를 만들어 갈 것입니다.

$X = (A + B) \cdot C$

위의 논리식에서 먼저 A + B부분만 따로 떼어서 생각해 보겠습니다. A + B는 아래와 같은 게이트 회로입니다.

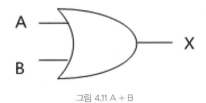

그림 4.11 A + B

다음 단계는 · C에 해당하는 회로를 넣는 단계입니다. · C는 아래의 회로입니다.

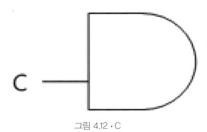

그림 4.12 · C

이제 2개의 회로를 서로 합쳐 주기만 하면 됩니다.

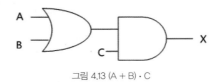

그림 4.13 (A + B) · C

그리고 모두 다 붙인 이 논리 회로의 진리표를 작성해 봅니다.

A	B	C	(A + B) · C
0	0	0	0
0	0	1	0
0	1	0	0
0	1	1	1
1	0	0	0
1	0	1	1
1	1	0	0
1	1	1	1

표 4.18 (A+B) · C의 진리표

이렇게 주어진 논리식으로부터 논리 회로를 만들고 그에 따른 진리표까지 만드는 과정을 해 봤습니다. 이러한 간단한 논리식들이 모여서 대용량의 논리 회로가 완성되는 것입니다.

요약

1 논리 회로

• 기본적인 논리 연산자에는 AND, OR, NOT 연산이 있습니다. AND는 입력 모두가 1인 경우에만 출력값이 1이 되며, OR은 입력값 중에 1이 하나 이상일 경우 출력값이 1이 됩니다. NOT은 입력값의 부정을 출력합니다.

• 각각의 논리 연산자의 결과를 알아보기 위해서는 진리표를 이용해서 확인합니다. 진리표는 입력의 경우의 수를 모두 열거하고 모든 경우에 대해서 결괏값을 표시하여 연산의 결과를 한눈에 알 수 있도록 합니다.

2 불 대수의 법칙

• 불 대수는 교환 법칙, 결합 법칙, 분배의 법칙, 드 모르간의 법칙이 성립합니다.

• 드 모르간 법칙은 아래와 같이 논리합의 부정은 논리곱으로 표현이 가능하고, 논리곱의 부정은 논리합으로 표현이 가능합니다.

$$(A + B)' = A' \cdot B'$$
$$(A \cdot B)' = A' + B'$$

3 논리 게이트

• 논리 연산자를 논리 게이트로 표현할 수 있습니다. AND, OR, NOT의 기본 게이트와 AND와 NOT을 결합한 형태의 NAND 게이트, OR과 NOT을 결합한 NOR 게이트가 있습니다. 이 외에 두 입력값이 같으면 0을 출력하고 다르면 1을 출력하는 XOR 게이트, 그와 반대의 X NOR 게이트가 있습니다.

4 논리 회로 만들기

- 논리 회로는 주어진 논리식을 디지털 회로로 구성하는 방법입니다. 먼저 논리식을 열거하고 이에 매칭되는 논리 회로를 대입한 후 그리고 진리표를 작성하여 논리 회로를 구성합니다.

점검문제

1. AND와 OR 연산에서 스위치의 개념을 설명하세요.

2. A ∪ B 의 진리표를 작성하세요.

3. 불 대수 연산 법칙에서 드 모르간 법칙을 적용하여 다음의 논리합을 논리곱으로, 논리곱을 논리합으로 변화시키세요.

(A + B)'

(A · B)'

4. XOR Gate의 진리표를 작성하세요.

5. (A + B) · C의 논리 회로를 구성하세요.

PART 05

컴퓨팅 사고의 개념

컴퓨팅 사고를 배우기에 앞서, 컴퓨터 언어의 기본 수치적인 것과 생각 구조를 모두 배웠습니다. 이를 바탕으로 우리는 이제 컴퓨팅 사고에 대해 배울 수 있습니다. 컴퓨팅 사고라는 용어는 1980년에 시무어 페펏트(Seymour Papert) 교수가 처음으로 언급했으며, 2006년에 자넷 윙 교수에 의해서 다시금 부각되었습니다. 컴퓨팅 사고 방법을 통해서 문제 해결의 방법을 제시하고 있지요. 컴퓨팅 사고의 핵심은 분해, 패턴 인식, 추상화, 알고리즘이라는 4가지로 구분할 수 있습니다. 이번 파트에서는 이 4가지 핵심 내용에 대해서 자세히 알아보도록 하겠습니다.

컴퓨팅 사고의 시작

앞서 이야기했지만 컴퓨팅 사고는 컴퓨터가 사고하는 방법으로 새롭게 태어난 방식은 아닙니다. 이는 이미 과거에 인간이 문제를 해결하기 위한 방법으로 사용하던 내용입니다. 컴퓨팅 사고라고 해서 컴퓨터에서 그 사고의 방법이 시작되었다는 것이 아니라, 시작은 사람이 했다는 것입니다. 그리고 이것을 컴퓨터에 적용해서 사용하고 있었지요.

컴퓨팅 사고라는 용어는 카네기 멜론 대학의 자넷 윙Jeannette M. Wing 교수가 정의한 것입니다. 2006년 자넷 윙 교수는 '컴퓨팅 사고'가 현대인이 갖춰야 할 핵심 역량이라고 소개했습니다. 컴퓨팅 사고를 한다는 것은 컴퓨터 공학의 기본 개념을 가지고 문제를 해결하고, 시스템을 설계하고, 인간의 행동을 이해할 수 있다는 것입니다. 또한, 컴퓨팅 사고는 추상화와 분해를 통해 복잡한 시스템을 설계하거나 어려운 문제를 해결할 수 있습니다. 뿐만 아니라 컴퓨팅 사고의 핵심은 프로그래밍에만 사용되는 방편이 아니라, 문제를 해결하기 위한 개념화에 있습니다.[1]

컴퓨팅 사고의 응용 방면은 소프트웨어 개발을 위한 프로그램에만 국한된 것이 아닙니다. 컴퓨팅 사고의 4가지 중요 요소를 가지고 우리는 여러 가지 문제를 해결할 수 있습니다. 여기서는 컴퓨팅 사고를 위한 4가지 방안에 대해 설명하며, 컴퓨팅 사고의 방법과 방향에 대해서 소개하고자 합니다.

---

1. 2006 Wing M. Jeannette. Computational Thinking. "Communications of ACM"

Chapter 02

분해

컴퓨팅 사고에서 분해Decomposition는 복잡한 문제를 풀기 쉬운 단위로 잘게 나누는 것을 의미합니다. 분해의 목적은 문제를 잘게 나누는 데 의미가 있는 것이 아니라 문제를 해결하기 쉬운 단위로 변형하는 데 있습니다. 만약에 문제를 작게 나누는 것보다 몇 개씩 뭉쳐서 단위를 나누는 것이 문제 해결에 더 좋은 결과를 가져온다면, 우리는 불필요하게 문제를 분해할 필요가 없습니다. 하지만 대부분 문제를 잘게 분해하는 것이 문제 해결에 유리한 경우가 많기 때문에 그러한 방향으로 문제를 변형하는 것입니다. 마찬가지로, 문제를 해결하는 데 통째로 두는 것이 더 유리하다면 우리는 일부러 문제를 나눌 필요가 없습니다. 앞서 예를 들었던 고양이 실타래의 분해 과정에서, 복잡한 구조의 실타래를 최소 단위로 나누는 것이 최선의 방법이라면 우리는 분해하는 것을 주저할 필요가 없습니다. 하지만 '몇 개의 단위로 문제를 뭉치는 것이 더 좋은 방법이 아닌가?'라는 의문은 분해를 함에 있어서 꼭 염두에 두어야 합니다. 이렇게 상반된 분해와 합체의 방향을 모두 고려해야 하는 것은 어느 것이 최선의 방법인지 문제 해결 중간에는 확신할 수 없기 때문입니다. 최선의 방법이 무엇인지는 대부분 문제 해결이 완성되었을 때야 알 수 있으므로, 다양한 방법에 대한 가능성을 항상 열어둬야 하는 것입니다.

그림 5.1 핸드폰도 이렇게 분해됩니다.

1 | 분해 방법

1.1 문제 진행 순서에 따라서 분해 ^{절차 분해}

우리는 큰 프로젝트를 진행하는 데 있어서 진행 순서를 정하고 그 순서에 맞는 진행 단위로 문제를 해결합니다. 절차 분해는 앞 단계가 완료되면 다음 단계로 넘어가는 형식으로 진행됩니다. 앞 단계의 결과물이 다음 단계에 중요한 자원으로 사용되므로 단계를 뛰어넘어서 진행하는 것은 무리한 진행이 될 수 있습니다. 진행 순서는 이미 다양한 프로젝트를 진행하면서 경험했던 것들을 바탕으로 최적의 순서를 정합니다. 대부분의 개발 단계는 어느 제조사든 비슷한 경우를 생각해 본다면 공통적으로 검증된 단계들은 이미 존재합니다. 이제 제조 단계의 한 예로 휴대폰 제작을 들어 볼까요? 전자 제품의 설계와 제품화에는 앞에서 언급한 대로 공통적으로 진행해야 하는 절차가 있습니다. 다음의 단계를 살펴보겠습니다.

[가] 설계

제품의 설계 단계에서는 제품이 가지는 기능과 성능 그리고 제품의 제조 단가 등이 정해집니다. 설계 단계는 최초의 밑그림을 그리는 단계입니다. 누구의 요청으로 제품이 개발되었는지, 그 요청의 주체가 요구하는 기능은 무엇인지, 원하는 판매 가격은 어느 정도인지, 그리고 전체 개발 기간은 어느 정도 예상하는지 등의 개발 환경이 정의됩니다. 이 개발 환경의 정의는 아주 중요합니다. 개발 환경 정의에 따라 전체 개발 기간과 개발 비용이 정해지고 그러한 비용 대비 기대 효과 등을 예측하기 때문입니다. 당연히 기대 효과가 개발 비용보다 월등히 높다고 판단이 되어야 개발이 진행될 것입니다. 그렇게 개발 타당성 검토가 완료되면, 개발을 담당하는 팀에서는 개발에 필요한 제조 원가, 기능 구현을 위한 방안, 제품의 외관 그리고 내부 구조를 설계합니다. 그리고 마케팅 부서에서는 제품의 판매 타깃을 정하고 판매가와 판매 수량을 예측하고 그에 따른 판매 전략을 세웁니다. 우리나라 속담에 '시작이 반이다'라는 말이 있습니다. 어느 것이나 마찬가지겠지만 제품 개발에서는 정말 시작이 반 이상인 경우가 많습니다. 탄탄한 설계가 유용하고 훌륭한 제품 개발로 나아가기 때문이지요.

그림 5.2 제품 설계

[나] 샘플 제작

개발실에서는 설계 단계에서 정한 기준에 따라서 1차 프로토타입Prototype제품을 만듭니다. 1차 프로토타입 제품에서 중점적으로 보아야 하는 부분은 주요 기능 동작의 확인입니다. 앞선 설계 단계에서 구현 기능에 대한 검토를 진행할 때 제품의 주요 기능과 부가 기능 등을 정의합니다. 예를 들어 핸드폰의 가장 중요 기능은 핸드폰 본연의 통화 기능이겠지요. 이처럼 가장 중요한 제품의 특성을 단정 짓는 기능에 대한 검토와 성능의 검증이 주요하게 이루어집니다. 이렇게 만든 제품의 성능과 기능을 테스트하고, 변경해야 할 부분과 추가해야 할 부분을 정리하고, 이를 다음 프로토타입 제작에 적용합니다. 물론 프로토타입에 원하는 기능과 성능이 한 번에 구현되었고 더 이상의 개발이 필요 없다고 판단되면, 한 번의 샘플 제작으로 끝날 수도 있습니다. 경험상 대부분은 2~3번 정도의 시제품 제작 과정을 거치는 것 같습니다.

그림 5.3 프로토타입 제품 제작

[다] 1차 샘플의 품질 검증

1차로 만든 샘플에 대해서 성능과 기능을 검증합니다. 1차 샘플이므로 고난도의 품질 검증은 이루어질 수 없지만 설계 단계에서 구현하려고 했던 기능과 기본적인 성능에 대한 검증이 이루어지게 됩니다. 앞서 언급한 대로 제품의 특징을 규정 짓는 가장 중요한 기능을 검토하는 것입니다. TV라고 가정한다면 화면이 제대로 나오는지, 원하는 화질만큼 화면이 구현되었는지를 검토하게 되는 것이지요. 보통 이 과정을 Q.A.Quality Assistance 과정이라고 표현합니다. 우리 말로는 품질 검증이라고 합니다.

[라] 2차 샘플 제작

1차 샘플 검증 결과를 적용하여 2차 샘플 제작을 진행합니다. 2차 샘플 제작은 1차에서 만든 것보다 품질이나 기능적인 면을 추가하고 좀 더 진전된 제품을 만듭니다. 보통 2차 샘플에서는 주요 기능 이외에 부가적인 기능의 구현을 검증합니다. 혹은 개발 중간에 추가 기능 개발 요청 사항들이 있을 경우에도 적용하게 됩니다. 보통 샘플은 2번 제작하며, 필요하다면 그 이상으로 샘플 제작을 진행하면서 처음 설계 단계에서 적용하려 했던 기능을 구현합니다. 하지만 여러 번의 샘플 제작이 필요 없는 경우도 있습니다. 비슷한 제품을 다른 버전으로 제작하는 경우가 그렇습니다. A라는 제품을 만들어 놓고 A-1을 만드는데 샘플을 2~3번 만들 필요는 없기 때문입니다. 이런 경우는 최소한의 샘플 제작으로 기능 구현을 완료하는 경우도 있습니다.

[마] 2차 샘플의 품질 검증

2차 샘플의 품질 검증은 제품화를 위한 기능과 성능이 1차에 대비해서 좀 더 완성도가 높은 상태여야 합니다. 그리고 중간에 변경되거나 추가된 기능에 대해서 수용 여부를 확인해서 적용해야 합니다. 이렇게 샘플 제작과 품질 검증을 반복해서 전체 제품화의 완성도를 높여 갑니다.

[바] 양산 테스트 검증

프로토타입 제작이 끝나면 이제는 대량으로 제품을 제작할 경우에 있을 수 있는 문제를 점검합니다. 보통 이 부분도 2차, 3차에 거쳐서 진행됩니다. 이 절차에서는 적게는 수백 대 혹은 수천 대의 제품을 시험 생산하여 대량생산 전에 검증하는 과정이라고 보면 됩니다. 대량생산을 진행할 경우 부품의 품질이 변경된다거나 혹은 구하기 힘든 부품을 적용하여 원하는 시간에 부품을 확보하지 못할 경우 등을 대비합니다. 또한, 생산 라인에 제품을 적용하여 생산 중에 생길 수 있는 오류를 미리 점검하는 의미가 있습니다.

그림 5.4 양산 제품 제작

이와 같이 제품의 개발 절차와 시간의 흐름대로 문제를 나누어서 해결하는 방법이 있습니다. 시간의 흐름대로 분류를 하는 이유는 그렇게 분류하는 것이 문제를 파악하고 해결하는 데 효과적이라고 판단되기 때문입니다.

위와 같이 문제 해결을 위한 절차적인 분해 과정은 일반적인 제품 개발의 과정을 표본으로 하여 문제 해결 절차에 따른 것이었습니다. 절차에 따른 분해는 보통 시간의 흐름에 따라서 나누어집니다.

1.2 문제의 단위를 소분류로 분해

어떤 문제는 소분류로 분해하는 것이 더 효율적일 때가 있는데, 앞 단계와 다음 단계가 동시적으로 시행돼도 문제가 없는 경우를 예를 들 수 있습니다. 이번에는 앞서 만든 핸드폰의 양산 과정을 자세히 살펴보겠습니다. 핸드폰은 크게 내부 기판, 액정, 그리고 케이스 세 부분으로 나뉜다고 가정합니다. 이 3가지 조립은 시간적으로 서로 종속되어 있지 않습니다. 앞서 절차에 의한 분류가 시간의 흐름으로 분류된다고 했습니다. 이는 앞의 단계가 완료되어야 다음 단계가 이루어질 수 있다는 뜻입니다. 하지만 시간적으로 종속되어 있지 않은 소분류의 분해는 동시에 이루어질 수 있습니다. 다시 말하면 기판을 만들고 액정을 만들고 케이스를 만드는 것이 시간적으로 순서가 정해져 있지 않다는 것입니다. 물론 나중에 전체 조립을 할 때는 조립의 순서가 있을 것입니다. 하지만 세 부분을 각기 제작하는 데 있어서는 정해진 순서가 없습니다. A라는 사람이 기판을 만들고, B는 액정을 만들고, C는 케이스를 만든다고 하면, A, B, C 모두가 동시에 작업을 시작해서 각각의 제품이 한곳에 모였을 때 전체 조립 작업을 해도 문제가 없다는 것입니다.

비슷한 예로 자동차를 조립하는 경우를 들어 보겠습니다. 자동차는 프레임, 엔진, 동력 전달 장치, 조향 장치, 제동 장치, 현가 장치 등으로 나눌 수 있습니다. 각각에 대해서는 순서에 상관없이 조립하여 반제품을 완성할 수 있습니다. 완성된 반제품은 셀 Cell 단위로 따로 각각에 대해서 조립하고, 이것들을 전체적으로 조립할 때는 조립의 순서에 따라서 진행합니다. 이것은 마치 컴퓨터의 병렬 처리처럼 문제 하나를 해결하는 데 몇 개의 프로세서가 한꺼번에 처리해서 빠르고 효율적으로 문제를 해결하는 방식과도 같습니다. 서로 영향을 미치지 않는 반제품을 동시에 조립하고 이후 완성된 반제품들을 조립 순서에 맞춰서 조립하는 방식입니다. 반제품의 조립 시간에 구애를 받지 않으므로 각각을 분업하여 제조할 수 있습니다. 그러므로 동시 진행으로 작업 시간과 효율성도 기대할 수 있는 것입니다.

그림 5.5 자동차 조립

1.3 문제를 뭉쳐서 해결

우리는 지금까지 문제 해결의 방안으로 분해에 대해서 알아보고 있습니다. 이번에는 분해하는 것이 아니라 문제를 합쳐서 해결하는 방식에 대해서 알아보려 합니다. 앞서 이야기했지만 문제의 분해는 엄밀히 말하면 문제를 해결 가능한 형태로 변형하는 것이라고 했습니다. 따라서 몇 개의 문제를 하나로 합치는 것과 분해라는 말이 상반된다고 이해하기보다는, 문제를 해결하기 적절한 단위로 만든다고 이해하는 것이 좋을 것입니다. 이런 이유로, 몇 개의 문제를 한 개로 뭉치는 것이 문제를 해결하는 데 효율적이라면, 이는 곧 문제 분해의 처음 목적인 문제 해결에 부합하므로 같은 효과를 낼 수 있습니다.

다음의 예시를 볼까요? 공통적으로 사용하는 함수 a가 있다고 가정했을 때, a와 다른 기능 1이 만나서 1-a라는 기능을 수행하고, 2와 만나서 2-a라는 기능을 수행할 수 있습니다. 이 경우, 기능을 쪼개는 것이 능사가 아니라 몇 개는 다른 것들과 뭉쳐서 다른 기능을 수행하는 형태로 만들어서 진행할 수 있습니다. 프로그래밍 언어에서 함수를 만들고 이 함수를 사용하는 기법에 많이 적용하는 방식입니다. 클래스와 객체라는 개념이 있습니다. 자바나 기타 객체 지향 프로그래밍 언어에서 많이 사용하는 개념이지요. 이것은 클래스라고 하는 틀을 만들어 놓고 이 안에 어떤 내용을 넣느냐에 따라서 다양한 객체를 만드는 방식입니다. 예를 들어서 자동차 조립에서 자동차 틀을 만들어 놓은 후에, 틀 안에 벤츠 내용물을 넣어서 벤츠로 만들 수도 있고 혹은 다른 내용물을 넣어서 다른 객체를 만들 수도 있습니다. 자바, 객체 지향, 프로그래밍 언어, 이런 단어들이 나오니 어렵게 느껴질 수도 있습니다.

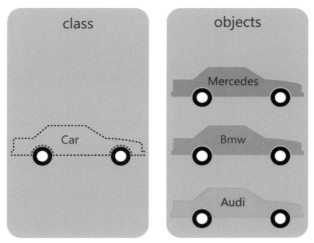

그림 5.6 클래스와 객체

좀 더 쉬운 예로 붕어빵 틀을 들어 보겠습니다. 붕어빵 틀은 모양이 하나입니다. 하지만 우리는 여기에 어떤 재료를 넣느냐에 따라서 팥빵을 만들 수도 있고, 슈크림빵을 만들 수도 있습니다. 이와 같이 슈크림빵, 팥빵으로 분해하는 것이 아니라 붕어빵 틀과 재료로만 분해를 해 놓으면 재료에 따라서 다양한 빵을 만들 수 있는 것입니다.

그림 5.7 붕어빵 틀은 재료에 따라서 다양한 결과를 만들어냅니다.

· Chapter · 03 패턴 인식

패턴 인식Pattern Recognition은 주어진 문제를 분해하기 위한 혹은 분해된 문제들의 유사성을 찾기 위한 과정입니다. 문제를 잘게 나눈 후 이 문제를 풀기 위한 공통적인 부분을 찾아 해결책을 찾아낸다면, 이후에 나오는 유사한 문제들은 동일한 해결책을 적용할 수 있습니다. 벽지 무늬가 복잡해 보이지만 비슷한 패턴의 반복이라는 것을 우리는 잘 알고 있습니다. 이와 같이 문제를 해결할 때도 비슷하게 반복되는 패턴을 찾아내는 과정을 패턴 인식이라고 정의할 수 있습니다.

1 패턴Pattern 의 정의

패턴을 설명하기 위한 가장 좋은 예는 여러분의 방에 있는 벽지입니다. 문양 하나하나는 굉장히 복잡해 보이나 이것들이 반복되면서 아름다운 모양을 만들어내지요. 패턴은 이와 같이 동일한 그림의 반복에서 찾아볼 수 있습니다.

그림 5.8 패턴의 반복

하지만 벽지처럼 같은 그림은 아니지만 어떤 비슷한 느낌을 받고 있는 그림을 보며 패턴의 반복이라고 느낄 수도 있습니다. 이와 같이 패턴은 완전히 동일하지 않은 그림일지라도 뭔가 비슷한 느낌이 반복될 경우, 같은 패턴이라고 정의할 수 있습니다. 마치 앞으로 감기와 뒤로 감기가 반대의 의미이지만 뭔가 비슷한 구조로 구현될 것 같은 느낌처럼 말입니다.

그림 5.9 비슷한 느낌의 그림

2 | 동일한 패턴이란?

'비슷하다'라는 것은 어떤 동일한 유형의 형태를 띠고 있는 것을 이야기할 때 많이 사용하는 표현입니다. 이를 가장 잘 표현하는 대표적인 것이 우리가 많이 접하는 글씨체입니다. 추사 김정희나 한석봉의 글씨체는 독특한 모양을 가지고 있습니다. 이것을 명확하게 한마디로 표현할 수는 없지만, 추사 김정희의 글씨는 전체적으로 다른 글씨와는 구별되는 독특한 글씨라는 것을 누구나 느낄 수 있습니다. 이것은 추사 김정희의 글씨가 모두 동일한 패턴을 지니고 있기 때문에 그렇게 느끼는 것입니다. 이처럼 독특한 패턴의 글씨를 컴퓨터에서 응용한 것이 다양한 폰트입니다. 수많은 폰트를 통해서 우리는 어떤 일정한 패턴이 적용된 글씨들을 보아 왔으며, 패턴이 다른 것들은 금방 구별할 수 있습니다. 이러한 패턴의 구별은 고사양의 컴퓨터가 나오면서 이제는 아주 쉽게 구현됩니다.

그림 5.10 다양한 폰트들

이처럼 패턴은 비슷한 느낌을 가진 것들의 집합이라고 할 수 있습니다. 비슷한 느낌이라는 것이 공학적인 표현은 아니어서 기술적인 구현에 걸림돌이 될 수 있습니다. 이 부분을 해결하기 위해서는 사람이 비슷한 패턴이라고 느끼는 것을 공식화하려는 작업이 필요합니다. 동일한 폰트에는 비슷한 모양의 도형이 사용됩니다. 도형의 미세한 각도와 모양의 공통점을 찾아내고 그것을 컴퓨터가 알아들을 수 있도록 공식으로 만들어서 적용하는 것입니다.

3 | 동일 패턴 추출의 예

영상 처리 분야에 영상 분석Video Analysis이라는 분야가 있습니다. 보통 그림 한 장을 볼 때 사람들은 그 그림이 가지고 있는 메시지를 직관적으로 알게 됩니다. 예를 들어 그림에 자동차가 있으면 사람들은 경험과 학습의 효과로 그림에 자동차가 그려져 있다고 인식합니다. 하지만 컴퓨터에게 그림은 그림일 뿐 그 안에 어떤 그림이 있는지에 대해서 자동으로 인식할 수 없습니다. 그래서 '이런 모양은 자동차다'라는 것을 컴퓨터가 인식할 수 있도록 영상을 분석해서 학습시키는 것을 영상 분석이라고 합니다. 그렇게 인식된 영상 분석을 통해서 수많은 그림의 정보를 자동으로 분석하고 통계를 내는 것입니다.

그림 5.11 자동차를 자동차로 인식하기는 쉽지 않아요.

영상 분석 분야의 하나로 '객체 인식'이라는 것이 있습니다. 말 그대로 그림 안의 객체들을 각각의 객체로 분리해서 인식하도록 하는 것입니다. 우리가 보는 영상에서 각각의 물체 하나하나를 하나의 객체로 인식하도록 연구하는 분야이지요. 조금 어려운 이야기로 들릴 수 있으니 아래의 그림을 보며 설명하겠습니다.

그림 5.12 영상 분석에서의 객체 인식

위의 그림은 자동차 도로에서 많은 차가 달리는 장면입니다. 사람들은 이 장면을 보고서 자동차의 개수를 헤아릴 수 있습니다. 하지만 컴퓨터는 이 장면을 하나의 그림으로 인식할 뿐이지 그림 안에 몇 개의 자동차가 있는지 헤아릴 수 없습니다. 그 이유는 컴퓨터는 자동차라는 것에 대한 인식이 없기 때문입니다. 그래서 사람들은 '자동차는 어떤 모양이다'는 것을 컴퓨터에 인식시켜 줍니다. 그런데 자동차의 모양은 한 가지일 수 없습니다. 그림에서 보이듯이 승용차도 있고 화물차도 있고, 자동차의 앞면이 보일 때도 있고 옆면 혹은 뒷면이 보일 때도 있기 때문입니다. 사람은 이런 모든 패턴을 자동차라고 인식할 수 있지만, 컴퓨터는 위의 여러 가지 그림들이 모두 같은 패턴의 자동차라는 것을 사람이 인식시켜야만 합니다. 만약 컴퓨터가 사람을 인식해야 한다면, 인식해야 하는 패턴은 경우에 따라서 다양해집니다. 어른, 아이, 노인, 여자, 남자, 앉아 있는 사람, 누워 있는 사람, 몇 사람이 겹쳐 있는 경우 등 그 패턴은 정말 다양합니다. 하지만 사람들은 그림만 보고도 이 그림 안에 사람이 몇 사람 있는지, 누워 있는지, 남자인지, 여자인지 등을 금방 파악할 수 있는데, 이는 사람은 경험으로 이미 사람의 패턴이 학습되었기 때문입니다. 컴퓨터에 이와 같은 능력을 부여하기 위해서는 다양한 모양과 형태의 사람 패턴을 인식시켜 사람과 비슷한 인지 능력을 부여해야 합니다.

이처럼 패턴 인식은 여러 분야에서 응용이 가능합니다. 앞의 차량 패턴을 인식한 컴퓨터 프로그램은 차량의 이동량을 통계 낸다거나 혹은 어느 지역에 차량이 많이 출입하는지 확인할 수 있습니다. 비슷한 예로 사람의 패턴을 학습한 프로그램은 특정 지역에 사람이 출입했는지, 몇 사람이 출입했는지, 그 사람이 쓰러져 있는지 등 그림만 보고 판단할 수 있습니다. 이는 사람이 계속 감시할 수 없는 상황에서 CCTV 영상을 분석함으로써 유용한 정보를 수집할 수 있는 기능이 됩니다.

패턴이라는 것은 완벽하게 동일한 모양의 공통점을 파악하는 것도 중요하지만, 어느 정도 비슷한 모양의 공통점을 파악하는 것이 더 중요합니다. '유사한 패턴을 어느 범주까지 같은 패턴으로 인식할 것인가'라는 것 또한 패턴의 범주를 정하는 중요한 관심사항입니다.

그림 5.13 40개의 왕관

위의 그림은 40개의 왕관을 그린 그림입니다. 이 중에 동일 패턴이라고 정의할 수 있는 범주에 어떤 것이 있을까요? 뿔이 3개 달린 것만 모아서 하나의 패턴이라고 정의할 수도 있고, 뿔 위에 점이 달린 그림만 모아서 하나의 패턴이라고 정의할 수도 있겠지요? 혹은 위의 그림 전부가 유사한 그림같이 느껴질 수도 있습니다. 이처럼 동일 패턴을 정의하기 위해서는 패턴 인식을 위한 범위를 정해야 합니다. 그리고 범위의 정의는 패턴을 정의하는 목적에 부합한 조건들이 되어야 합니다.

Chapter 04

추상화

추상화Abstraction는 다르게 표현하면 '간략화'라고 표현할 수 있습니다. 간략화는 복잡한 내용을 간추려서 간단하게 정리한다는 의미가 있습니다. 컴퓨팅 사고에서 추상화는 단순한 간략화가 아닙니다. 세밀하고 복잡한 기능 중에 어떤 것을 중심으로 간략화할 것인지 정해야 합니다. 그리고 정확한 추상화 작업을 위해서는 정말 많은 정보가 필요합니다.

1 누구를 위해서 추상화를 진행하는가?

컴퓨팅 사고에서 추상화는 단순한 간략화가 아니라고 언급했습니다. 여기에 하나의 개념을 더 고려해야 하는데, '누구를 위한 간략화인가'는 매우 중요합니다. 간단한 예로 모든 사람이 컴퓨터를 사용하지만 컴퓨터 내부 구조와 모니터 구조 등을 다 알 필요는 없습니다. 일반적으로 컴퓨터를 사용하기 위해서는 키보드와 마우스를 사용할 줄 알고 모니터를 볼 수만 있으면 컴퓨터를 사용하는 데 아무 문제가 없습니다. 일반 사용자를 위한 추상화는 외부 인터페이스를 중심으로 이루어집니다. 모니터와 키보드, 마우스만 노출시키고 그 외 나머지는 사용자가 볼 필요가 없으므로 감추면 됩니다. 반면, 컴퓨터를 수리하고자 하는 사용자를 위한 추상화는 좀 더 전문적인 내용이 표출될 수 있도록 해야 하는데, 사용자 프로그램에서 현재 CPU, 메모리 상태를 점검하는 것들이 그 예가 될 수 있습니다. 이와 같이 사용하려는 목적에 맞게 필요한 부분만 노출하는 방식을 간략화 또는 추상화의 방식이라고 할 수 있습니다.

그림 5.14 일반적인 사람들이 알 필요 없는 컴퓨터 내부

추상화라고 하면 대부분의 사람들은 아마도 미술에서 이야기하는 추상화를 떠올립니다. 미술에서 추상화抽象畵는 대상의 구체적인 형상을 표현하는 것이 아니라 단순한 도형점, 선, 면 등을 이용하여 표현하는 미술의 한 가지 흐름입니다. 이와 비슷하게 컴퓨팅 사고에서 추상화는 복잡한 자료, 모듈 시스템에서 핵심적인 기능을 간추려내는 것을 말합니다.[위키피디아] 두 가지의 설명이 비슷하여 추상화를 설명할 때는 미술에서 이야기하는 추상화와 혼합해서 설명하는 경우가 많습니다. 저 역시 컴퓨팅 사고에서 추상화를 설명하기 위해서 아래의 그림을 예제로 설명하도록 하겠습니다.

그림 5.15 사진인가 그림인가?

그림 5.16 단순화시킨 그림

하나는 미술의 한 장르로 마치 사진처럼 표현한 그림입니다. 이러한 장르를 하이퍼 리얼리즘Hyper Realism 또는 포토 리얼리즘Photo Realism이라고 합니다. 그리고 다른 하나는 같은 사물을 묘사하는데 아주 간단히 특징만 묘사한 그림입니다. 미술에서 이렇게 단순화시켜 그림을 그리는 것, 그리고 컴퓨터 시스템에서 복잡하고 많은 자료들을 단순화시키는 것 모두 다 추상화라고 표현합니다.

추상화는 누구를 위한 작업인가에 따라 표현이 달라질 수 있습니다. 눈을 그린 그림을 디자이너를 위해 단순화시킨다면 [그림 5.16]과 같은 그림으로 표현하는 것이 효율적일 수 있습니다. 하지만 눈 그림을 안과 의사를 위해 추상화 작업을 한다면 아래와 같은 그림으로 표현되어야 좀 더 효율적이라고 생각할 수 있습니다.

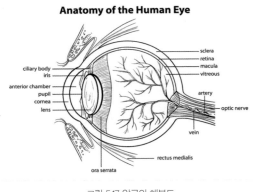

Anatomy of the Human Eye

그림 5.17 안구의 해부도

이렇게 추상화를 진행할 때는 대상에 따라서 추상화의 방향과 결과물이 달라질 수 있습니다.

2 | 추상화의 방법

자동차를 추상화한다고 가정해 볼까요? 일반적인 운전자는 자동차 내부의 엔진, 연료, 조향 장치 등을 다 알 필요가 없습니다. 일반 사용자에게 필요한 추상화는 핸들, 브레이크, 가속도, 기타 편의 장치 등의 기능만 있으면 됩니다. 일반 사용자가 자동차 엔진의 동작 내부와 연료 계통 조향 장치 등에 쉽게 접근할 수 있도록 하는 것은 별로 좋은 제공은 아닐 것이라는 데에는 모두가 동의할 것입니다. 왜냐면 저와 같은 사람들은 자동차 내부보다는 차량의 인테리어나 운전의 편리성이 중요하기 때문이지요.

그림 5.18 이런 엔진 내부를 우리가 꼭 알아야 할 필요는 없습니다.

하지만 자동차 정비사의 입장이라면 좀 달라집니다. 정비사 입장에서는 추상화의 개념에 일반 사용자가 사용하는 기능도 당연히 필요하지만 자동차 내부의 동작 기능에 대한 추상화도 필요할 것입니다. 그래서 정비를 하는 데 필요한 기능을 단순화하여 제공하면, 자동차 정비에 좀 더 시간을 아낄 수 있게 되지요. 시간을 아낀다는 것은 정비 기능을 습득하는 시간도 줄일 수 있고 그만큼 비용 절감 효과도 얻을 수 있다는 뜻입니다. 이러한 이유로 엔진 내부의 상태를 한눈에 알 수 있는 장비들이 나오는 것입니다. 다음 그림처럼 차량 내부의 상태를 컴퓨터에 연결해서 정보를 확인할 수 있습니다.

그림 5.19 자동차 정비도 이제는 컴퓨터로 합니다.

추상화를 한다는 것은 추상화를 제공하는 대상에게 복잡한 기능을 모두 설명하고 이해시키는 것이 아니라 제공받는 대상이 필요로 할 만한 것들만 노출시켜 쉽고 빠르게 시스템을 사용할 수 있도록 하는 것입니다.

보통 우리가 추상화 그림을 떠올릴 때 처음 생각나는 미술가로 피카소를 꼽을 수 있습니다. 피카소는 입체파라는 미술의 한 장르의 거장입니다. 아무튼 피카소의 그림은 단순화된 선과 면을 이용합니다. 처음 피카소의 그림을 보는 사람은 이렇게 단순한 그림에 사람들이 열광하는 것을 이해하지 못할 것입니다. 아이가 대충 낙서한 것 같은 그림처럼 보이니까요. 하지만 피카소의 어린 시절 그림은 어떤 세밀한 그림보다 더 세밀하고 선명했습니다. 피카소 그림의 변천은 세밀하고 아름다운 고전주의 그림에서 점점 선, 면을 단순화시키는 그림으로 발전하는 양상을 보입니다. 이는 세밀하고 자세한 그림을 그리는 과정을 거쳤기 때문에 그림을 과감하게 단순화시킬 수 있다고 생각합니다. 배우는 사람의 입장에서 단순히 추상화는 모든 것을 단순화시키는 작업으로만 볼 것은 아닙니다. 그 내부에 세밀함과 복잡한 내용들을 완벽하게 익혔을 때 제대로 된 추상화 작업이 가능하다는 것입니다.

그래서 컴퓨팅 사고에서 추상화 작업을 제대로 하기 위해서는 정말 어렵고 힘든 과정을 거쳐야 합니다. 자동차의 모든 내부 동작을 완벽히 습득한 사람이 제공하는 사용자 편의를 위한 추상화와, 내부는 잘 모르고 사용자 편의만 생각하는 사람이 제공하는 추상화는 완전히 다를 수 있습니다. 마치 피카소의 그림을 흉내 내어서 비슷하게 그리는 사람과 오랫동안 미술을 공부한 사람이 그리는 단순화 그림에 차이가 있는 것처럼 말입니다. 단순함은 복잡한 것을 알고 나서 가능한 것입니다.

알고리즘

알고리즘Algorithm은 한마디로 간단히 설명하자면, 어떤 일을 해결하는 데 필요한 설명서라고 표현할 수 있습니다. 우리는 보통 전자 제품을 구입하면 제품의 사용에 대한 설명서를 보게 됩니다. 설명서에는 제품을 어떤 식으로 사용해야 한다는 내용이 자세하게 나와 있습니다. 이처럼 어떤 일을 수행하는 데 필요한 절차와 방법에 대한 기술을 알고리즘이라고 합니다. 소프트웨어 공학에서 알고리즘이란 종종 함수와 동일시되어 표현되기도 합니다. 함수는 어떤 기능을 수행하는 작은 뭉치라고 생각하면 이해하기 쉽습니다. 예를 들어, 간단한 사칙연산을 수행하는 전자계산기는 아래와 같은 기능으로 나눌 수 있습니다.

> 수의 입력: 번호 패드를 통해서 숫자를 입력받음
> 수의 연산: 연산 기호가 입력되면 입력받은 수를 기반으로 연산을 수행
> 출력: 연산의 결과를 패널에 표시

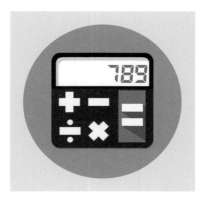

그림 5.20 수의 입력, 연산, 결괏값의 출력

전자계산기의 기능을 세 가지로 나누었을 때 각각을 하나의 함수로 표현할 수 있습니다. 수를 입력받는 뭉치모듈에서는 사용자가 사용하는 입력 장치, 예를 들면 숫자 키

같은 것을 통해서 계산할 수를 입력받습니다. 그리고 입력받은 수와 연산 기호로 연산을 수행하는 뭉치가 있으며, 수행한 연산을 사용자가 알아볼 수 있도록 출력하는 뭉치로 나눌 수 있습니다. 각각의 뭉치는 각각에 대한 수행 알고리즘이 존재합니다. 수 입력을 받는 모듈의 알고리즘은 사용자가 입력한 수를 높은 자리에서 낮은 자리의 순서로 입력받습니다. 다음으로는 연산 기호를 입력받겠지요? 그다음, 연산하려는 대상의 숫자를 또 높은 자리에서 낮은 자리의 순서로 입력받습니다. 아래와 같이요

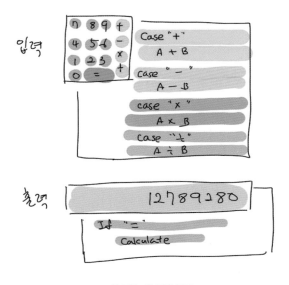

그림 5.21 계산기의 구조

그리고 = 키의 입력을 받으면 연산 모듈은 위에서 받은 숫자와 연산 기호를 근거로 계산을 합니다. 그렇게 나온 결괏값을 표시하면 사용자는 계산 결과를 알게 됩니다. 이것은 우리가 흔히 보는 계산기의 간단 알고리즘입니다. 이와 같이 기계나 소프트웨어의 동작을 규정하는 모든 절차와 방법은 모두 알고리즘이라고 표현할 수 있습니다.

1 | 알고리즘의 특징

이러한 알고리즘은 몇 가지 특징을 가지고 있습니다. 주어진 값이 동일할 경우 결괏값

은 항상 같아야 합니다. 주어진 조건이 동일한데 결괏값이 다르다고 하면 그 알고리즘은 신뢰할 수 없는 공식이 됩니다. 그런 예측이 불가한 알고리즘은 사실 공학에서는 사용할 수 없는 알고리즘입니다. 사람의 혈액형과 사람의 행동 패턴에 대한 알고리즘이 있다고 예를 들어 봅시다. 우리가 일반적으로 알고 있는 A, B, O, AB형 4가지의 혈액형에 따라 사람의 행동 패턴을 나누는 방법을 통해서 'A형은 소심하다'는 결과가 나왔다면, 이 결과는 위에서 사용한 어떤 방법을 통해서 나온 결과입니다. 이 결과가 신뢰할 만한 결과로 인식되려면 우리는 위에서 언급한 '어떤 방법'에 대해서 먼저 신뢰성을 검증해야 합니다. 그렇게 판단한 방법이 과학적으로 신뢰할 수 있다면 결과도 과학적으로 인정을 받을 수 있을 것입니다. 하지만 그렇지 못하다면 위의 결과는 신뢰받지 못하는 결과로 남게 됩니다. A형의 사람이 소심하다고 판단하려면 그에 맞는 근거에 기반한 알고리즘이 있어야 합니다. 하지만 이것은 대다수의 사람이 느끼는 표현이 소심하다는 것이지 과학적으로 A형의 사람이 소심하다는 근거는 될 수 없습니다. 왜냐하면 A형 중에 대담한 분들도 많으니까요. 이와 같이 알고리즘으로 정의가 될 경우 결괏값이 항상 일정해야 합니다.

그림 5.22 혈액형

이러한 알고리즘의 특성으로 아래의 7가지를 들 수 있습니다.

1. 입력(Input): 문제를 풀기 위한 입력값이 있어야 합니다.
2. 출력(Output): 문제를 해결하고 그 결과에 대한 해답이 나와야 합니다.
3. 유한성(Finiteness): 유한 번의 명령이 수행된 후에는 반드시 명령이 완료되어야 합니다.
4. 정확성(Correctness): 주어진 문제를 정확하게 해결할 수 있어야 합니다.
5. 확정성(Definiteness): 단계별로 실행된 후에는 결과가 확정되어야 합니다.
6. 일반성(Generality): 같은 유형의 문제에 모두 적용할 수 있어야 합니다.
7. 효율성(Effectiveness): 모든 명령은 명확하고 효율적이어야 합니다.

전체 풀이 알고리즘을 만들기 위해서는 앞의 컴퓨팅 사고의 과정에서 분해했던 문제의 풀이 과정을 찾아내야 합니다. 이렇게 찾아낸 풀이 과정을 전체 문제를 해결하기 위해서 배치하고 반복하고, 또는 경우의 수를 가정해서 풀이 과정의 전체 알고리즘을 만듭니다. 작은 문제의 해결 방법을 어떻게 배치하느냐에 따라서 풀이 시간과 계산량 등을 최적화할 수 있습니다.

알고리즘의 방식을 설명하기 위해 예전에 즐겨 했던 게임을 하나 소개하고자 합니다. 최근에 코딩 기초를 배울 때도 비슷한 게임으로 설명하는 것을 본 적이 있습니다. 플럼버Plumber 라는 게임인데 물이 나오는 곳에서 물이 필요한 곳까지 배관을 연결하는 게임입니다. 물이 필요한 곳까지 T자, L자 등의 배관을 이용해서 연결하는 게임이지요. 알고리즘도 이와 비슷한 개념으로 여러 가지 해결책을 적절하게 연결해서 프로그램 전체를 만드는 것입니다.

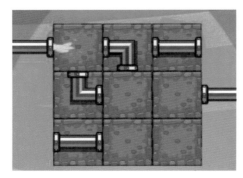

그림 5.23 플럼버 게임

각각의 배관을 하나의 작은 문제에 대한 해결책이라고 표현한다면 이것들을 적절하게 배치해서 전체 문제를 해결하는 것입니다. 때로는 동일한 해결책을 반복해서 사용하기도 하고 불필요한 작은 알고리즘이 같이 들어가기도 합니다. 최종적으로 알고리즘을 최적화하는 시점에 불필요한 해결책들은 제거되어야 하지만요.

요약

1 컴퓨팅 사고의 시작

- 컴퓨팅 사고를 한다는 것은 컴퓨터 공학의 기본 개념을 가지고 문제를 해결하고, 시스템을 설계하고, 인간의 행동을 이해할 수 있다는 것입니다. 또한, 추상화와 분해를 통해 복잡한 시스템을 설계하거나 어려운 문제를 해결할 수 있습니다. 컴퓨팅 사고의 핵심은 문제를 해결하기 위한 개념화에 있습니다.

2 분해

- 컴퓨팅 사고에서 분해는 복잡한 문제를 풀기 쉬운 단위로 잘게 나누는 것을 의미합니다. 분해의 목적은 문제를 잘게 나누는 데 의미가 있는 것이 아니라 문제를 해결하기 쉬운 단위로 변형하는 데 있습니다.

- 절차 분해는 앞 단계가 완료되면 다음 단계로 넘어가는 형식으로 진행됩니다. 앞 단계의 결과물이 다음 단계에 중요한 자원으로 사용되므로 단계를 뛰어넘어서 진행하는 것은 무리한 진행이 될 수 있습니다.

- 소분류 분해는 앞 단계와 다음 단계가 동시적으로 시행돼도 문제가 없는 경우를 예를 들 수 있습니다. 시간에 구애를 받지 않으므로 각각의 제조에 분업이 가능하며, 동시 진행으로 작업 시간과 효율성도 기대할 수 있습니다.

- 몇 개의 문제를 하나로 뭉쳐 해결하는 것은, 문제를 적절한 단위로 만들어 해결한다는 문제 분해의 목적에 부합하므로 이와 동일한 효과를 낼 수 있습니다.

3 패턴 인식

• 패턴 인식은 주어진 문제를 분해하기 위한 혹은 분해된 문제들의 유사성을 찾기 위한 과정입니다. 문제를 잘게 나눈 후 이 문제를 풀기 위한 공통적인 부분을 찾아 해결책을 찾아낸다면, 이후에 나오는 유사한 문제들은 동일한 해결책을 적용할 수 있습니다.

• 동일한 패턴은 비슷한 느낌을 가진 것들의 집합이라고 할 수 있습니다. 비슷한 느낌이라는 것이 공학적인 표현은 아니어서 기술적인 구현에 걸림돌이 될 수 있으므로, 이 부분을 해결하기 위해서는 사람이 비슷한 패턴이라고 느끼는 것을 공식화하려는 작업이 필요합니다.

• 그림 한 장을 볼 때 사람들은 그 그림이 가지고 있는 메시지를 직관적으로 알지만 컴퓨터에는 이를 인식할 수 있도록 영상을 분석해서 학습시켜야 하는데, 이를 영상분석Video Analysis 이라고 합니다.

• 패턴이라는 것은 완벽하게 동일한 모양의 공통점을 파악하는 것도 중요하지만, 어느 정도 비슷한 모양의 공통점을 파악하는 것이 더 중요합니다. '유사한 패턴을 어느 범주까지 같은 패턴으로 인식할 것인가'라는 것 또한 패턴의 범주를 정하는 중요한 관심 사항입니다.

4 추상화

• 추상화는 '간략화'라고도 표현할 수 있으며, 컴퓨팅 사고에서 추상화는 세밀하고 복잡한 기능 중에 어떤 것을 중심으로 간략화할 것인지 정해야 합니다.

• 추상화는 누구를 위한 작업인가에 따라 간략화의 표현이 달라질 수 있습니다.

• 추상화를 한다는 것은 추상화를 제공하는 대상에게 복잡한 기능을 모두 설명하고 이해시키는 것이 아니라 제공받는 대상이 필요로 할 만한 것들만 노출시켜 쉽고 빠르게 시스템을 사용할 수 있도록 하는 것입니다.

5 알고리즘

- 어떤 일을 수행하는 데 필요한 절차와 방법에 대한 기술을 알고리즘이라고 합니다. 소프트웨어 공학에서 알고리즘이란 종종 함수와 동일시되어 표현되기도 하며, 기계나 소프트웨어의 동작을 규정하는 모든 절차와 방법은 모두 알고리즘이라고 표현할 수 있습니다.

- 알고리즘의 7가지 특성으로 입력, 출력, 유한성, 정확성, 확정성, 일반성, 효율성을 들 수 있습니다.

점검문제

1. 컴퓨팅 사고의 분해 방법 중 뭉쳐서 문제 단위를 만드는 예를 드세요.

2. 우리가 비슷하다고 느끼는 패턴의 반복에는 무엇이 있을까요?

3. 영상 분석에서 사진 안의 객체를 분리하는 분야를 무엇이라 하나요?

4. 추상화에 대해서 설명하세요.

5. 전자 계산기의 알고리즘에 대해서 설명하세요.

6. TV 수리공을 대상으로 TV를 추상화한다고 할 때, 추상화할 기능에 대해서 이야기해 보세요.

PART 06

컴퓨팅 사고를 이용한 문제 해결

이번 파트에서는 다양한 문제 해결 방법을 알아봅니다. 문제 해결을 위해서 선행되는 문제 정의 방법을 먼저 알아보며, 정의된 문제를 분해하고 그렇게 분해된 작은 문제를 패턴화합니다. 그리고 여러 유형의 문제들의 공통적인 사항들을 정의하여 해결 방법을 모아서 알고리즘화하는 것을 '카세트 플레이어' 예시를 통해서 알아보도록 하겠습니다.

·Chapter·
01

문제 해결의 방법

문제를 해결하는 데 있어서 좀 더 효율적이고 쉬운 방법으로 무엇이 있을까요? 문제를 해결하는 데 효과적이고 강력한 해결 방안을 찾아냈다면, 그 해결 방안은 우리가 알고 있는 모든 문제에 조건 없이 모두 사용할 수 있을까요? 사실 모든 문제의 해결 방안은 적용 환경에 대한 정의에서 시작합니다. 이는 전제 조건이라는 이름으로 "이러이러한 경우에 다음의 방법을 사용할 수 있습니다"라고 표현하고 있습니다. 이러한 전제 조건이 보편타당하고 현실 세계에 조건 없이 적용할 수 있는 해결 방안 혹은 현상을 '법칙'이라고 할 수 있습니다. '만유인력의 법칙', '열역학 제1법칙'과 같이요. 법칙이라는 수식어가 붙은 이러한 것들은 우리가 살고 있는 지구에서 시간과 공간을 초월해서 적용할 수 있고 불변하는 진리들을 이야기할 때 사용합니다.

컴퓨팅 사고에서 만들어지는 해결 방법은 적용 범위가 한정적인데, 우리가 직면한 문제들은 컴퓨터 내에서 일어나고 해결이 가능한 문제들이기 때문에 그렇습니다. 컴퓨팅 사고 에서는 이러한 한정된 공간과 시간 안에서 문제 해결에 효과적인 방법을 제시하기 위해서, 우리가 컴퓨터를 만들 때 이식했던 방법들을 다시 우리가 이용하고 있습니다. 서두에 이야기했지만 이 방식은 컴퓨터가 만들거나 혹은 컴퓨터 발달의 부산물이 아닙니다. 이미 인간은 예전부터 이러한 지혜를 가지고 문제를 해결했습니다. 다만, 이런 문제 해결 방법을 좀 더 보편적으로 사용할 수 있도록 정리하는 것입니다. 이미 우리 조상들이 다 정리해 놓고 사용해 온 방법을 다시 현재의 문제 해결 방법으로 사용하는 것이지요.

그림 6.1 문제의 해결

1 : 문제의 정의

문제 해결의 첫 번째 단계는 정확한 문제 정의입니다. 주어진 문제가 무엇인지 알아야 해결책을 찾아갈 수 있겠죠? 그래서 문제에 대한 정확한 정의가 필요합니다. 문제가 정확히 정의되어야 우리가 해야 할 일을 정의할 수 있습니다. 하지만 우리가 해결해야 하는 문제가 정확히 정의되는 경우도 있으나 문제조차도 정의되지 않거나, 또는 시간에 따라서 문제의 양상이 변화하는 경우도 있습니다. 문제가 어느 정도 정확히 정의되는 경우는 주로 학술적인 내용에서 많이 찾아볼 수 있습니다. 뉴턴은 사과가 땅에 떨어지는 문제에 대해서 고민했습니다. '왜 땅에 떨어질까? 떨어지지 않으면 안 되나? 왜 꼭 바닥으로만 떨어져야 하나?' 아인슈타인은 빛이 왜 일정한 속도로 진행되는 것인가에 대해서 고민했습니다. '왜 빛은 항상 일정한 속도로 진행되는 것일까? 속도가 달라지는 경우는 없는 것인가?' 이런 불변의 원칙과 법칙을 만드는 데는 문제가 명확하게 정의되어 있습니다. 하지만 우리의 일상생활과 여러분이 앞으로 살아가야 하는 회사 생활에서는 그렇게 명확하게 정의되는 문제보다는 애매하고 항상 변화하는 문제들이 산재해 있습니다. 마치 영화 〈변검〉에서 가면을 몇 번씩 바꾸면서 얼굴을 바꾸는 것처럼요.

그림 6.2 변검처럼 문제도 계속 변해요.

이와 같이 우리가 해결해야 하는 문제들은 시간의 흐름에 따라서 문제의 정의가 달라지는 경우도 많습니다. 제품을 만들기 위해서는 초기에 내용을 설계합니다. 핸드폰을 개발하는 경우에, 처음에는 카메라를 앞뒤로 1개씩 장착하는 내용으로 설계하고 이에 맞춰서 개발 일정과 내용을 정의하고 문제를 해결하는 방식으로 진행합니다. 하지만 진행 중에 시장의 상황이 변하거나 혹은 소비자의 성향이 이와는 다르다는 사실을 포착하게 되면, 설계는 수정돼야 합니다. 카메라를 앞뒤로 1개씩 장착하는 것보다는 후면 카메라를 2개 이상 장착하는 것이 소비자를 더 만족시킬 것이라는 결정이 나오면, 초기 내용은 변경되지요. 이와 같이 어떤 이유에 의해서 문제가 변경되는 경우는 우리 일상에도 많이 발생합니다. 문제 정의가 변경되지 않고 일정하다면 중간에 설계를 변경하는 수고를 덜 수도 있겠지만, 이미 변경이 결정되면 그것에 따라 유연하게 대처할 수 있는 문제 해결 방안 또한 마련되어 있어야 할 것입니다.

정확한 문제 정의를 통해서 우리는 문제 해결을 위한 기본적인 바탕을 만들 수 있습니다. 문제 정의만 제대로 되어 있다면 사실 문제를 해결하는 데 반 이상은 정리가 되었다고 생각할 수 있습니다. 문제 정의가 명확하고 정확하다면 우리는 문제 해결에 보다 빠르게 도달할 수 있기 때문입니다.

1.1 정확한 문제 정의

문제를 정의하는 데 있어서 가장 중요한 것은 문제가 논리적으로 정확하게 정의될 수 있느냐 하는 것입니다. 문제의 정의가 모호하거나 혹은 가변적일 경우, 정확한 정의가 어렵습니다. 만약 문제 정의가 모호하다면, 현재 상황에서 모호한 것인지, 현재는 모호하나 시간이 지나면 명확해지는지 확인이 필요합니다. 문제 정의가 가변적일 경우도 비슷합니다. 현재 상태에서 명확하게 할 수 있는 부분에 대해서 먼저 확정을 짓고, 나머지 모호한 것은 시간대별로 혹은 조건별로 명확해지는 경우에 대해서 정의할 필요가 있습니다. 문제 전체가 모호한 것인지 부분적으로 모호한 것인지 세밀한 분석이 필요하다는 것입니다.

1.2 문제 정의에 필요한 사항

문제를 정의하는 데 논리적이어야 한다는 사실은 매우 중요합니다. 비논리적인 문제는 해결 방법 또한 비논리적이고 부정확한 결과를 초래합니다. 비논리적 문제는 결과를 예측할 수 없기 때문에 과학적으로 무의미합니다. 논리적 문제 정의를 위해 점검해야 하는 사항을 확인하기 위해서, 핸드폰 개발에 대해 이야기해 보겠습니다.

핸드폰을 개발할 때 일단 논리적으로 개발의 목표를 정해야 합니다. 개발 목표는 구현해야 하는 기능에 대한 정의로 좀 더 세밀화할 수 있습니다. 일반적인 핸드폰 개발에서 구현해야 할 기능은 너무 많기 때문에 여기서 모두 다 열거할 수는 없습니다. 그 많은 기능 중 카메라에 대한 요구 조건을 예로 들어 보겠습니다.

예를 들어 요구 조건이 "광학 80배 줌이 되어야 하고 현존하는 DSLR 카메라 기능이 모두 수용되어야 합니다."라고 한다면 이것은 좀 과한 요구 조건일 수 있습니다. 문제를 해결할 수는 있겠으나 개발의 비용과 구현의 난이도 등을 고려했을 때 재검토가 필요합니다. 스마트폰 카메라에 망원렌즈의 규격을 요구하는 것은 일반적인 상식에서 너무도 과한 요구 조건이기 때문이지요.

다음은 다른 요구 조건으로 "카메라의 화질이 과거 필름 카메라의 감성을 구현했으면 좋겠습니다."라고 한다면, 이런 요구 조건은 사실 논리적이라기보다는 매우 감성적인 요구입니다. '과거 필름 카메라의 감성'이라는 것은 수치적으로, 논리적으로 정의가 모호하기 때문입니다. 논리적 정의가 모호하다고 해서 개발이 불가능하거나, 개발의 목표가 될 수 없는 것은 아닙니다. 이것을 해결해야 하는 공학적인 조건들이 명확하지 않아 문제 정의가 어렵다는 것입니다. "개발 단계에서 화질에 노이즈 필터를 적용하면 과거 필름 카메라의 감성을 구현할 수 있으며, 노이즈는 기존 화질 대비 10% 이하로 적용하면 감성적으로 필름 카메라의 느낌을 낼 수 있습니다."라고 정의한다면 감성적인 조건을 공학적으로 해석하여 해결 방안을 제시할 수 있습니다. 실제로 현존하는 핸드폰 어플에는 이러한 감성적인 목표를 해결한 어플을 많이 볼 수 있습니다. 이것은 다르게 보면 과거에는 명확하고 논리적인 문제 정의 안에서만 개발할 수 있었다면, 이제는 감성적인 개발 목표, 문제 제기도 공학적인 구현으로 완성할 수 있다는 증거인 것 같습니다.

개발 목표가 명확하게 논리적일 때 문제 해결이 쉬워집니다. 하지만 문제 정의가 논리적이어야 하는 것이 필수는 아닙니다. 문제 정의가 감성적일지라도 문제의 해결 과정, 즉 개발 과정은 노이즈 필터 적용, 원본 대비 10% 이하의 노이즈 적용 등과 같이 명확하게 논리적이어야 합니다.

그림 6.3 얽히고 설킨 복잡한 문제를 해결하는 것이 공학입니다.

1.3 기존 유사한 문제와 비교

문제 정의가 완료되면 이제 문제를 해결할 방법을 찾아야 합니다. 가장 확실하고 쉬운 방법은 문제를 해결했던 사람에게 물어보는 것입니다. 경험 있는 사람에게 물어보면 가장 현명하고 확실한 방법을 알려 줄 테니까요. 또 다른 가장 쉬운 문제 해결 방법은 기존에 있던 유사 문제 해결 방법을 찾아보는 것입니다. 기존의 유사한 문제의 결과물을 이용하여 현재의 문제를 해결하는 것이지요.

법학에서는 판결을 내리는 데 있어서 기존의 판결, 즉 '판례'라는 것을 이용합니다. 기존의 비슷한 범죄 사실에 대한 판례를 이용하여 현재의 판결에 참고하는 것입니다. 이와 비슷하게 우리는 문제에 직면했을 때 경험이 많은 사람들의 조언을 구하기도 합니다. 이것은 동일하거나 비슷한 패턴의 문제를 경험했던 것을 이용하여 문제를 해결하려는 것입니다. 경험을 바탕으로 하는 것이 빠르고 효과적인 문제 해결 방법인 이유는, 이미 비슷한 문제를 직면했고 그것을 해결했다면 우리는 그 길을 그대로 따라가기만 하면 문제가 해결되리라 기대할 수 있기 때문입니다.

그림 6.4 이런 사람에게 물어보면 다 알려 줄 것 같습니다.

1.4 다양한 관점으로 문제를 보기

문제를 해결하는 방식에서 과거의 경험으로 문제를 바라보는 것이 아니라 다른 관점으로 접근할 때 해결되는 경우도 있습니다. 기존 방식과는 아예 다른 방식으로 문제에 접근하거나 혹은 완전히 다른 환경에서 문제를 해결하는 것이지요. 다들 너무 잘 알고 있는 아르키메데스는 목욕탕에서 문제 해결 방법을 찾아내기도 했습니다.

그림 6.5 아르키메데스는 "유레카"라고 외쳤습니다.

문제 해결 방법으로 우리는 무한한 상상력을 이야기하기도 합니다. 보통 회사에서는 브레인스토밍 Brain Storming 이라는 방식으로 의견을 아무 제한 없이 수용하는 회의를 진행하지요. 제한 없는 다양한 의견 속에서 해결책을 찾는 방법입니다. 상상력을 발휘한 해결 방안을 내놓기 위해서는 의견 제안에 조건이 없어야 하는데, 브레인스토밍 회의의 첫 번째 조건이 발언에 어떠한 제한도 가하지 않는다는 것입니다. 생각의 제한 없이 마구잡이로 의견을 제시하는 가운데에서 이전에는 생각하지 못했던 아이디어들이 나온다고 생각하기 때문입니다. 난상 토론 같이 말들이 오고 가는 속에서 반짝이는 아이디어가 나오기도 합니다.

1997년 애플의 광고에 'Think Different'라는 카피 문구가 있었습니다. 이는 여러 가지로 해석될 수 있습니다. '다르게 생각하라.' '다른 것을 생각하라.' 무엇으로 해석하든 기존 사고방식으로는 새로운 아이디어가 나올 수 없기 때문에 다른 것 혹은 다르게 생각하라는 것으로, 그러한 다른 생각에서 현재의 사고방식을 탈피한 방법을 찾으려는 것입니다. 여태의 방식으로 생각하기보다는 다른 것을 생각하든, 다르게 생각하든 현재 문제를 접근하는 방식을 다르게 하려는 노력입니다.

문제 해결의 다양한 관점을 보기 위해서는 무한한 상상력이 필요합니다. 그런데 그러한 상상력은 기존의 사고방식과 행동에서는 나오기 힘듭니다. 마지막으로 니체의 다음 말을 인용하면서 다양한 관점에 대한 장을 마치겠습니다.

"젊은이를 타락시킬 수 있는 확실한 방법은 다르게 생각하는 사람보다 똑같이 생각하는 사람을 존경하라고 가르치는 것이다. The surest way to corrupt a youth is to instruct him to hold in higher esteem those who think alike than those who think differently."

Chapter 02 · 폴리아의 문제 해결법

문제라는 단어를 언급할 때마다 우리는 수학이라고 생각하기 쉽습니다. 다른 과목보다 수학이라는 과목은 '문제 해결'이라는 제시어에 적합한 과목입니다. 이런 수학 분야에서 문제 해결 방법을 하나 제시했는데, 제목에서 언급하고 있는 폴리아 교수의 문제 해결법입니다. 이번 챕터는 수학의 문제 해결 방법을 알아보고 이를 통해서 컴퓨팅 사고와 접목할 수 있는 것들을 찾아보도록 하겠습니다. 대부분의 중고등학생들이 입시에서 빼 놓을 수 없는 과목이 수학입니다. 대학에 가서도 이공계 학생들은 수학을 빼 놓고는 다른 전공 과목을 이야기할 수 없습니다. 그러나 수학에 흥미를 느끼는 학생은 그리 많지 않을 것입니다. 어렵게만 느껴지는 수학을 좀 더 체계적으로 교육할 수 있는 방법을 제시한 사람이 스탠포드 대학의 조지 폴리아George Polya 입니다. 여기에서는 그의 저서 중 〈How to solve it〉의 일부 내용을 소개합니다. 폴리아는 수학의 문제 해결 방법을 4단계로 나누어서 이야기하고 있습니다.

1 | 문제 이해

첫 번째 단계는 주어진 문제를 이해해야 합니다. 문제를 이해한다는 것은 문제 해결의 목적이 무엇이고 문제를 풀기 위해서 필요한 조건이 무엇이며, 그 조건을 구하기 위한 방법이 무엇인지 이해해야 한다는 것입니다. 흔한 말로 문제 풀이의 달인들은 첫 문장만 봐도 머릿속에 그림이 그려진다고 합니다. 하지만 이것은 문제 해결에 숙달된 사람들의 이야기입니다. 일반적으로 문제 해결이 잘 안 되는 것은 문제 해결이 정확하고 적절하게 이루어지지 않는 경우가 대부분입니다. 수학 문제에서도, 제품 개발 프로젝트에서도 그렇습니다. 첫 단계에서 문제 이해가 충분히 되어 있다면 문제 해결의 반은 해결되었다고 생각할 수 있습니다. 시작이 반이라는 속담도 있지 않습니까?

그림 6.6 좋은 시작은 좋은 결과를 만들어냅니다.

2 | 해결 계획의 수립

해결해야 하는 문제가 정확히 인식되었다면 이제는 해결 방법을 수립해야 합니다. 수학 교육에서는 이 부분에서 전체적으로 스케치하기, 몇 가지 가능성에 대해서 각각의 경우의 수로 해결책을 나누어서 생각하기, 비슷한 경험을 토대로 비슷한 문제를 떠올리기, 거꾸로 풀기, 단순화하기 등과 같은 방법을 제시합니다. 우리가 컴퓨팅 사고에서 문제 해결의 방법으로 제시했던 문제를 작게 나누고, 추상화하고, 패턴화하고, 문제 해결에 전체 알고리즘을 적용하는 방법과 유사한 방법입니다. 폴리아 방식에서는 앞에 언급된 방법들과 기타 해결 수립을 하나의 계획으로 잡고 전체적인 문제 해결 방법을 수립합니다.

3 | 문제 해결

다음 단계는 수립한 계획대로 문제를 해결해 나갑니다. 위의 계획 단계에서 한번에 문제가 해결될 수도 있지만, 어려운 문제라면 계획의 수립과 해결을 몇 번 반복해야 하는 경우도 있을 것입니다. 심지어 문제의 이해부터 다시 해야 하는 경우도 있지요. 먼저 수립된 해결의 계획들이 효과가 없을 때는 다시 계획을 수립하고 해결하는 식으로 반복해서 진행합니다. 마치 우공이 태산을 옮기듯이요.

그림 6.7 해결될 때까지 한 판 더?

4 | 검토와 최종 점검

마지막 검토와 최종 점검에서는 이 문제를 해결하는 데 다른 해결 방법도 있는지 점검합니다. 적용한 해결 방법이 유효하고 정확한지 점검하는 것은 물론이고, 혹시 모를 다른 해결 방법이 있는지 다시 한번 점검합니다.

그림 6.8 이것이 최선입니까?

컴퓨팅 사고와 문제 해결

수학에서의 문제 해결과 유사하게 컴퓨팅 사고에서도 비슷한 과정을 거쳐서 문제를 해결하는 방법을 제시합니다. 우리가 주변에서 흔히 볼 수 있는 전자 제품을 개발한다는 가정으로, 컴퓨팅 사고와 문제 해결에 대해 알아보도록 하겠습니다. 요즘에는 잘 사용하고 있지 않으나 음악을 듣기 위해서 많이 사용하였던 카세트 플레이어에 대해서 한번 알아볼까요? 카세트 플레이어를 선택한 이유는 외관상 직관적으로 기능에 대해 설명할 수 있고 비교적 간단한 기능 정의가 가능하기 때문입니다. 카세트 플레이어의 기능과 제품의 이해가 어려운 분들은 음악을 듣기 위한 프로그램을 보면 이해하기 쉬울 것입니다. 아래의 왼쪽 사진이 과거에 음악을 듣기 위해서 필요했던 카세트 플레이어입니다. 그리고 오른쪽은 그 이후에 나온 MP3 플레이어입니다. 요즘은 이런 기능들이 모두 다 핸드폰 안에 들어가 있지요? 핸드폰에서 실행되고 있는 음악 재생 플레이어를 보면 더 쉽게 이해할 수 있습니다.

그림 6.9 카세트 플레이어

그림 6.10 MP3 플레이어

카세트 플레이어의 전면에는 녹음, 재생, 멈춤, 앞으로 감기, 뒤로 감기, 일시정지, 볼륨 버튼이 있습니다. 이것은 오른쪽의 MP3 플레이어도 비슷합니다. 그리고 여러분의 핸드폰에서 실행되는 음악 재생 플레이어도 마찬가지일 것입니다. 이제 이 기능들의 구현 방법에 대해서 컴퓨팅 사고 방법으로 해결해 보도록 하겠습니다.

1 | 카세트 플레이어를 분해해 봅시다

그림 6.11 카세트 플레이어의 기능 분해

먼저 음악을 듣기 위해서 버튼의 기능을 정의하고, 버튼별로 기능을 분해해서 문제 해결 방법을 제시해 보겠습니다. 다른 기능도 많이 있겠으나 가장 주요한 기능인 재생, 멈춤, 앞으로 감기, 뒤로 감기, 일시정지, 볼륨으로 문제를 분해해 봅니다. 각 기능에 대해서는 우리가 이미 알고 있는 방식으로 직관적으로 이해하기 쉽도록 아래와 같이 정의했습니다.

> 재생: 음악을 재생하는 기능
> 멈춤: 음악을 멈추는 기능
> 앞으로 감기: 음악을 재생 중이거나 멈춘 상태에서 일정 시간 만큼 앞으로 이동
> 뒤로 감기: 음악을 재생 중이거나 멈춘 상태에서 일정 시간 만큼 뒤로 이동
> 일시 정지: 재생 중인 음악을 일시적으로 멈춤
> 볼륨: 재생 중인 음악의 소리를 키우거나 줄임

일차적으로 기능에 대해서 분해해 봤습니다. 자, 다음은 기능에 대해서 한 번 더 분해해 보도록 하겠습니다. 한 번 더 분해한다는 것은 좀 더 세밀하게 기능을 분해해 보는 것입니다. 기능의 정의를 분해하는 것이 아니라 각 버튼의 동작을 순서에 따라서 정의하는 것입니다. 각 버튼 동작의 순서를 고려하여 다음과 같이 동작을 세분화하여 분해해 봅니다. 그리고 각각에 대해서 순서도를 작성해 봅니다.

[가] 재생

1. 카세트 테이프를 로딩Loading한다.

2. 카세트 테이프를 돌리기 위해 모터를 구동한다.

3. 돌아가는 테이프의 정보를 읽는다.

4. 읽은 정보를 스피커로 전달한다.

5. 스피커를 통해서 음악을 재생한다.

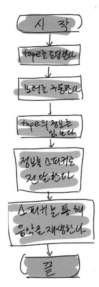

그림 6.12 재생 기능의 순서도

[나] 멈춤

1. 현재 상태를 확인한다 테이프를 구동하는 모터가 동작하고 있는지 멈추어 있는지.

2-1. 모터가 구동 중일 경우는 모터를 멈추고 테이프를 언로딩Unloading하고 멈춘다.

2-2. 모터가 멈추어 있으면 아무 동작도 하지 않는다.

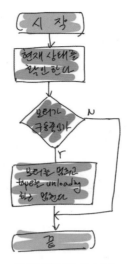

그림 6.13 멈춤 기능의 순서도

[다] 앞으로 감기

1. 현재 상태를 확인한다(테이프가 구동하는 모터가 동작하고 있는지 멈추어 있는지).

2-1. 모터가 구동하고 있으면 일반 속도로 앞으로 감기를 한다.

2-2. 모터가 멈추어 있으면 빠르게 앞으로 감기를 한다.

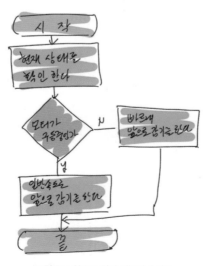

그림 6.14 앞으로 감기 기능의 순서도

[라] 뒤로 감기

1. 현재 상태를 확인한다. 테이프가 구동하는 모터가 동작하고 있는지 멈추어 있는지.

2-1. 모터가 구동하고 있으면 일반 속도로 뒤로 감기를 한다.

2-2. 모터가 멈추어 있으면 빠르게 뒤로 감기를 한다.

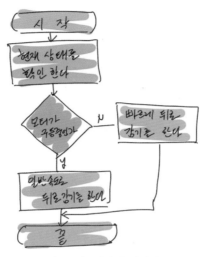

그림 6.15 뒤로 감기 기능의 순서도

[마] 일시 정지

1. 현재 상태를 확인한다. 테이프를 구동하는 모터가 동작하고 있는지 멈추어 있는지.

2-1. 모터가 구동 중일 경우는 모터를 멈춘다.

2-2. 모터가 멈추어 있으면 아무 동작도 하지 않는다.

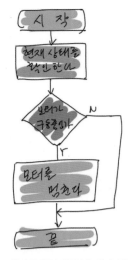

그림 6.16 일시 정지 기능의 순서도

[바] 볼륨

1. 현재 상태를 확인한다 테이프를 구동하는 모터가 동작하고 있는지 멈추어 있는지.

2. 볼륨 버튼이 +이면 볼륨을 올린다.

3. 볼륨 버튼이 −이면 볼륨을 내린다.

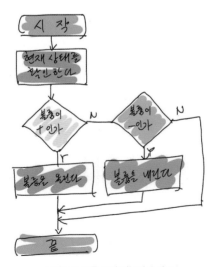

그림 6.17 볼륨 조절 기능의 순서도

대략 문제 해결을 위해서 기능을 한층 더 나누어 봤습니다. 실제 개발에서는 개발 가능한 최소 단위까지 기능을 더 쪼개고 나누는 과정이 이루어집니다. 앞에서는 음악 재생을 위한 최소한의 기능을 정의하고 계층화하였고, 각 기능 동작에 대한 순서도를 그렸습니다.

2 | 카세트 플레이어의 패턴 인식

패턴 인식은 위의 세분화한 기능에서 반복되는 패턴을 찾아내는 것입니다. 앞의 그림에서 볼 수 있는 몇 개의 기능들은 항상 반복해서 사용됩니다. 이런 반복 기능을 하나의 함수로 만들어서 사용한다면, 매번 그 기능을 구현하지 않더라도 한 번 구현된 해결 방법으로 다른 곳에서도 사용할 수 있습니다.

'현재 상태를 확인한다'는 기능은 한 번만 구현해 놓으면 각 기능에서 모두 동일하게 사용할 수 있겠지요? 이처럼 완벽하게 똑같이 사용할 수 있는 기능이 있는 반면에, 유사한 형태의 기능도 있습니다. 예를 들면 '일반 속도로 앞으로 감기를 한다', '일반 속도로 뒤로 감기를 한다' 이 2가지 기능은 정반대의 기능으로 완전히 다른 것이라고 볼 수도 있습니다. 하지만 '일반 속도로 감기를 한다'는 기능을 구현해 놓았다면, 감는 방향만 2가지로 나눔으로써 동일한 기능을 2가지로 활용할 수 있습니다. 또한, '볼륨을 올린다', '볼륨을 내린다' 역시 동작 구현의 상당 부분이 비슷할 것으로 예상됩니다. 이와 같이 완벽하게 동일한 기능이 아니라 유사하게 동작하는 것들도 비슷한 패턴으로 인식하여 문제를 쉽게 해결할 수 있습니다. 이런 유사한 패턴들을 찾아내는 방식을 알아보기 위해서 우리는 앞서 컴퓨팅 사고에서 패턴에 대해 설명한 부분을 다시 한번 이해해야 합니다.

3 | 카세트 플레이어의 알고리즘

앞에서 유사한 패턴까지 만들어서 몇 개의 활용 가능한 함수를 만들었다면, 이제 전체 카세트 플레이어를 구동할 수 있는 알고리즘을 만들어야 합니다. 전체 동작은 아래 그림을 보면 쉽게 이해할 수 있습니다.

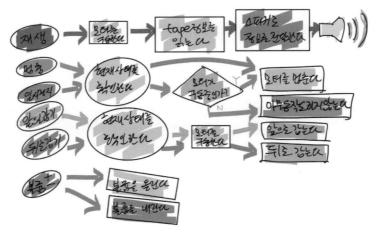

그림 6.18 카세트 플레이어의 동작

위의 그림은 카세트 플레이어에 카세트 테이프가 들어 있다고 가정한 상태에서 각 버튼에 따른 동작 알고리즘을 정의한 것입니다. 먼저 간단히 스케치하듯이 동작을 정의하고, 스케치한 동작을 좀 더 세밀하고 최적화해서 복잡한 동작을 정의합니다. 각각의 동작이 구동할 수 있도록 구현되었다면, 기능을 나열하고 반복하고 적용해서 동작 전체를 구동합니다. 마치 레고 블록을 붙여서 전체를 만드는 것처럼요.

그림 6.19 레고를 만들듯이 시스템을 만들어 보아요.

· Chapter · 04

창의적 문제 해결

문제를 해결할 때 가장 손쉽게 시도하는 방법 중 하나가 누군가 검증한 방법을 사용하는 것입니다. 이미 해결했던 방법이고, 그 결과도 공개되어 있으므로 사용하는 사람 입장에서는 해결의 결과가 보증되기 때문에 선호하는 방법입니다. 그래서 이미 검증된 문제 해결 방법을 이용해서 안정적이고 빠르게 문제를 해결하고 싶어 하지요. 하지만 어떤 문제의 해결 방법은 한 가지만 존재할 수 없는데, 이는 누군가 사용했던 방법을 사용할 수도 있지만 자신만의 방법을 찾아서 문제를 해결하는 경우도 있기 때문입니다. 사실 이런 자신만의 방법을 사용하기에는 많은 어려움이 있습니다. 일단은 검증되지 않은 방법이므로 문제 해결의 성공을 보장할 수 없고, 문제를 해결하는 데 실패할 수도 있기 때문에 쉽게 접근하지 못합니다. 심지어 이미 성공한 선례가 있는 상황이라면 더더욱 새로운 문제 해결 방안은 선택되지 못할 가능성이 큽니다. 이번 챕터에서는 기존 방법이 아닌 창의적으로 문제를 해결하는 예시와 새롭고 창의적인 방안들은 어떤 식으로 나오는지 알아보도록 하겠습니다.

1 혁신, 파격

혁신, 파격을 이야기할 때 우리는 컴퓨터 분야에서 '스티브 잡스'를 빼놓고 이야기할 수 없을 것 같습니다. 스티브 잡스는 애플사의 창업자입니다. 첫 상용 컴퓨터인 애플2 컴퓨터에서부터 혁신적인 매킨토시 컴퓨터를 만들어냈습니다. 매킨토시 컴퓨터는 기존 컴퓨터 방식에서는 상상할 수 없던 그래픽 운영 체제를 선보였습니다. 그리고 이후 2001년, 기존의 MP3 플레이어와는 다른 아이팟을 선보입니다. 이러한 파격적이고 혁신적인 제품을 만들어냈던 그에게는 어떤 문제 해결 방식과 능력이 있었던 것일까요? 스티브 잡스가 제안하고 만들었던 애플 제품에는 기존 제품과는 다른 디자인 콘셉트가 숨어 있었습니다. 그는 기존에 없던 디자인에 편리함은 기본이고, 소유하는 사람들에게 자랑거리가 될 만한 제품을 만들고 싶었습니다. 물론 이런 과정에서 엔지니어들을 끊임없이 다그치고 무리한 일정과 기능 개발을 요구하기도 하였습니다. 하지만 그러한 노력과 열정 끝에 사람들에게 사랑받는 제품을 만들어낸 공적은 칭찬 받아야 할 것입니다.

애플은 2007년 Phone + iPod + Internet 개념의 아이폰을 선보입니다. 이미 휴대 음악 플레이어를 석권한 아이팟에 전화 기능과 데이터 통신 기능을 탑재한 것입니다. 세계적으로 상당한 호평과 충격을 주었던 아이폰은 정작 한국에서는 처음부터 호평을 받은 것은 아닙니다. DMB 기능이 없었고, 한국의 휴대폰에는 이미 MP3 플레이어가 내장되어 있었기 때문에 아이폰이 그다지 매력 있게 느껴지지는 않았던 것 같습니다. 하지만 세계적인 아이폰의 성공 원동력이 되었던 것은 UX 중심의 제품 디자인에 있습니다. 애플은 창업 이래 OS 등 운영 체제나 기타 사용 프로그램에서 최고라고 손꼽을 정도로 직관적이고 쉬운 UX로 유명했습니다. PC 조작에 서툰 사용자라 하더라도 간단한 조작으로 금방 사용할 수 있는 UI/UX는 애플 제품의 가장 큰 장점으로 꼽힙니다. 이런 UX는 사실 애플 컴퓨터의 초창기 모델부터 시작되었습니다. 스티브 잡스는 GUI 운영 체제를 개발한 제록스 알토의 운영 체제를 보고 이를 탐내게 됩니다.

그림 6.20 제록스 알토　　　　　　　　　　그림 6.21 스티브 잡스

스티브 잡스는 100만 달러의 자사 주식과 제록스 알토 기술을 교환하는 협약을 체결하고, 리사 운영 체제 기술을 기반으로 매킨토시 운영 체제를 만듭니다. 이 운영 체제

는 현재 OS X에서 볼 수 있는 메뉴 막대와 마우스 포인팅 조작, 팝업 메뉴, 체크 상자와 같은 기능을 가지게 됩니다. 1984년 최초의 MAC OS인 시스템 1은 개인용 컴퓨터에 적용된 운영 체제로, 지금은 당연시되는 아이콘과 바탕화면, 메뉴 막대, 파인더 창이 최초로 등장했습니다. 흑백 모니터에 저런 그래픽 메뉴는 정말 파격과 혁신이라고 표현할 수 있습니다.

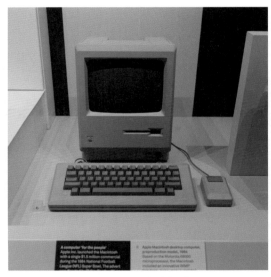

그림 6.22 애플의 맥킨토시

2 | 역발상, 열린 사고

앞서 이야기했던 파격과 혁신의 방법을 찾기 위해서 어떤 방식으로 문제 해결 방법을 찾아야 할까요? 이미 만든 해결책을 찾는 비슷한 방식으로는 역시 비슷한 정도의 해결책만 만들어낼 가능성이 높습니다. 그래서 기존 방식과는 다른 방식으로 해결 방법을 찾아보는 것입니다. 가령 문제를 거꾸로 본다거나, 혹은 기존의 절차와 방식을 무시한 완전 다른 방식의 문제 접근 등이 방법이 될 수 있습니다.

예시를 하나 더 들어 보겠습니다. 팝의 황제라고 하는 마이클 잭슨은 춤의 제왕이었습니다. 그가 만든 여러 가지 춤이 있으나 그중에 무중력 댄스라는 것이 있습니다. 쓰러질 듯 하지만 쓰러지지 않은 춤이지요. 물리학적으로 도저히 설명되지 않는 이 춤의 비밀은 마이클 잭슨이 특허 낸 구두에 있습니다. 구두 굽 부분과 무대 바닥이 서로 블록처럼 결합되어 쓰러지지 않는 춤이 나오게 된 것입니다. 춤을 잘 추기 위해서 몸을 단련하는 것도 당연한 노력이겠으나 이런 장치를 이용한 춤 또한 새로운 발상이라고 말할 수 있습니다.

그림 6.23 마이클 잭슨의 무중력 댄스

이와 같이 기존 방식과는 완전히 다른 접근으로 획기적이고 기발한 아이디어를 만들어낼 수 있습니다. 이런 아이디어를 생각해내기 위해서는 같은 문제를 다르게 보는 습관이 필요합니다. 그리고 그러한 다양한 시선과 의견을 선입견 없이 수용하고, 가능성을 인정해 주는 토론과 생각의 문화가 필요하다고 생각합니다. 그리고 터무니없다고 생각하는 상상력에서 기발한 아이디어가 나온다는 것을 기억해야 합니다. 여러 가지 가능성에 대해서 항상 열린 생각으로 수용할 자세가 되어 있어야 합니다.

3 │ 새로운 것의 도전

영화 〈아이언맨〉의 토니 스타크의 실제 모델이며 테슬라 회사를 설립한 엘론 머스크 Elon Reeve Musk. 엘론 머스크는 1971년 남아프리카 공화국에서 엔지니어인 아버지와 모델인 어머니 사이에서 태어났습니다. 어렸을 때부터 하루에 10시간씩 독서하는 책 벌레로 유명했지요. 특히 '은하수를 여행하는 히치하이커를 위한 안내서'와 '반지의 제왕' 같은 판타지나 공상과학 소설에 심취했다고 합니다. 또한 모형 로켓 만드는 데도 취미가 있어 가솔린과 각종 화학 약품을 혼합하여 로켓 연료를 만들고, 그걸 자작 로켓에 넣어 시험 발사한 적도 있다고 합니다. 몸이 원래 허약한 데다 남들과는 다른 독특한 행보를 보이니 주변 아이들에게 왕따를 당하는 건 기본이고 폭력을 동반한 괴롭힘을 받았습니다.

그림 6.24 엘론 머스크 그리고 아이언 맨

여러 기업을 창업하면서 순탄한 길을 걸어온 것 같지만, 실제론 엄청나게 많은 고생을 했습니다. 특히 2000년대 중후반이 최대의 고비였는데, 배터리와 변속기에 연달아 문제가 발생하면서 테슬라 로드스터의 정식 판매가 차일피일 미뤄졌을 때와, 스페이스X의 로켓 발사 실험도 순탄치 않아 3차까지 모두 실패하는 쓴맛을 보아야 했지요. 현재 엘론 머스크는 전기자동차 회사인 테슬라, 민간 우주 항공 기업인 스페이스 X, 그리고 태양 에너지 회사인 솔라시티의 대표를 맡고 있습니다.

엘론 머스크의 관심사는 크게 3가지로 대표할 수 있습니다. 위에서 언급된 회사들과 일맥상통하게 청정에너지와 인터넷, 그리고 우주입니다. 일찍이 자신이 미래에 해야 할 일이라고 정했던 일들이지요. 그리고 이후 놀랍게도 이렇게 다른 세 영역에 모두 세계적인 회사를 설립하고 궤도에 올리는 데 성공합니다.

엘론 머스크의 회사 설립 과정을 보면, 스탠포드 대학에서 응용 물리학과 대학원 과정에 입학하자마자 'Zip2'라는 온라인 콘텐츠 출판 소프트웨어를 설립하기 위해서 학교를 그만두게 됩니다. 이후 이 회사는 아주 비싼 값에 팔리고, 온라인 금융 서비스와 이메일 결재를 위한 'X.com'이라는 회사를 설립합니다. 1년 뒤, 'Confinity'라는 팜파일럿 기반의 전자 금융 솔루션 회사와 합병하게 되는데 이 회사가 바로 페이팔^{Pay-Pal}입니다. 페이팔의 인수 협상을 이베이와 진행하던 중에 'Space X'라는 세 번째 회사를 창업하게 되는데, 이 회사를 설립하면서 일반인이 우주여행을 한다는 공상 과학 소설에 나오는 이야기를 실현에 옮기는 첫발을 내딛게 됩니다.

3.1 Space X

2002년 6월에 설립된 민간 우주 항공 기업입니다. 설립할 당시에는 민간 우주 항공 기업이라는 어마어마한 도전에 비해 직원 수가 그리 많지 않았습니다. 하지만 그 어마어마한 도전 때문에 이후 급격한 성장을 이루면서 2017년에는 직원 수가 6,000명에 이르게 됩니다. 국가 단위에서나 가능했던 막대한 비용이 드는 우주선 발사 비용을 줄이는 일이 Space X의 가장 큰 문제였습니다. 이를 해결하기 위해서 재활용 가능한 로켓 발사 시스템을 개발하였고 이 시스템으로 우주선 발사 비용을 10분의 1로 줄일 수 있게 되었습니다. 2015년 최초 1단 부스터를 지상에 착륙시켜서 발사 비용을 줄이는 목표에 도달하지요. 엘론 머스크의 목표 중 하나는 화성에 사람이 살 수 있는 환경을 만들고 로켓을 통해서 사람을 화성까지 운송하는 것입니다. 이를 위해서 2018년 2월 최초로 팰컨 헤비 발사에 성공했으며, 양쪽 1단 부스터를 회수하는 데 성공합니다. 그리고 또 다른 회사인 테슬라의 로드스터를 우주로 보내는 데에도 성공했습니다.

그림 6.25 Space X의 초중량 팰컨 헤비 로켓

3.2 테슬라

본격적인 상용 전기차의 시작을 알린 테슬라는 2003년 마틴 에버하드Martin Eberhard와 마크 타페닝Marc Tarpenning이 창업한 회사로, 2004년 엘론 머스크가 투자자로 참여했으며 지금은 엘론 머스크가 CEO로 회사로 이끌고 있습니다. 기존 전기차에 비해 배터리 용량을 비약적으로 늘렸고, 충전 속도도 빨라지면서 전기차 상용화에 큰 역할을 하고 있습니다. 이후 자율 주행 기술 등 첨단 기술의 접속을 통해서 새로운 자동차 문화를 만드는 데 큰 역할을 하고 있습니다.

그림 6.26 테슬라 전기 자동차

3.3 솔라시티

솔라시티는 태양광 패널을 설치해 주거나 그로부터 얻은 에너지를 공급하는 회사입니다. 이는 테슬라의 급속 충전소에 태양광 패널을 설치해 전기 자동차에 전기를 공급하거나 가정용 전기 보관 시스템인 파워월을 제공하는 등 청정에너지 사업에 많은 서비스를 제공하고 있습니다.

요약

1 문제 해결의 방법

- 문제 해결의 첫 번째 단계는 정확한 문제 정의입니다. 정확한 문제 정의를 통해서 문제 해결을 위한 기본적인 바탕을 만들 수 있습니다.

- 문제를 정의하는 데 있어서 가장 중요한 것은 문제가 논리적으로 정확하게 정의될 수 있느냐 하는 것입니다. 문제의 정의가 모호하거나 혹은 가변적일 경우, 정확한 정의가 어렵습니다.

- 다른 가장 쉬운 문제 해결 방법은 기존에 있던 유사 문제 해결 방법을 찾아보는 것으로, 기존의 유사한 문제의 결과물을 이용하여 현재의 문제를 해결하는 것입니다.

- 문제를 해결하는 방식에서 다른 관점으로 접근할 때 해결되는 경우도 있는데, 기존 방식과는 아예 다른 방식으로 문제에 접근하거나 혹은 완전히 다른 환경에서 문제를 해결하는 것입니다.

2 폴리아의 문제 해결법

- 첫 번째 단계는 주어진 문제를 이해해야 합니다. 이는 문제 해결의 목적이 무엇이고 문제를 풀기 위해서 필요한 조건이 무엇이며, 그 조건을 구하기 위한 방법이 무엇인지 이해해야 한다는 것입니다.

- 두 번째는 해결 계획의 수립입니다. 컴퓨팅 사고에서 문제 해결의 방법으로 제시했던 문제를 작게 나누고, 추상화하고, 패턴화하고, 문제 해결에 전체 알고리즘을 적용하는 방법과 유사한 방법으로 수학 교육에서는 전체적으로 스케치하기, 몇 가지 가능성에 대해서 각각의 경우의 수로 해결책을 나누어서 생각하기, 비슷한 경험을 토대로 비슷한 문제를 떠올리기, 거꾸로 풀기, 단순화하기 등과 같은 해결 방법을 제시합니다.

- 다음 단계는 수립된 계획대로 문제를 해결해 나갑니다. 계획의 수립 단계에서 한번에 문제가 해결될 수도 있지만, 어려운 문제라면 계획의 수립과 해결을 몇 번 반복해야 하는 경우도 있을 것입니다.

- 마지막 검토와 최종 점검에서는 이 문제를 해결하는 데 다른 해결 방법도 있는지 점검합니다. 적용한 해결 방법이 유효하고 정확한지 점검하는 것은 물론이고, 혹시 모를 다른 해결 방법이 있는지 다시 한번 점검합니다.

3 컴퓨팅 사고와 문제 해결

- 우선 카세트 플레이어에서 기능별로 버튼을 구분해 문제를 분해하고, 버튼 동작의 순서에 따라 세밀하게 기능을 분해합니다.

- 패턴 인식은 문제 분해에서 반복되는 패턴들을 찾아내는 것입니다. 몇 개의 기능들은 항상 반복해서 사용되는데, 이런 반복 기능을 하나의 함수로 만들어서 사용한다면, 매번 그 기능을 구현하지 않더라도 한 번 구현된 해결 방법으로 다른 곳에서도 사용할 수 있습니다.

- 앞에서 유사한 패턴까지 만들어서 몇 개의 활용 가능한 함수를 만들었다면, 이제 전체를 구동할 수 있는 알고리즘을 만듭니다.

4 창의적 문제 해결

- 창의적인 문제 해결의 예시로 혁신과 파격의 스티브 잡스를 들 수 있습니다. 직관적이고 쉬운 UX는 애플 제품의 가장 큰 장점으로 꼽히며, 최초로 선보인 아이콘과 바탕화면, 메뉴 막대, 파인더 창 등은 파격과 혁신이라고 할 수 있습니다.

- 파격과 혁신의 방법을 찾기 위해서 기존 방식과는 완전히 다른 접근으로 획기적이고 기발한 아이디어를 만들어내야 합니다. 이런 아이디어를 생각해내기 위해서는 같은 문제를 다르게 보는 습관이 필요합니다.

- 테슬라 회사를 설립한 엘론 머스크는 다양한 새로운 것에 도전하며 현재 전기자동차 회사인 테슬라, 민간 우주 항공 기업인 스페이스 X, 그리고 태양에너지 회사인 솔라시티의 대표를 맡고 있습니다.

점검문제

1. 폴리아의 문제 해결 4단계는 무엇입니까?

2. 문제 이해에 대해서 설명하세요.

3. 검토와 최종 점검에서 중요한 것은 무엇입니까?

4. 동영상 플레이어를 만든다고 생각하고 다음의 기본 기능에 대해서 정의해 보세요.

   - 재생 파일을 열기

   - 파일을 재생하기, 일시 정지

   - 파일을 앞으로 5초 가기, 뒤로 5초 가기

5. 위의 기능에 대해서 순서도를 그려 보세요.

6. 여러분의 주변에 특이하거나 혁신적이라고 생각하는 사람의 특징을 2가지만 이야기해 보세요.

PART 07

알고리즘

알고리즘(Algorithm)이란 무엇을 이야기하는 것일까요? 앞에서 플럼버라는 게임을 예시로 설명했듯이, 어떤 문제를 해결하는 데 있어서 작은 해결책들을 잘 배열해서 전체적인 문제를 해결하는 방법을 제시하는 것을 알고리즘이라고 말할 수 있습니다. 마치 집에서 학교까지 가는 지도가 있는 것처럼요. 지도를 보면 어떤 길로 가야 학교까지 빠르고 정확하게 갈 수 있는지 알 수 있습니다. 알고리즘은 문제 해결에 있어서 지도라고 표현할 수 있습니다. 이번 파트에서는 이러한 알고리즘을 어떻게 표현할 수 있는지, 어떻게 활용할 수 있는지 배워 보겠습니다.

Chapter 01

알고리즘이란 무엇인가?

알고리즘이란 무엇일까요? 이 말의 어원은 9세기 페르시아의 수학자인 무하마드 알콰리즈미Muhammad al-Kwarizmi의 이름을 라틴어화한 'algorismus'에서 유래했습니다.[위키피디아]

저는 알고리즘이란 말을 처음 듣고 그 의미를 배우고 나서, 마치 고리가 서로 연결되어 있는 것을 상상했습니다. '알고리즘'이라는 말에도 '고리'라는 단어가 들어 있지 않습니까? 좀 억지스럽긴 하지만 그렇게 해서 기억하면 연상도 되고 잘 잊어버리지 않아서 억지로라도 그렇게 생각했습니다. 그리고 많은 해결책 고리가 서로 연결되어 원하는 해답까지 가는 것을 상상했습니다.

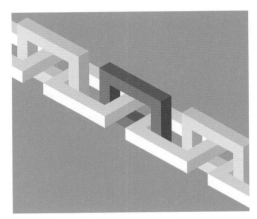

그림 7.1 연결 고리

1 컴퓨팅 사고에서의 알고리즘

컴퓨팅 사고에서 알고리즘은 4가지 문제 해결 방안 중 마지막에 해당합니다. 단순히 순서가 마지막이 아니라 앞 단계에서 실행했던 모든 결과의 최종 결과물이기 때문에 가장 중요한 단계라고 할 수 있습니다. 앞 단계에서 이미 문제를 적절하게 분해하고 유사 패턴들을 정리하였으며, 각 패턴에 대한 해결책을 만들어 놓고 사용자를 위한 추상화 작업까지 했다면, 이제는 그것들을 적절하게 모으고 정렬하는 작업만 남습니다. 정렬 작업이라고 해서 좀 쉽게 들릴 수 있습니다. 하지만 옛말에 '구슬이 서 말이라도 꿰어야 보배'라는 말이 있듯이, 아무리 훌륭한 해결책이라고 해도 이것들을 적절하게 배열하고 사용하는 것이야말로 가장 중요하고 어렵습니다. 알고리즘의 구성은 프로그래밍에서 가장 중요한 뼈대가 되는 과정입니다. 알고리즘을 구성할 때는 단순히 작은 해결책을 순차로 연결하는 것만이 해결책이 아닙니다. 적절하게 연결한다는 것은 성능의 효율성과 시간 단축 그리고 비용 등 모든 것을 고려하여 설계할 필요가 있음을 의미합니다. 이러한 연결 고리를 적절하게 배치하고 순환시키고 선택할 수 있도록 시스템을 설계하는 것은 실제 시스템 설계에서 가장 중요한 과정입니다.

Chapter 02
알고리즘의 표현 방법

우리는 보통 소프트웨어에서 논리적인 어떤 절차를 설명할 때 알고리즘Algorithm, 의사 코드Pseudo code, 프로그래밍Programming이라는 3가지 방법을 이용합니다. 각각은 서로 다른 특징이 있으며 정의하기에 따라서 여러 가지 의견이 있을 수 있습니다. 정의하자면 다음과 같습니다.

> 알고리즘: 문제를 해결하기 위한 단계적인 컴퓨터 시스템의 논리적 접근 방법
> 의사 코드: 프로그래밍, 코딩을 단순화시킨 버전. 세밀한 프로그래밍 언어를 사용하기 전에 간단하고 짧은 문장을 이용하여 전체 구조를 스케치하는 코드
> 프로그래밍: 프로그래밍 언어의 규칙을 따라서 정확히 기술된 코드로, 실제 소프트웨어도 구동이 가능한 코드[출처: Greek for Geeks]

알고리즘은 문제 해결에 논리적이고 납득할 만한 방법으로 해결책을 제시합니다. 문제 해결을 위한 논리적인 해결 방법을 구현해야 하지요. 해결 방법을 찾을 때는 합리적이고 타당한 논리를 근거로 해결책을 제시해야 합니다. 모호하거나 명확하지 않은 논리로 알고리즘을 구성하면 다음 단계로 넘어갈 수가 없습니다. 알고리즘이 가져야 하는 몇 가지 중요한 특성들이 있는데, 바로 시멘틱Semantic, 명확한 동작Unambiguous, 종료Halt입니다. 뒤에서 설명하겠지만, 각각의 알고리즘 실행문에는 각각 의미가 있어야 하고, 이 실행은 명확해야 하며, 알고리즘은 진행되면서 무한 루프에 빠지면 안 된다는 것을 설명하고 있습니다. 이와 같이 알고리즘이 가져야 하는 특성을 고려해서 설계해야 합니다.

논리적으로 문제없는 해결 방법을 찾았다면 다음 단계로 넘어가서, 프로그래밍하기 전에 중요한 논리 구현을 의사 코드를 이용해서 코드화합니다. 의사 코드를 가능하면 영어로 작성해야 하는 이유는 우리가 사용하는 모든 프로그래밍 언어의 명령어는 영어이기 때문입니다. If, for, else, case 등의 문장을 이용해서 큰 그림을 스케치합니다.

그다음에는 우리가 알고 있는 C, 자바 등 여타 프로그래밍 언어를 이용해서 구현합니다. 앞서 구현한 의사 코드와 알고리즘을 기반으로 실제 프로그래밍 언어로 구현하는 것이지요. 주어진 프로그래밍 언어의 문법을 준수하면서 실행하고자 하는 기능에 적합한 언어를 사용하여 구현하게 되며, 이렇게 구현한 프로그램은 실제로 컴퓨터상에서 구동하게 됩니다.

1 알고리즘

알고리즘은 앞서 설명한 대로 간단히 설명하면 작은 해결책들을 잘 배열하는 것입니다. 이를 설명하기 위해서 한 반의 학생 성적 총점과 평균을 내기 위한 알고리즘을 설계해 보도록 하겠습니다.

우선 몇 개의 작은 해결책으로 나눠 나열해 봅시다. 먼저 과목을 입력받는 부분은 사용자가 직접 입력해서 데이터를 만드는 구조로 규정합니다. 그리고 계산은 총점과 평균 2가지로 나뉩니다. 그런데 내부를 확인해 보니 평균의 계산은 총점의 계산을 다시 한 번 사용할 수 있네요. 그리고 마지막으로 사용자가 필요로 하는 데이터를 출력하는 기능으로 나눕니다. 알고리즘의 표현은 어느 것이든 상관없습니다. 메모장에 설명하듯이 써도 되고 그림을 그려도 되고 일반적으로 전산학에서는 이러한 데이터 흐름을 설명하기 위한 다양한 방법이 있습니다. 하지만 여기서는 생각나는 대로 스케치한다는 기분으로 가볍게 기능에 대해서 그려 보고 이것을 원하는 대로 배열해서 구성해 보도록 하겠습니다.

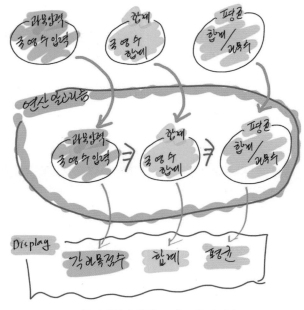

그림 7.2 총점과 평균을 구하는 기능과 배열

위의 그림에서 합계를 내는 기능은 총점을 위한 기능뿐 아니라 평균을 내는 기능에 다시 한 번 사용됩니다. 이와 같이 작은 해결책은 쓰임에 따라서 반복, 분기, 결합을 하면서 전체 알고리즘을 구성하게 됩니다.

여기서 다른 알고리즘으로, 일반적으로 많이 사용하는 스마트폰의 기능에 대한 알고리즘을 생각해 보겠습니다. 사실 스마트폰의 알고리즘은 단순하지 않아 간단하게 구성할 수 없습니다. 엄청나게 많은 기능이 서로 얽혀 있어서 이것을 모두 다 표현하기는 어려움이 있지요. 여기서는 스마트폰의 기능 중 음악을 재생하는 부분만 알고리즘을 표현해 봅시다.

우선은 음악을 재생하기 위해서는 재생의 기본 재료가 되는 음원이 있어야 하고 음원을 재생할 수 있는 코덱이 필요합니다. 코덱에 대한 설명이 필요해 보이네요. 음악은 우리의 귀에 들릴 때는 아날로그 신호입니다. 처음 음악이 생성되는 것도 아날로그인 경우가 많습니다. 이러한 음악의 신호를 데이터화해서 저장하려면 디지털로 바꿔야 하는데, 이는 디지털로 만들어야 효율적으로 저장 및 전송이 가능하기 때문입니다. 디지털로 바꾸는 과정에서 아주 다양한 음원의 저장 형식이 정해집니다. 우리가 가장 많이 알고 있는 mp3부터 wav, ogg 등 생소한 형식까지 다양한 형식으로 저장할 수 있습니다. 저장된 디지털 음원은 스피커를 통해서 재생되어야 하므로 다시 아날로 그로 데이터를 풀어 줘야 합니다. 이렇게 아날로그 신호를 디지털로 만들고 반대로 디지털을 아날로그로 변환하는 것을 코덱Codec이라고 합니다.

다시 원래 이야기로 돌아가서 음원과 그 음원을 풀어낼 수 있는 코덱, 코덱을 통해서 재생된 음원을 스피커로 재생하는 일련의 과정을 알고리즘으로 정리하면 다음과 같습니다.

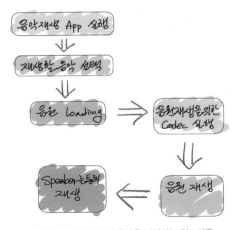

그림 7.3 스마트폰에서 음악을 재생하는 알고리즘

위의 기능 중에 스피커를 통한 재생 기능은 음악을 재생하기 위해서만 사용되는 것은 아닙니다. 통화 중 스피커폰을 사용할 때도 사용할 수 있고, 다른 동영상을 재생하거나 기타 소리가 재생되는 모든 기능에는 공통으로 사용하는 기능입니다.

이처럼 알고리즘은 이미 구현된 기능을 공통으로 사용하기도 합니다. 그리고 만약 구현되어 있지 않다면 몇 가지 작은 기능을 조합해서 새로운 기능을 만들거나 혹은 완전히 새로 만들어서 적용해야 합니다.

2 | 의사 코드

의사 코드는 실제 프로그래밍을 하기 전에 전체 프로그래밍의 진행을 스케치하는 방법입니다. 사용하는 언어나 방식은 가능하면 프로그래밍의 전 단계 과정이라는 것을 고려하여 정하는 것이 좋은데, 영어, 한국어 어떤 것이든 가능하지만 모든 프로그래밍 언어가 영어를 기반으로 하고 있기 때문에 가능하면 영어로 구성하는 것이 유리합니다. 또한, 사용 단어와 명령어 등도 가능하면 프로그래밍 언어에서 사용하는 명령어나 함수명을 사용한다면, 이후 프로그래밍을 할 때 이질감이 덜 하므로 작업하는 데 훨씬 수월할 수 있습니다. 하지만 절대적이진 않습니다. 전체 스케치를 하는 데 한글로 하는 것이 효율적이라 판단된다면 이 또한 문제는 없습니다. 그리고 프로그래밍 언어에 익숙하지 않다면 한글로 스케치하는 것이 더 쉬운 접근 방법일 것입니다. 의사 코드로 전체 스케치와 구도를 잡은 프로그램은 이후 검증이나 실제 코딩 시에 잊기 쉬운 큰 맥락의 프로그램 진행 방향을 알기 쉽습니다. 마치 숲의 전체 그림을 그리고 세밀한 나무를 그리는 작업을 하는 것과 비슷하다고 보면 됩니다.

그림 7.4 숲은 나무로 이루어져 있습니다.

다시 성적을 입력받고 각각의 총점과 평균을 계산해 볼까요? 앞서 구성한 알고리즘을 기반으로 간단한 스케치로 의사 코드를 만들어 보았습니다.

그림 7.5 의사 코드는 메모장에 스케치하듯이 합니다.

아래와 같이 메모장에 적는 방법도 있습니다.

입력: 국어, 영어, 수학 점수를 입력받는다.
총점 계산: (국어+영어+수학)
평균 계산: (국어+영어+수학)/3
출력: 학생 이름, 각 과목의 점수, 총점, 평균

이와 같이 입력, 출력 부분을 정의하고 내부에 사용될 계산 부분도 대략적으로 스케치합니다. 위의 예시는 간단한 내용이어서 세밀하게 할 필요는 없지만, 좀 더 복잡한 스마트폰을 예로 든다면 아래와 같이 의사 코드를 표현할 수 있습니다.

```
This program will allow the user listen to
the music
if "App execute"
    loading the source of music

    if source = mp3
        loading codec = mp3
    if source = anything
        proper codec loading

and
    send the music to speaker

Speaking response
    Out put to speaker
        or earphone.
```

그림 7.6 스마트폰의 음악 재생 의사 코드

사실 의사 코드를 수행할 때는 그림보다는 좀 더 프로그램처럼 표현하는 것이 다음 단계를 진행하는 데 수월할 것입니다. 하지만 지나치게 프로그래밍을 고려하여 명령어와 구성에 치우치는 것보다는 이 단계의 목적은 프로그래밍을 하기 위한 전 단계임을 잊지 않고 전체 구조를 잡는 것에 신경을 써야 합니다. 그리고 이후 프로그래밍에 숙달되면 이 단계는 자연스럽게 사라지게 됩니다.

3 | 프로그래밍과 코딩

이번 챕터에서는 프로그래밍 언어 중 하나인 C++를 사용하여 성적을 계산하는 프로그래밍을 진행해 보려 합니다. 저는 Visual Studio를 이용하여 프로그래밍을 진행했습니다. 만들고자 하는 성적 계산 프로그램은 일단 5명의 성적을 입력받아서 5명 각각의 성적 총점과 평균, 전체 5명이 한 반이라고 생각했을 때 반 평균을 내는 것을 목표로 합니다. 간단한 예제이므로 어려움 없이 따라 할 거라 생각합니다. 이 예제의 목적은 앞서 진행했던 알고리즘과 의사 코드가 어떻게 실제 프로그래밍 언어로 표현되는지 확인하기 위함입니다.

첫 번째 단계로 프로그램의 화면 구성을 정의해야 합니다. 일단 만들어야 하는 화면 구성은 아래와 같습니다.

그림 7.7 프로그램 예제 첫화면

메뉴 구성은 간단히 성적을 입력하는 '성적 추가' 부분과 이미 입력된 성적을 조회하는 '전체 성적 확인' 그리고 '종료' 메뉴로 나누어 보았습니다. 성적은 최대 5명까지 입력할 수 있도록 하겠습니다.

학생은 A, B, C, D, E의 5명의 학생을 가정하며 성적은 국어, 영어, 수학 3과목의 성적을 입력합니다. 먼저 프로그램의 제일 앞부분에 사용할 변수에 대해 선언합니다.

```
int A _ No, B _ No, C _ No, D _ No, E _ No;
// 학생 A, B, C, D, E의 일련번호에 대한 변수 선언
int A _ Kor, B _ Kor, C _ Kor, D _ Kor, E _ Kor;
// 학생 A, B, C, D, E의 국어 점수의 변수 선언
int A _ Math, B _ Math, C _ Math, D _ Math, E _ Math;
// 학생 A, B, C, D, E의 수학 점수의 변수 선언
int A _ Eng, B _ Eng, C _ Eng, D _ Eng, E _ Eng;
// 학생 A, B, C, D, E의 영어 점수의 변수 선언
```

각각의 점수는 정수로 사용할 것이니 성적에 대한 모든 변수는 정수int로 선언합니다. 학생의 일련번호에 대한 변수를 선언하고 각 과목에 대해서 학생들의 점수를 변수로 선언합니다. 사용할 과목의 점수에 대한 변수를 선언했다면 이제 다음은 평균 점수와 전체 점수에 대한 변수를 선언합니다.

```
float A _ Avr, B _ Avr, C _ Avr, D _ Avr, E _ Avr;
// 개인 평균 점수의 변수 선언
float TotalAvr = 0.0f;
// 전체 반의 평균
int A _ Total, B _ Total, C _ Total, D _ Total, E _ Total;
// 학생 A, B, C, D, E의 총점의 변수 선언
```

평균 점수는 소수점 이하로 계산이 되므로 변수는 float으로 선언해야 합니다. 그리고 총점은 정수int로 선언합니다. 이제 다음은 위의 그림에서 보여 주었던 메뉴를 만드는 과정이 필요합니다. 왼쪽 그림의 메뉴는 아래의 내용으로 표현이 가능합니다.

```
cout << "\n ********* 메뉴 ********\n";
cout << " * A. 성적 추가      *\n";
cout << " * T. 전체 성적 확인   *\n";
cout << " * Q. 종    료       *\n";
cout << " *********************\n\n";
cout << "원하는 작업 번호를 입력하세요 : ";
```

여기까지 사용자에게 보일 메뉴에 대한 코딩을 완료했습니다. 다음으로 'A'나 'a'를 입

력받았을 때는 성적 추가 동작을 하고, 'T' 혹은 't'를 입력받았을 때는 전체 성적을 확인하는 case문을 만들어 분기하도록 합니다.

다음은 입력 받은 점수의 평균과 총점을 계산하는 과정입니다.

```cpp
cout << "국어, 영어, 수학 점수를 입력하세요 : ";
cin >> Kor >> Eng >> Math;
int Total = int((Kor + Eng + Math));              // 국어 영어 수학 총점을 계산합니다.
float Avr = float(Kor + Eng + Math) / 3.0f;  // 전체 점수의 평균을 계산합니다.
```

이에 대한 결과는 다음 그림과 같습니다.

그림 7.8 프로그램 예제_성적 추가

A 명령을 내려서 성적을 입력하는 과정입니다.

그림 7.9 프로그램 예제_총점 평균 구하기

앞에서 입력한 성적의 총점과 평균을 메뉴에서 T를 입력하여 확인하는 과정입니다.

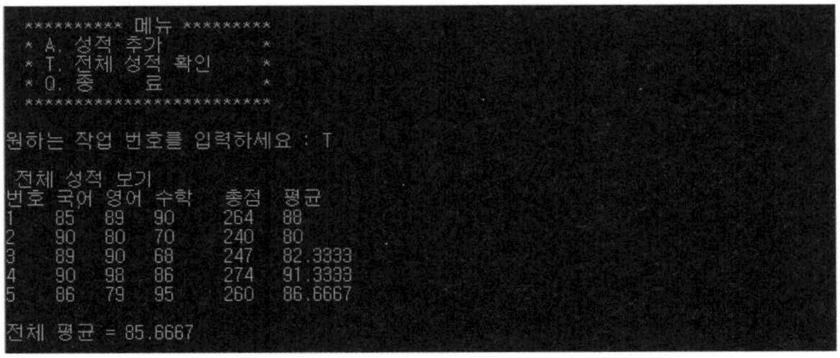

그림 7.10 프로그램 예제_전체 평균

전체 5명의 성적을 모두 입력하고 총점과 평균에 대한 결과를 확인했습니다.

4 순서도

이번에는 앞서 설명한 의사 코드와 알고리즘을 이용하여 전체 프로그램의 순서도를 그려 보겠습니다. 순서도를 그리는 이유는 프로그램의 진행에 대한 분기점을 확인하고 전체적인 진행 사항을 한눈에 봄으로써 오류를 찾아내거나 혹은 추가 변경 사항에 대해서 파악하기 위함입니다. 순서도를 그리기 위해서 먼저 순서도를 그리는 규칙에 대해서 알아야 합니다. 순서도는 누가 보아도 알아볼 수 있도록 공통된 기호를 사용합니다. 사실 사용하다 보면 시작/끝 프로세서 이외에 가장 많이 사용하는 것이 의사 결정과 처리 프로세서라는 것을 알 수 있습니다. 주로 사용하는 기호 몇 개만 알면 누구나 자기가 생각하는 것을 순서도로 만들어 볼 수 있으며, 이렇게 만든 순서도는 나중에 실제 코딩의 뼈대가 되는 중요한 설계도가 됩니다. 앞서 이야기했지만 시작이 반입니다. 설계도가 잘 되어 있으면 이후의 과정은 정말 손쉽게 해결됩니다. 하지만 설계가 불안하거나 명확하지 않으면 아무리 훌륭한 제작 과정이 있다고 해도 나중에 큰 문제가 발견될 수 있습니다. 따라서 설계의 초기 단계인 순서도 작성에 세밀한 고려가 필요합니다.

	시작/끝	프로세스의 시작과 마지막 단계를 나타내는 데 사용합니다.
	프로세스	프로세스의 일반적인 단계를 나타내며, 거의 모든 프로세스에서 가장 자주 사용됩니다.
	의사 결정	의사 결정 결과가 다음 단계를 지시하는 지점을 나타냅니다. 일반적으로 Yes 또는 No를 사용합니다.
	하위 공정	서로 결합되어 대개 같은 문서의 다른 페이지에 정의되어 있는 하위 공정을 구성하는 일련의 단계를 나타내는 데 사용합니다. 다이어그램이 매우 길고 복잡한 경우에 유용합니다.
	문서	문서가 생성되는 단계를 나타냅니다.
	데이터	정보가 프로세스 외부에서 내부로 들어오거나 프로세스에서 나가는 단계를 나타냅니다. 자재를 나타내는 데도 사용할 수 있으며 입/출력 셰이프라고도 합니다.
	같은 페이지 참조	다음 또는 이전 단계가 드로잉의 어딘가에 있음을 나타냅니다. 특히 추적하기 어려운 긴 연결선을 사용해야 하는 대형 순서도에서 유용합니다.
	다른 페이지 참조	이 셰이프를 드로잉 페이지에 놓으면 순서도의 두 페이지 간에 또는 하위 공정 셰이프와 하위 공정의 각 단계를 보여 주는 별도의 순서도 페이지 간에 일련의 하이퍼링크를 만들 수 있는 대화 상자가 열립니다.

이 외에 다른 프로세서도 있으나 가장 많이 사용하는 것들만 소개합니다. 이제 위의 프로세서들을 이용하여 성적을 입력받고, 총점과 평균을 내는 순서도를 그려 보면 다음과 같습니다.

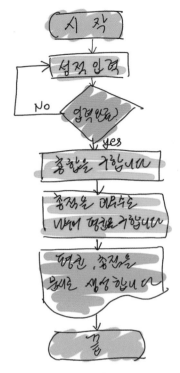

그림 7.11 총점과 평균을 내는 순서도

· Chapter · 03

알고리즘의 활용

총점과 평균을 구하는 과제와 우리가 사용하는 스마트폰에 대한 알고리즘의 구현에 대해 알아보았습니다. 이번에는 앞에서 배운 여러 표현 방법을 이용해서 실제 예제에 적용해 보겠습니다. 여러 가지 수수께끼 풀이나 기타 문제 풀이에 위의 방법들을 적용하여 알고리즘을 정리해 보며, 다양한 문제 해결에 대한 해결책을 구하는 과정과 이것을 컴퓨터 내에서 구현하는 방법에 대해서 알아봅시다.

1 | 문제 해결의 예제 1

A와 B라는 두 사람이 서로 생각한 숫자를 맞추는 게임을 합니다. A가 1에서 10까지 중 한 가지 수를 떠올렸습니다. 그리고 B는 A가 떠올린 숫자를 맞추는 알고리즘을 생각합니다. 옛날에 스무고개 수수께끼라는 것이 있습니다. 넓은 범위에서 좁은 범위로 축소해 가면서 해결하는 방식이지요. 이것을 순서도로 그려 보겠습니다.

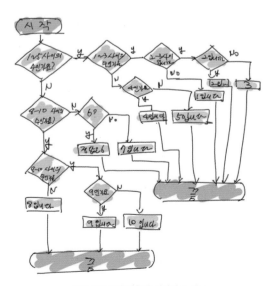

그림 7.12 숫자 맞추기 게임의 순서도

2 : 문제 해결의 예제 2

1에서 100까지의 수를 더하는 문제입니다. 이 문제를 해결하는 방법은 여러 가지가 있는데, 일단 여기서는 2가지 방법으로 해결 방법을 나누고, 각각의 해결 방법에 대한 순서도를 그려 보도록 하겠습니다.

2.1 해결 방법 1

1부터 100까지의 수를 모두 더해서 답을 얻는 방법이 있습니다. 프로그래밍 언어를 이용해서 문제를 해결한다고 생각하고 몇 가지 틀로 순서도를 만들어 보았습니다. 먼저 더해서 얻는 결괏값을 sum이라 칭하고, 수가 더해지면서 증가하는 수를 num이라 하겠습니다. 프로그래밍 언어에서는 이 둘을 모두 변수라고 합니다. 이 sum과 num을 이용한 간단한 의사 코드는 다음과 같습니다.

sum에는 합한 수의 결과를 넣는다. 초기값은 0으로 한다.
num에는 더해야 하는 앞의 수를 넣는다. 초기값은 1로 한다.
sum = sum(0) + num(1) 로 시작하고 num을 1씩 증가시켜 100까지 증가시킨다.
num이 100이 되면 그때의 sum 값을 출력하여 결괏값을 얻는다.

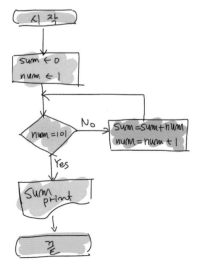

그림 7.13 1부터 100까지 덧셈의 순서도

해결 방법 2

이번에는 가우스의 덧셈 알고리즘을 이용합니다. 가우스의 덧셈 방식은 가우스가 어렸을 때 선생님을 깜짝 놀라게 했던 덧셈 방식입니다. 1부터 100까지 더하는 문제를 보고, 앞과 뒤의 숫자를 더해서 101이 나오는 쌍이 총 50개가 된다는 것을 한번에 알아채고 5050이라는 답을 바로 답했다고 하는 바로 그 방식입니다.

첫 번째 수를 a 변수에 넣습니다.
마지막 수를 z 변수에 넣습니다.
Sum 1 = a+z
Sum 2 = (a+1) + (z−1)
z−a = 1이 될 때까지 수행합니다.

아래의 그림을 보면 좀 더 쉽게 이해되리라 생각합니다.

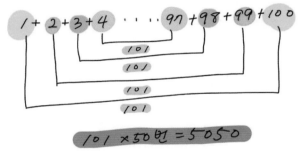

그림 7.14 가우스 덧셈

3 | 문제 해결의 예제 3

이번에는 수를 정렬Sorting하는 방법에 대해서 알아보겠습니다. 수를 정렬하는 방법은 전산학에서 기초로 프로그래밍을 배울 때 많이 사용하는 예제로, 무작위로 되어 있는 수를 오름차순 혹은 내림차순으로 정렬하는 방식에 대해서 배웁니다. 전산학에서 기본으로 배우는 이유가 무엇일까요? 수를 정렬하는 것은 데이터를 정규화하고 여러 가지 유용한 데이터로 사용하기 위한 첫 번째 단계입니다. 그래서 오랫동안 학자들은 어떻게 하면 가장 빠르고 효율적으로 수를 정렬할 수 있을 것인가에 대해서 연구했습니다. 수를 오름차순, 내림차순으로 정리하는 것은 거의 모든 데이터를 다루는 분야에서 수행되는 과제입니다. 그리고 이러한 과제는 한정된 하드웨어의 자원 안에서 행해져야 하므로 최대한 효율적이어야 합니다. 수를 정렬하는 알고리즘은 다음과 같은 방식들이 있습니다.

3.1 선택 정렬 Selection Sort

무작위로 정렬되어 있는 수를 오름차순으로 정렬하는 경우는 가장 작은 수를 선택해서 맨 앞의 수와 바꾸고, 내림차순으로 정렬하는 경우는 가장 높은 수를 선택해서 맨 앞의 수와 바꿔 정렬합니다. 나머지 수에 대해서도 같은 방식으로 정렬합니다.

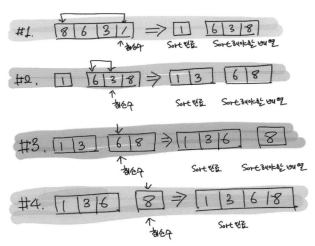

그림 7.15 선택 정렬(오름차순)

3.2 삽입 정렬 Inserting Sort

삽입 정렬은 바로 이웃하는 수와 비교하여 정렬하는 방식으로, 오름차순은 낮은 수를 왼쪽으로 이동하여 정렬합니다. 제일 처음에는 첫 번째 수와 두 번째 수를 비교하여 낮은 수를 왼쪽으로 정렬합니다. 그리고 그 다음의 배열을 차례로 비교하여 자신이 들어갈 위치를 찾아서 그 위치에 삽입합니다.

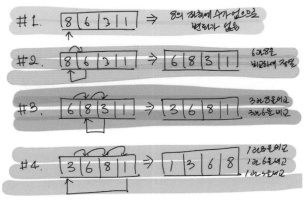

그림 7.16 삽입 정렬(오름차순)

3.3 버블 정렬Bubble Sort

버블 정렬은 연속된 2개의 수를 비교하여 정렬하는 방식입니다. 첫 번째 수와 두 번째 수를 비교하여 정렬한 다음, 두 번째와 세 번째 수를 비교, 세 번째와 네 번째 수를 비교하여 정렬합니다. 이런 식으로 이동이 없을 때까지 정렬하면 모든 수가 정렬됩니다.

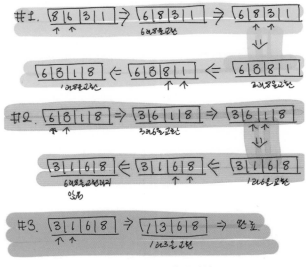

그림 7.17 버블 정렬(오름차순)

3.4 합병 정렬 Merge Sort

합병 정렬은 전체 배열을 크게 2개로 나눕니다. 각기 나눈 배열을 따로따로 정렬하는데, 아래의 경우는 처음에 4개, 3개로 수를 나눕니다. 그리고 4개로 나눈 수를 다시 2개씩 나누고, 나눈 2개의 수를 비교하여 정렬합니다. 3개로 나눈 쪽은 다시 2개와 1개로 나누어서 각각 비교합니다. 이런 식으로 정렬한 두 그룹의 수는 맨 앞의 수부터 차례로 비교하여 최종적으로 정렬합니다.

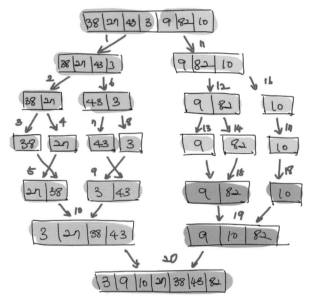

그림 7.18 합병 정렬(오름차순)

4 ┃ 문제 해결의 예제 4

검은색 라인을 따라서 이동하는 차량 형태의 로봇인 라인 트레이서 알고리즘을 만듭니다. 동작 규칙은 간단합니다. 이미 설치되어 있는 검은 선을 따라 이동하는 로봇을 제작하는 것이지요. 간단하게 만들 수도 있지만, 정확도를 높이기 위해서는 꽤 복잡한 여러 알고리즘을 사용합니다.

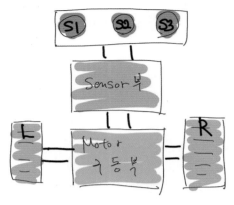

그림 7.19 라인 트레이서의 간단한 구조

여기서는 간단한 동작 원리와 알고리즘 표현에 대해서 배워 봅시다. 라인 트레이서는 보통 선을 감지하는 센서부Sensor와 감지된 센서 정보를 이용하여 바퀴를 구동하는 구동부Motor로 나누어서 생각할 수 있습니다. 먼저 선을 따라서 이동하는 센서부의 알고리즘은 다음과 같습니다.

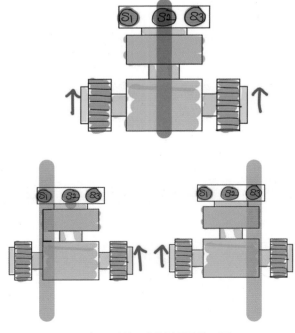

그림 7.20 라인 트레이서의 구동 알고리즘

센서부에 3개의 센서가 있다고 가정합니다. 1번 센서에서 검은 선을 감지할 경우 오른쪽 바퀴의 속도를 올리고, 3번 센서에서 검은 선을 감지할 경우 역시 왼쪽 바퀴의 속도를 올립니다. 1번이나 3번 센서에서 검은 선을 인지하면 궤적을 벗어날 것을 예상하여 반대편 바퀴의 구동 속도를 올려서 다시 원하는 궤적으로 로봇을 이동시키는 방식입니다. 이해가 되나요? 아주 간단한 원리이지요? 순서도로 표현하면 다음과 같습니다.

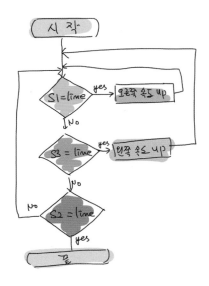

그림 7.21 라인 트레이서의 순서도

Chapter 04 · 알고리즘은 코딩이 아니다

알고리즘이 곧 코딩을 의미하는 것은 아닙니다. 알고리즘은 문제를 풀기 위한 작은 해결책들을 나열한 총괄적인 해결 설계도라고 할 수 있습니다. 앞서 플럼버라는 게임을 예시로 든 것처럼, 여러 작은 해결책들을 이용해서 전체적인 큰 해결책을 제시하는 것입니다. 또 다른 예로 모든 사람들은 매일 같은 패턴의 생활을 합니다. 이 생활 패턴에도 알고리즘이 숨어 있습니다. 아침에 일어나서 학교에 갈 때까지의 루틴을 보면 알 수 있습니다. 이 과정을 몇 가지 작은 기능으로 분해해 보면 '일어나기', '씻기', '옷 입기', '밥 먹기', '지하철 타기'로 나눌 수 있습니다. 씻기와 밥 먹기는 아침에만 사용하는 기능은 아닙니다. 저녁에 집에 돌아가서도 수행하는 동일 패턴의 기능이지요. 이와 같이 여러 용도로 사용될 수 있는 작은 해결 기능들을 잘 배열해서, 우리는 아침에 학교에 가기까지의 알고리즘을 만들 수 있는 것입니다. 알고리즘이 가져야 하는 몇 가지 중요한 특성에 시멘틱Semantic, 명확한 동작Unambiguous, 종료Halt가 있습니다.

1 | 시멘틱Semantic

알고리즘의 정의에서 중요한 요소 중에 시멘틱 이라는 요소가 있습니다. 이는 각 알고리즘의 모든 개별적인 동작들은 의미가 있어야 한다는 것입니다. 너무나도 당연한 이야기처럼 들릴 수도 있지만, 알고리즘의 모든 동작은 각기 정확한 의미를 가지고 있어야 합니다. 알고리즘 동작을 정의할 때 불필요한 설명은 제거하고 명확한 동작을 의미하는 명령으로만 구성되어야 한다는 의미입니다.

2 | 명확한 동작 Unambiguous

알고리즘의 각 단계의 동작 행위는 단 한 가지로만 해석되어야 합니다. 예를 들면, 학교에 가는 동작 중에 씻기, 옷 입기 등의 동작을 해석할 때, 명확하게 이해되는 용어들을 사용해야 합니다. 모두가 알고 있는 씻기를 내가 씻는 것이 아니라 집에 있는 강아지를 씻기는 것으로 잘못 해석하면 안 되겠지요. 아침에 등교하기 위해서 강아지를 씻기는 것은 우리가 원하는 동작이 아니니까요.

3 | 종료 Halt

모든 동작의 개수는 무한하지 않고 유한해야 합니다. 다시 말하면 모든 동작은 끝이 있어야 합니다. 간혹 잘못된 소프트웨어는 무한 루프라는 것에 빠지기도 하는데, 말 그대로 무한히 도는 다람쥐 쳇바퀴처럼 동작이 끝나지 않고 계속 행해지는 경우를 말합니다. 이런 경우, 자칫 잘못하면 시스템 전체를 심각한 상태로 만들 수 있습니다. 알고리즘을 설계할 때는 어떠한 경우라도 무한 루프에 빠지지 않고 반드시 종료하는 방향으로 설계해야 합니다.

그림 7.22 쳇바퀴

요약 --

1 알고리즘이란 무엇인가?

• 알고리즘은 여러 개의 해결책 고리가 서로 연결되어 원하는 해답까지 가는 것입니다.

• 컴퓨팅 사고에서 연결 고리를 적절하게 배치하고 순환시키고 선택할 수 있도록 시스템을 설계하는 것은 실제 시스템 설계에서 가장 중요한 과정입니다.

2 알고리즘의 표현 방법

• 알고리즘의 표현 방법으로 알고리즘, 의사 코드 , 프로그래밍이 있습니다.

• 알고리즘은 문제 해결에 논리적이고 납득할 만한 방법으로 해결책을 제시합니다. 이미 구현된 기능을 공통으로 사용하기도 하고, 만약 구현되어 있지 않다면 몇 가지 작은 기능을 조합해서 새로운 기능을 만들거나 혹은 완전히 새로 만들어서 적용해야 합니다.

• 의사 코드는 중요한 논리 구현을 코드화하는 과정으로, 실제 프로그래밍을 하기 전에 전체 프로그래밍의 진행을 스케치하는 방법입니다. 의사 코드로 전체 스케치와 구도를 잡은 프로그램은 이후 검증이나 실제 코딩 시에 잊기 쉬운 큰 맥락의 프로그램 진행 방향을 알기 쉽습니다.

• 프로그래밍은 앞서 구현한 의사 코드와 알고리즘을 기반으로 실제 프로그래밍 언어로 구현하는 것입니다. 주어진 프로그래밍 언어의 문법을 준수하면서 실행하고자 하는 기능에 적합한 언어를 사용하여 구현하게 되며, 이렇게 구현한 프로그램은 실제로 컴퓨터상에서 구동합니다.

• 의사 코드와 알고리즘을 이용하여 순서도를 그리는 이유는 프로그램의 진행에 대한 분기점을 확인하고 전체적인 진행 사항을 한눈에 봄으로써 오류를 찾아내거나 혹은 추가 변경 사항에 대해서 파악하기 위함입니다.

3 알고리즘의 활용

• 알고리즘, 의사 코드, 프로그래밍, 순서도 등을 이용하여 다양한 실제 예제에 적용할 수 있습니다. 다양한 문제 해결책을 구하는 과정을 통해 컴퓨팅 사고력을 기를 수 있습니다.

4 알고리즘은 코딩이 아니다

• 알고리즘이 곧 코딩을 의미하는 것은 아니며, 문제를 풀기 위한 작은 해결책들을 나열한 총괄적인 해결 설계도라고 할 수 있습니다. 알고리즘이 가져야 하는 몇 가지 중요한 특성에 시멘틱, 명확한 동작, 종료가 있습니다.

• 각 알고리즘의 모든 개별적인 동작은 의미가 있어야 하며, 알고리즘 동작을 정의할 때 불필요한 설명은 제거하고 명확한 동작을 의미하는 명령으로만 구성해야 합니다 시멘틱.

• 알고리즘의 각 단계의 동작 행위는 단 한 가지로만 해석되어야 합니다 명확한 동작.

• 모든 동작의 개수는 무한하지 않고 유한해야 합니다. 즉, 모든 동작은 끝이 있어야 합니다. 알고리즘을 설계할 때는 어떠한 경우라도 무한 루프에 빠지지 않고 반드시 종료하는 방향으로 설계해야 합니다 종료.

----

1. 의사 코드, 프로그래밍, 알고리즘에 대해서 설명하세요.

2. 성적의 총점과 평균을 내는 알고리즘을 작성해 보세요.

3. 순서도의 기호 중에 시작과 끝 의사결정 기호를 그려 보세요.

4. 문제 2의 알고리즘을 순서도로 작성하세요.

5. 선택 정렬(Selection Sort)에 대해서 설명하세요.

6. 알고리즘의 특징 3가지에 대해서 설명하세요.

PART 08

최신 IT 트렌드

오늘날의 IT 세상은 정말 진기명기에 가깝습니다. 어떻게 저럴수가 있지 싶은 물건에서부터 인간과 비슷한 로봇들, 그리고 심지어 인간의 지능을 뛰어넘는 인공지능까지, 사실 계산 능력이나 힘을 쓰는 것에 있어서 기계가 사람의 능력을 뛰어넘은 것은 이미 오래전 일입니다. 하지만 사람의 지능을 능가하는 인공지능도 하나의 도구로 사용되는 것일 뿐, 그것이 사람을 지배할 수는 없습니다. 이번 파트에서는 오늘날의 신기하고 놀라운 기술들에 대해서 알아보려 합니다. 이 훌륭한 기술들은 모두 사람을 위해서, 사람의 행복을 위해서 사용되기를 바랍니다.

· Chapter · 01   미래의 예측

〈매트릭스〉라는 영화는 많은 분들이 봤을 거라 생각합니다. 이 영화에서 저는 아래 그림의 장면이 유난히 기억에 남습니다. 영화의 클라이맥스에 주인공이 각성하는 장면인데, 과거 모니터에서 녹색 글자들이 올라오는 화면이 연상됩니다. 저는 이 장면을 모든 것들이 데이터로 이루어진 세상을 표현하는 것으로 생각했습니다. 얼마 전에 이 영화를 다시 보고서는 이번에는 세상의 모든 사물들을 네트워크로 연결할 수 있는 IoT 세상이 떠올랐습니다. 이 영화가 나왔던 시기만 해도 설마 했던 이야기들이었는데 이제는 세상 모든 것들이 데이터화되고 그렇게 만들어진 데이터들이 서로 연결되어서 정보를 주고받고 생산하는 세상이 도래했습니다.

그림 8.1 영화 매트릭스

그리고 영화 〈아바타〉의 탑승 로봇을 보면서 이런 로보트가 건설이나 산업 현장에서 사람의 일을 대신해 줄 세상이 금방 올 것만 같았습니다. 사실 로봇이라 하면 어렸을 때 봤던 태권브이가 가장 먼저 떠오르지만, 어디까지나 만화 영화에서나 나오는 상상이었습니다. 하지만 이런 탑승 로봇이 실제로 만들어지는 실험실이 소개되는 유튜브 영상을 보면서 바로 코앞에 다가온 로봇의 세상을 실감하게 됩니다. 사실 알게 모르게 이미 생산 라인에서는 로봇을 사용한 지 오래되었습니다. 비록 사람 모양의 로봇은 아니었지만 로봇 팔의 형태로, 혹은 자동 컨베이어 벨트의 형태로 오래전부터 사용되고 있습니다.

그림 8.2 아바타에 나오는 탑승 로봇

일본 애니메이션에 나오는 건담은 이미 실물 사이즈 모형이 반다이 본사에 전시되어 있습니다. 이와 같은 로봇에 대한 연구나 실물 크기의 로봇에 대한 연구는 과학자뿐 아니라 어렸을 때 로보트 태권브이를 사랑했던 사람들에게는 영원한 로망인 것 같습니다. 그리고 언젠가는 저런 거대 로봇이 인간과 같이 사는 세상이 올 것 같습니다.

그림 8.3 로보트 태권브이

로봇의 발전은 산업 현장에서는 신기한 일이 아닙니다. 자동차 공정의 어려운 부분에 로봇이 등장한 것은 이미 오래전 일입니다. 대량생산을 하는 조립 라인에서도 간단한 로봇을 이용하여 용접을 하거나 무거운 제품을 포장하는 일은 예전부터 실용화되었습니다.

그림 8.4 자동차 조립 라인에서 용접하는 로봇

그림 하나를 더 설명하겠습니다. 이정문 화백이 1965년에 그린 그림으로, '서기 2000년대의 생활의 이모저모'라는 제목입니다. 이 그림은 1965년에 예측한 2000년대의 생활에 대해서 보여 주고 있습니다. 먼저 태양열을 이용한 집의 등장과 집에 앉아서 볼 수 있는 전자 신문을 예측하고 있습니다. 그리고 거리에는 전기 자동차가 운행되면서 공해가 없는 거리가 될 것이며, 거리에는 움직이는 도로가 있어서 사람들이 가만히 서있어도 앞으로 갈 수 있을 것이라 합니다. 소형 TV 전화기를 손에 들고 다니면서 볼 수 있고, 수학여행을 달나라로 갈 것이며, 청소는 로보트가 알아서 하는 시대입니다. 더불어 공부는 집에서 TV로 하며 병원 진료도 집에서 원격으로 할 수 있습니다. 부엌에서는 오늘의 메뉴를 모니터로 보면서 요리할 수 있습니다. 다시 말씀드리지만 이 그림은 1965년에 그린 그림입니다. 궁금한 분들은 포털 사이트에서 그림을 검색해 보면 금방 찾아볼 수 있을 것입니다. 이 중에 현재 눈 앞에 이루어지지 않은 것은 달나라로 수학여행을 가는 정도입니다. 이마저도 러시아에서는 일정 돈을 내면 우주 여행을 시켜 주는 서비스가 이루어지고 있으니 아주 먼 이야기도 아닙니다.

그림 8.5 과거의 미래 예측

그런데 이런 예측들은 그냥 상상으로만 만드는 것이 아닙니다. 분명 1965년에 저런 만화가 나올 수 있었던 것은 무언가 가능성에 대해서 실마리를 보았기 때문일 것입니다. 아마 그런 실마리는 영화나 상상, 혹은 그 시절 기술의 발전 정도를 예측해서 나왔던 것이라고 생각됩니다. 앞으로 20년 정도 후에는 어떤 것들이 세상을 바꿀지 한 번 생각해 보는 것도 재미있을 겁니다. 제가 예상하기로는 우주로 여행가는 것이 좀 더 쉬워질 것 같습니다.

1 | 무어의 법칙 Moore's law

인텔의 창업자 고든 무어 Gordon Moore는 1965년에 다음과 같은 이야기를 했습니다. "반도체의 집적밀도는 18~24개월마다 2배씩 증가한다." 오늘날의 컴퓨터 CPU와 메모리 발전 속도를 살펴보면 무어의 법칙은 유효한 것 같습니다. 매년 CPU의 속도와 내부 코어의 수는 빠르게 증가하고 있습니다. 간단하게 생각해 보면 제가 처음 컴퓨터를 가졌던 90년대 초반 PC의 메모리는 1MB 혹은 4MB 정도였습니다. 그런데 지금은 보통 16G 정도를 사용한다고 가정하고 90년대 초반에서 지금까지 대략 24년 정도라고 하면, 반도체 메모리의 개발 속도를 무어의 법칙으로 계산했을 때 대략 약 4,000배 정도라고 할 수 있습니다. 이 수치로 계산한다면 요즘 많이들 사용하는 16G 메모리의 용량이 무어의 법칙에 어느 정도는 들어맞는 것을 알 수 있습니다. 또한, 비슷한 예로 2005년에 128MB 용량의 SD 메모리가 주로 사용되었다고 하면 2014년에는 128GB의 메모리가 대세가 되었습니다.

2 : 메트칼프의 법칙 Metcalfe's law

이더넷을 발명한 로버트 메트칼프 Robert Metcalfe 가 이야기한 내용입니다. "통신 네트워크의 가치는 접속 시스템 수의 제곱에 비례한다." 지금은 너무나도 당연하게 느껴지고 이해가 되는 이야기이지만 이 법칙을 이야기했던 시기는 네트워크가 아직 데스크톱 컴퓨터나 팩스 등으로 구성되던 시대로, 네트워크 연결 기기가 그리 많지 않은 시대였습니다. 하지만 지금은 인터넷의 보급으로 수십억의 디바이스가 네트워크로 연결되어 있습니다. 제곱에 비례하는지는 수치적으로 증명하기는 어려우나 발달의 방향이 웨어러블 기기나 스마트폰, 그리고 IoT 제품의 보급으로 인해 이 기세를 더욱 가속화시키고 있다는 것에는 의심의 여지가 없습니다.

Chapter 02

클라우드는 구름인가?

클라우드Cloud라는 단어는 많이들 들어 봤을 겁니다. 이 말은 2006년 구글의 에릭 슈미트Eric Emerson Schmidt가 한 다음의 말에서 처음 등장합니다.

"데이터와 프로그램은 '구름클라우드' 속에 있으면 된다. 필요한 것은 브라우저와 인터넷에 대한 액세스뿐, PC, 맥, 휴대전화, 스마트폰 지금 수중에 있는 어떤 단말기에서든 사용할 수 있고 데이터와 데이터 처리 및 기타 모든 것은 모두 서버에서 처리한다."

여기서 이야기한 클라우드는 인터넷을 기반으로 하는 데이터의 집합 정도로 생각이 됩니다.

과거에는 데이터를 사용해야 하는 시스템에서 해당 데이터를 소유하는 것이 당연시 되었습니다. PC를 예로 들자면 내가 사용해야 하는 데이터는 나의 시스템 하드에 저장되어 있어야 했습니다. 그러던 것이 이제는 나의 저장 장치에 저장하고 소유하는 것이 아닌, 외부 서비스를 통해 데이터를 저장하고 해당 데이터를 빌려서 사용하는 개념으로 변경이 된 것입니다. 가장 보편적인 것으로 스트리밍 음악 서비스를 들 수 있습니다. MP3 파일 혹은 CD로 각 개인이 데이터를 소장하는 방식과 음악을 스트리밍 서비스로 듣는 경우가 비교될 수 있을 것입니다. 예전에는 CD를 수집하거나 혹은 MP3 음악 파일들을 수집했습니다. 하지만 요즘에는 CD나 파일을 수집하기보다는 스트리밍 서비스를 통해서 음악을 접하는 경우가 흔해지고 있습니다.

회사에서 시스템을 설치하는 과정은 일단 시스템 설치를 진행하는 부서에서 앞으로의 수요를 예측해서 시스템을 설계하고, 예측된 시스템의 설계 및 견적을 IT 업체로부터 받은 후 구입을 결정하여 발주합니다. 발주를 하면 발주받은 사업자는 고객이 지시한 현장에 해당 시스템을 설치하고 서비스를 시작하는 방식이었습니다. 고객사 입장에서는 너무나도 당연하게 내가 사용하는 모든 저장 장치와 시스템은 모두 내가 소유한다는 개념이었으며, 이 시스템의 사용에 대한 미래 예측을 통해서 사용 연한을 두고 그 연한까지 필요한 리소스를 계산하고 구입해서 소유한다는 개념이었습니다. 이와는 좀 다르게 클라우드는 현재 필요한 리소스만 예측하고 주문하며, 필요한 리소스의 구매 결정만 나면 웹사이트에서 구매 버튼을 눌러서 바로 사용할 수 있습니다. 이것이 가능한 이유는 시스템 판매 업체는 대량으로 고가의 시스템을 다량 보유하고 고객사의 요청에 대해서 바로 바로 대응하는 구조이기 때문입니다.

그림 8.6 클라우드

클라우드는 비용 대비 뛰어난 효과라는 매력이 있습니다. 소유를 전제로 한 기존의 시스템 자원은 구입하면 자산이 되어서 3~5년 등 일정 기간 동안 감가상각되기 때문에 감가상각이 완료되기 전에는 새로운 시스템으로의 변경이 어렵습니다. 하지만 무어의 법칙인 '반도체의 집적 밀도는 18~24개월마다 2배씩 증가한다'를 적용하면, 5년 동안 대략 10배의 시스템 기기의 성능 변화가 생깁니다. 처음 도입 당시의 시스템 기기는 그 당시에는 사용하기에 훌륭한 시스템이었으나 1, 2년만 지나도 시중의 다른 시스템에 비해서 너무나 저사양의 시스템으로 전락하게 됩니다. 클라우드는 이런 문제점들을 해결할 수가 있습니다.

클라우드는 공동 사용을 전제로 합니다. 클라우드 사업자는 자사의 서비스에 맞춰서 꾸준히 하드웨어를 대량으로 구매하여 가격 경쟁력을 가져가면서 새로운 하드웨어를 구비합니다. 이렇게 하드웨어뿐 아니라 시스템 운영을 자동화로 개선해 인건비를 줄이고, 최신 기기의 도입으로 비용 대비 성능은 더 높아지게 됩니다. 이렇게 얻은 경쟁력으로 가격 인하를 계속 시도하여 더 많은 고객을 유치하지요. 아마존은 2006년 이후 51회나 클라우스 서비스 비용의 가격 인하를 추진하고 있습니다. 클라우드를 사용하는 가장 큰 장점은 시스템의 노후화를 걱정할 필요 없이 항상 최신의 시스템을 사용함으로써 장기적으로 비용 대비 효과의 향상을 누릴 수 있다는 것입니다.

1 | 클라우드의 서비스 모델

1.1 SaaS Software as a Service

SaaS는 이메일이나 스케줄 관리, 문서 작성, 표 계산, 재무 회계나 판매 관리 등과 같은 애플리케이션을 인터넷을 통해 제공하는 서비스입니다. 이 서비스는 인터넷상에서 워드프로세서를 사용하는 경우를 예로 들 수 있습니다. 워드의 경우 넷피스Netfice 라고 하는 사이트에 접속하면 인터넷 웹브라우저에서 워드 사용이 가능합니다. 이와 같이 인터넷 연결만 가능하다면 애플리케이션 소프트웨어를 따로 설치하지 않아도 사용할 수 있는 서비스입니다. 사용자 애플리케이션만을 사용하기 때문에 애플리케이션을 구동하기 위한 운영 체제나 운영 체제 아래의 하부단에 대한 이해가 필요하지 않습니다. 필요한 애플리케이션만 사용할 수 있는 기능만 있다면 서비스를 사용하는 데 전혀 문제가 없습니다. 이에 대한 예시로 넷피스, Sales.com, Google App, Microsoft Office 365 등이 있습니다. 이는 한마디로 애플리케이션 대여 서비스라고 할 수 있습니다.

1.2 PaaS Platform as a Service

위의 SaaS가 애플리케이션 소프트웨어를 제공하는 서비스였다면 PaaS는 개발 플랫폼을 서비스합니다. 애플리케이션을 개발하거나 실행하기 위한 시스템 기능을 서비스로 제공하며 데이터베이스, 개발 프레임워크, 실행 시에 필요한 라이브러리 및 모듈을 제공합니다. 보통 애플리케이션 개발을 하기 위해서는 개발 완료 애플리케이션이 사용해야 하는 데이터베이스와 시스템 프레임System Frame 등을 구매하고, 이 환경이 구축된 상태에서 애플리케이션 개발이 진행되게 되어 있습니다. 하지만 PaaS는 사용자가 인프라 구축이나 설정을 고민할 필요없이 개발을 진행할 수 있습니다. 필요한 모든 개발 인프라를 서비스로 제공하고 있고, 사용자는 필요한 개발 인프라나 설정을 통해서 자기가 원하는 환경을 구축할 수가 있습니다. PaaS의 예로는 Microsoft Windows Azure, Force.com, Google App Engine 등을 들 수 있습니다.

1.3 IaaS^{Infrastructure as a Service}

IaaS는 서버와 스토리지 같은 시스템 자원을 제공하는 서비스입니다. 사용자가 시스템 구축을 위해서 운영 체제와 기타 필요한 미들웨어 등을 모두 도입했다고 가정해 봅시다. 그리고 위에 실행되는 애플리케이션 소프트웨어도 모두 개발이 완료되었습니다. 이제 필요한 것은 애플리케이션이 사용하는 자원들을 구매하는 것입니다. 서버가 필요할 것이고요, 그리고 스토리지도 필요할 것입니다. 이 자원들은 시스템이 유지되는 시간이 지날수록 용량의 증가와 유지보수 비용이 발생할 것입니다. 그리고 자산화된 이 시스템의 경우 유지보수와 기타 변경 시에 매번 제조사와 협의를 해야 하고 도입 절차를 밟고 설치 및 인수 작업을 해야 합니다. 하지만 IaaS를 사용하면 필요 시에 대여해서 사용하는 방식을 사용하게 되며 간단한 주문 설정을 할 수 있습니다. 그리고 스토리지 용량이나 서버의 수는 필요에 따라 간단히 증감할 수 있습니다. 스토리지나 서버는 지금은 증가가 필요할 수도 있으나 향후에 시스템이 축소되거나 혹은 시스템 간소화로 인해 하드웨어의 수를 줄이는 경우도 발생할 수 있습니다. 만약 자산화된 시스템이라고 하면 이 경우 불용 재고가 남게 됩니다. 그러나 IaaS 서비스를 사용한다면, 스토리지나 서버를 실구매하고 설치하고 운용하고 유지보수를 해야 하는 기존 시스템과 비교하여 재고에 대한 부담도 없으며, 시스템 변경 요구에 대해서 빠른 속도와 변화 유연성이 뛰어납니다. IaaS의 예로는 Amazone EC2, IIJ GIO Cloud Computer Engine 등이 있습니다.

2 | 배치에 따른 클라우드의 종류

2.1 퍼블릭 클라우드 Public Cloud

퍼블릭 클라우드는 사용자들이 인터넷을 통해서 클라우드의 자원을 공유 자원의 형태로 사용하는 것을 말합니다. 자원의 공유라는 관점에서 보면 비용면에서는 우수하겠으나 보안면에서는 취약한 구조입니다. 그래서 보안에 큰 영향이 없는 자원을 공유할 때 유용한 클라우드입니다. 퍼블릭 클라우드는 구성원들이 모두 알아야 하는 데이터나 외부로 유출이 되어도 크게 문제가 없는 데이터, 예를 들면 제품의 사용자 매뉴얼이나 제품 정보와 같은 정보를 공유할 때 유용합니다.

2.2 프라이빗 클라우드 Private Cloud

퍼블릭 클라우드의 편리함은 좋으나 보안성이 필요한 경우와 보안성을 확보하기 위해서 추가 비용을 지불할 준비가 되어 있다면 프라이빗 클라우드를 제안할 수 있습니다. 프라이빗 클라우드는 클라우드의 편리성은 필요하나, 그에 따른 보안 문제는 회피하고 싶을 때 사용할 수 있는 클라우드입니다. 그러나 보안성 확보는 곧 비용이 높아짐을 의미합니다. 보안성을 확보하기 위해서 사용자 계정을 관리하고 각 사용자별로 접근할 수 있는 정보를 제한하며, 정보를 접근자의 종류나 등급에 따라서 분류해야 합니다. 이런 처리 비용이 부담된다면 퍼블릭 클라우드의 일부를 특정 사용자 전용으로 할당하여 보안성을 높이는 방법이 있을 수 있고, 전용선이나 암호화된 인터넷VPN: Virtual Private Network 으로 접속하여 마치 자사 전용의 클라우드인 것처럼 이용하게 하는 서비스도 있습니다.

2.3 하이브리드 클라우드

퍼블릭 클라우드와 프라이빗 클라우드의 비용적인 장단점과 보안성의 장단점을 서로 보완하는 형태의 시스템입니다. 일반 회사의 경우에는 보안을 적용할 필요가 없고 자사의 독자성이 없는 것은 퍼블릭 클라우드를 통해 사용의 편리성을 확보하고, 보안을 엄격하게 관리해야 하는 인사 정보나 개인 인증은 프라이빗 클라우드를 사용하여 분리하는 것이 가능한 클라우드입니다.

예를 들면 쇼핑몰 회사에서 클라우드 서비스를 사용한다고 가정하면, 사용하는 정보의 종류를 크게 2가지 정도로 나눌 수 있습니다. 먼저 고객을 위한 제품 소개 및 정보 공유와 같이 공용으로 사용해야 하면서도 보안성이 없는 정보의 경우는 퍼블릭 클라우드를 이용해서 공유할 수 있습니다. 이러한 정보는 누구나 접근 및 사용이 가능하며, 추가 수정에 대해서는 허가하지 않는 정보로 분류합니다. 그러나 개인별 주문 정보와 결제하기 위한 개인 정보와 같은 민감한 정보는 프라이빗 클라우드를 이용하여 보안성을 높이는 방법을 사용할 수 있습니다.

모바일 기기

모바일 기기라고 하면 제일 먼저 떠오르는 것은 여러분들 손에 들려 있는 핸드폰일 것입니다. 지금의 스마트폰이 활성화되기 이전에는 전자 수첩이나 PDA Personal Digital Assistant 와 같은 휴대용 디바이스가 있었지만, 성능이 그다지 만족스럽지 못했습니다. 그리고 가장 중요한 네트워크 연결이 한정적이었습니다. 모바일 기기가 네트워크에 연결되기 위해서는 무선 인터넷 연결이 필수였으나, 스마트폰이 활성화되기 이전에는 무선 인터넷 연결 서비스도 활성화되기 전이었습니다. 이러한 무선 인터넷 서비스와 GPS Global Positioning System 센서의 정확도가 높아지는 시점에 모바일 기기의 효용성은 높이 올라가게 되었습니다. 이전에는 GPS 센서의 데이터가 군사용으로 사용되고 민간에게는 제공이 되지 않아서 그 오차가 수백미터였습니다. 그래서 GPS 데이터의 정확도가 떨어지다 보니 그다지 쓸모가 없었으나, 위성 데이터가 민간에게 제공되는 시점부터 GPS 정보 제공은 모바일 기기의 효용성을 높이는 데 큰 역할을 합니다. 또한, 모바일 기기는 쉬운 사용자 인터페이스를 구현함으로써 광범위한 사용자를 얻게 됩니다. 컴퓨터는 어려운 것이라는 생각을 바꾸고 사용자 편의성을 높이는 데에 유저 인터페이스UI: User Interface 가 큰 역할을 하게 됩니다. 지금은 나이든 노인분들에서부터 어린아이들까지 모두 모바일 기기를 사용하는 데 크게 어려움을 느끼지 않고 있습니다.

그림 8.7 누구나 사용하는 모바일 기기

또한, 모바일 기기 보급에 있어서 큰 역할로 SNS의 급속한 보급을 들 수 있습니다. 예전에는 정보를 취급하고 재생산하는 곳이 대부분 대규모 시스템을 확보하고 있었던 정부나 기업이었다고 하면, 이제는 개인이 블로그나 웹사이트 등을 통해서 기존 정보를 평가하고 혹은 재생산하기도 합니다. 이와 같이 큰 규모의 단체의 일방적인 발신 정보가 쌍방으로 주고받을 수 있는 구조로 발전하는 것을 Web 2.0이라 불렀습니다. 이런 Web 2.0은 UGM^{User Generated Media}의 발달로 인해 가능했습니다. UGM은 일반인들도 정보를 발신할 수 있는 장치를 말합니다. 위키피디아는 이러한 UGM의 선구자 같은 존재입니다. 정보를 단체나 정부가 독점하는 시대에서 이제는 각 개인이 정보를 생산하고 이러한 정보들이 모여서 여론을 형성하는 시대가 도래한 것입니다.

1 | 모바일 기기의 역사

오늘날의 모바일 기기라고 하면 제일 먼저 떠오르는 것이 모두의 손에 들려 있는 스마트폰입니다. 과거에도 휴대용 컴퓨터를 개발하려는 시도는 지속적으로 있었습니다. 윈도우 PC가 급속도로 보급되기 시작하면서 사용자는 이동 중이나 혹은 출장 중에도 컴퓨터를 사용할 수 있으면 좋겠다고 생각했습니다. 이러한 컴퓨터를 개발하기 위해서는 기존 시스템의 전원 문제를 먼저 해결해야 했습니다. 일단 배터리를 사용하여 컴퓨터를 구동함으로써 이동성과 휴대성을 보완하기 시작했습니다. 그러나 이 시기는 아직은 휴대용으로 제품을 만들기에는 여러 가지 문제가 있었습니다. 먼저 휴대용으로 쓸 정도로 부품의 크기가 충분히 소형으로 개발되기까지는 미진한 상태였으며, 저전력의 부품 개발도 충분한 상태가 아니어서 배터리 사용에 큰 문제가 있었습니다. 당시 포터블 PC, LapTop PC 등으로 불리는 기기들이 등장했지만 지금의 노트북과는 비교할 수 없을 정도로 무거웠으며, 그 무게만큼이나 배터리로 구동하기에는 지속시간이 충분치 않았습니다.

그림 8.8 움직이는 사무실

이 시기에 등장한 제품이 PDA였습니다. PDA는 일단 한 손에 잡힐 정도의 작은 사이즈에 터치펜으로 사용자 인터페이스를 대신하였습니다. 하지만 한 손에 들어오는 사이즈를 잡은 대신에 부족한 기억 용량과 제한된 프로그램만 사용할 수밖에 없는 한계성이 있었습니다. 사람들은 사무실에서 사용하는 PC만큼의 성능을 요구하면서 휴대성과 이동성은 PDA만큼의 편리함을 요구하고 있었습니다. 이러한 시기에 한국에서는 1996년에 세계 최초의 CDMA Code Division Multiple Access 기술 상용화에 성공하고, 이후 휴대전화 시장은 급속도로 발전하게 됩니다. 2000년대의 한국의 휴대폰은 전자우편, MP3, 카메라, 그리고 DMB 기능이 탑재되어 있었습니다.

2 | 아이폰의 성공과 그 이유

아이폰의 시작 이전에 애플은 아이팟으로 음악 재생 플레이어 시장에 큰 영향을 끼치게 됩니다. 2007년 애플은 1세대 아이폰을 발표합니다. 당시 아이폰의 콘셉트는 이동전화와 아이팟의 결합이었습니다. 외관은 기존의 아이팟의 형태를 가지고 있으며 내면에 이동전화의 기능을 추가한 형태로 아이폰은 순식간에 세계의 휴대폰 시장을 점령합니다. 스마트폰이라는 개념도 없었던 2007년 1월 9일 맥월드 2007에서 스티브 잡스는 처음 아이폰을 선보이며 '손가락 터치로 조정할 수 있고 인터넷 접속 기능을 갖춘 혁신적 전화기'라고 소개합니다. 이후 아이폰 3G는 애플이 본격적으로 수익을 낸 제품입니다. 개발자가 앱을 장터에 등록하고 이용자가 앱을 다운로드해서 아이폰을 꾸밀 수 있었습니다. 앱을 사고 파는 본격적인 소프트웨어의 소매 시장을 열었던 '앱 스토어App Store'가 이때 등장합니다. 아이폰 3GS는 국내 KT가 처음으로 들여온 아이폰 모델입니다. 이 시기가 대략 2009년 11월로 다른 나라에 비해 상당히 늦은 시기였습니다. 또한, 3GS는 아이폰이 처음으로 동영상 촬영을 지원하면서 큰 관심을 끌었습니다.

그림 8.9 아이폰 1세대

아이폰4에서의 가장 주요한 변화는 아이폰끼리 영상 통화를 할 수 있는 페이스 타임 기능을 갖췄다는 것입니다. 이후 4S에서는 시리Siri가 처음 등장합니다. 5시리즈에서는 터치 지문 인식이 지원되었으며, 6시리즈를 이어 7시리즈, 8시리즈, X까지 지속적으로 제품을 출시하고 있습니다. 다른 세계의 시장에서는 아이팟과 휴대전화의 결합이라는 신개념의 스마트폰이 크게 환영받았으나, 한국 시장은 이미 MP3 플레이어가 내장되어 있는 휴대폰이 주류였으며, 또한 DMB 기능을 탑재하지 않은 아이폰은 기존 제품과 비교되었습니다. 그러나 세계적으로 아이폰이 크게 성공한 이유를 꼽자면 통신 인프라가 충분히 휴대폰을 수요할 수 있을 만큼 발전이 이루어져서 일단 인터넷 접속에 기술적 제한 장막이 걷어졌으며, 애플이 만든 UI, UX가 사용자들에게 크게 어필을 했다는 것이 주요했다고 판단됩니다. 이후 휴대 전화망의 고속화가 앱스토어의 활성을 부채질하게 된 것도 성공의 요인이라고 할 수 있습니다.

웨어러블 기기

웨어러블 기기Wearable Device 는 말 그대로 '몸에 입을 수 있는' 기기를 말합니다. 전통적으로 손목시계도 웨어러블 기기의 조상격이라고 할 수 있을 것입니다. 영화에서는 아이언맨의 슈트가 아주 적절한 예입니다.

그림 8.10 아이언맨

이러한 웨어러블 기기는 손목시계에서부터 영화에서 보이는 신체 슈트와 같은 아직은 상상에만 존재하는 기기까지 여러 형태로 우리 생활에 들어와 있습니다. 신체를 보강하는 슈트의 경우는 일반인보다는 신체가 불편한 장애인이나 노인을 위한 기기였습니다. 신체의 일부분을 기계로 만들어서 대체하는 기술은 오래전부터 연구되어 왔습니다. 과거에는 신체의 모형처럼 일부를 대치했다면 이제는 기기에 전자장비를 이식하여 신체의 신경을 대신할 수 있도록 발전하고 있습니다.

1 | 웨어러블 기기의 통신

웨어러블 기기는 몸에 기기를 부착하여 내 몸에 대한 생물학적인 정보 등을 저장 및 전송하거나, 혹은 몸의 움직임을 돕는 장비입니다. 이런 장비들도 이제는 네트워크에 연결되어 정보를 교환하거나 제어 신호를 받을 수 있습니다. 이러한 기기들의 무선 통신 중에서 현재 대표적으로 많이 사용되는 것으로 블루투스Bluetooth나 NFCNear Field Communication라는 것이 있습니다. 많이 들어봤을 블루투스는 음향기기의 무선 통신 인터페이스로, 주로 무선 이어폰이나 무선 스피커 등에 많이 사용되고 있습니다.

1.1 블루투스

블루투스라는 명칭은 블루베리를 즐겨 먹어 항상 치아가 푸른빛을 띤 바이킹 헤럴드 블루투스의 이름에서 따왔다고 합니다. 블루투스가 스칸디나비아 반도를 통일한 역사를 근거로 각종 무선 통신의 규격을 이것으로 통일한다는 상징적 의미가 있으며, 이 통신 인터페이스의 첫 개발 프로젝트명이 나중에 브랜드 이름으로 사용되었습니다.

그림 8.11 바이킹 블루투스

블루투스의 가장 큰 장점은 저전력 사용에 있습니다. 블루투스 통신에서 저전력이 장점이 되는 것은 웨어러블 컴퓨터나 기타 모바일 기기에서의 배터리 사용은 아주 중요한 문제이기 때문입니다. 여러분도 사용하는 스마트폰의 배터리 때문에 충전케이블을 지하철 같은 공공장소의 전원 코드에 연결해서 이용하거나 급하게 편의점에서 충전을 해 본 적이 있을 겁니다. 이러한 상황에서 무선 통신 인터페이스의 저전력 통신 방식은 중요한 장점이 될 수 있습니다. 그리고 무엇보다도 현재 가장 많이 통용되어 사용하고 있는 무선 통신 방식이므로 세계 어느 곳에서나 사용이 가능하다는 범용성이 가장 큰 장점입니다.[두산 백과 참고]

그림 8.12 블루투스

2 | NFC

NFC는 약 10cm 이내의 근거리에서 데이터를 교환할 수 있는 비접촉식 무선 통신 기술입니다. 주로 우리의 교통카드, 신용카드, 회사의 신분증에 많이 사용하고 있습니다. 짧은 통신 거리가 단점일 수 있으나 기존 근거리 무선 데이터의 통신 방식이 읽기만 가능했다면 NFC는 읽기와 쓰기가 모두 가능한 장점이 있습니다.[지형공간 정보 체계 용어 사전 참조]

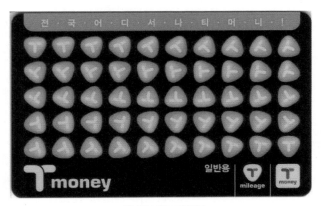

그림 8.13 NFC 교통카드

· Chapter · 05 IoT와 빅데이터

IoT는 Internet of Thing의 줄임말로, 우리나라 말로 주로 '사물인터넷'이라고 번역하여 사용하고 있습니다. 이 말은 그 전에는 네트워크망에 속하지 않았던 사물들이 네트워크망 안으로 들어오면서 인터넷과 연결이 된다는 뜻입니다. 과거에는 유비쿼터스 Ubiquitous라는 비슷한 개념이 있었으나 이제는 유비쿼터스라는 용어는 사라지고 IoT라고 부르고 있습니다. 우리 몸에 부착되어 있는 기기들, 그리고 가정에 수동으로 통제되었거나 기기의 자체 제어 시스템으로 제어가 가능하고 네트워크망에 연결되어 있지 않았던 이런 기기들이 인터넷망 안으로 모인다는 것입니다. 인터넷망 안으로 모인다는 의미는 인터넷망 안에 있는 기기들은 공간에 구애받지 않고 어디에서나 그 기기에 접속해서 기기가 수집한 정보와 기타 기기의 제어가 가능하다는 의미입니다. 이런 많은 기기에서 올라오는 데이터의 처리를 '빅데이터'라고 부르게 되었습니다. 예전 영화 중에 〈트위스터〉라는 영화가 있습니다. 미국에서 해마다 부는 대형 회오리 바람의 원인을 분석하기 위한 과학자들의 영화로, 회오리 바람이 부는 한가운데에 센서를 대량으로 집어 넣어 센서들로부터 데이터를 분석하여 회오리 바람을 분석한다는 내용입니다. 아주 과거의 영화이긴 하지만 IoT의 의미를 생각해 볼 수 있는 영화입니다.

그림 8.14 영화 트위스터의 센서

그림 8.15 트위스터의 도로시

빅데이터를 이야기하기 위해서 우리는 먼저 정보 생산의 주체에 대해서 생각해 봐야 합니다. 과거에는 사람들의 관심이 어느 곳에 있는지 확인하고 싶으면 주로 신문이나 방송, 또는 사람들의 소문에 의해서 그 관심의 방향이나 정도를 대략 가늠할 수 있었습니다. 신문이나 방송이 공공성과 무결성이 보장된다면 훌륭한 정보 방향과 정도를 측정할 수 있는 지표가 될 수 있으나, 전 세계 여러 나라의 예에서 볼 수 있듯이 권력을 가진 자들이 언론을 통제하고 원하는 목소리만 내게 하는 경우에는 전혀 신뢰성 있는 정보 제공의 기구로 역할을 하지 못합니다. 오히려 잘못된 정보의 제공으로 사람들을 혼란스럽게 만드는 경우도 있습니다. 그렇다고 사람들의 소문을 정보로 신뢰할 수 있는지에 대해 생각해 보면 소문이라고 하는 것은 사람들의 실제 의견이라는 면에서는 좋은 장치일 수 있으나, 이 소문이 진실이냐 거짓이냐를 판단하는 신뢰성을 확보하기 위해서는 꽤 오랜 시간이 걸립니다. 현재 사람들이 관심 있어 하는 것이 무엇이며, 사회 이슈화된 문제에 대해서 대다수 사람들의 생각이 어떠한지에 대한 관심은 과거든 현재든 혹은 앞으로의 사회에서든 큰 관심의 대상이 될 것입니다.

여론의 방향을 알 수 있는 방법에 대해서 IT 기술은 빅데이터 활용이라는 방법을 제시합니다. 사람들의 관심의 방향과 유용한 정보의 생산을 각종 센서와 기기, 인터넷을 통해서 데이터로 축적합니다. 그리고 그 데이터를 분석하면 데이터가 향하는 방향에 대해서 알 수 있습니다. 이를 빅데이터 처리라고 말합니다.

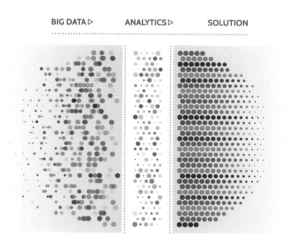

그림 8.16 빅데이터 분석 및 시각화

간단한 예로 주요 포털 사이트의 실시간 검색어 내용만 봐도 현재 이 시간에 사람들이 어떤 것에 관심을 가지고 있는지, 그리고 어떤 매체들을 보고 있는지를 알 수 있습니다. 이런 빅데이터는 포털 사이트의 검색어뿐 아니라 각각의 모바일 기기, PC 등에서도 얻을 수 있습니다. 다른 예로, 전국의 교통량을 알아보는 것은 국가적으로 굉장히 중요한 일입니다. 이런 교통량의 정보 수집을 위해서 각 도로에 센서를 설치하기도 하고 혹은 감시 카메라와 기타 여러 가지 교통량을 측정할 수 있는 기기들을 이용해 기기에서 올라오는 데이터를 수집하여 유용한 교통 관련 정보를 축적할 수 있습니다. 혹은, 자동차마다 달려 있는 블랙박스의 GPS 센서의 데이터를 수집해서 필요한 정보를 얻을 수도 있습니다.

IoT와 빅데이터는 이와 같이 짝꿍처럼 같이 붙어 다닙니다. IoT에 적용되는 기기들이 많아질수록 거기서 수집되는 데이터의 양도 많아집니다. 이러한 데이터를 수집하고 분석하여 우리에게 유용한 정보로 만들어내는 과정이 빅데이터 처리의 과정입니다.

이러한 빅데이터의 특징을 보면 방대한 데이터의 양, 빠른 데이터의 증가, 그리고 비정형화된 데이터 구조를 꼽을 수 있습니다. 다르게 이야기하면 일정 형식이 아닌 무작위의 데이터가 엄청나게 쏟아진다고 보면 됩니다. 이러한 데이터 구조 때문에 기존의 구조화 데이터를 대상으로 하는 데이터베이스 시스템에서는 이를 제대로 처리할 수가 없습니다. 하지만 관계형 데이터베이스 형태로 자료가 정리되어 있다면, 기존 시스템에서의 처리도 그리 큰 문제가 되지 않을 것입니다.

관계형 데이터베이스를 처리하기 위한 언어를 SQL이라 부릅니다. 대부분의 데이터베이스의 처리는 모두 SQL을 사용한다 해도 과언이 아닐 것입니다. 이 SQL을 사용하지 않고 비구조화 데이터의 취급을 고려하여 등장한 새로운 데이터베이스가 있는데 이것이 NoSQL^{Not only SQL} 데이터베이스입니다. 이 이름의 의미는 '데이터베이스에는 SQL만 있는 것이 아니다'라는 의미라고 합니다. NoSQL을 이용하여 데이터베이스에 저장된 방대한 데이터를 여러 개의 데이터 모음으로 분할하고, 이렇게 분할된 데이터 모음을 여러 대의 컴퓨터가 동시에 결과를 처리하고 집약하여 짧은 시간에 효율적으로 결과를 내기 위한 방법이 만들어졌습니다. 이것이 바로 Hadoop이라는 소프트웨어입니다. 처리해야 하는 데이터의 양이 방대하므로 한 대의 컴퓨터로 모두 처리하기는 쉽지 않습니다. 아무리 성능이 좋은 고속, 고성능의 컴퓨터를 사용한다 해도 한계가 있습니다. 하지만 Hadoop을 사용하면 값이 싼 컴퓨터를 필요에 따라 늘림으로써 처리의 규모를 차례로 확대시킬 수 있으므로 처리 능력의 상한선에 신경을 쓸 필요가 없습니다. 처리해야 하는 방대한 데이터를 수많은 개미 컴퓨터가 조금씩 처리하여 결과를 내는 방식이라고 생각하면 됩니다.

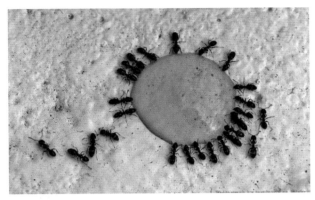

그림 8.17 개미 군단

Hadoop을 실행하기 위해 사용되는 컴퓨터의 수는 수백에서 수천 대, 때로는 수만 대가 되는 경우가 있습니다. 그러한 기능을 가지고 Hadoop이 빅데이터를 적은 비용으로 쉽게 다룰 수 있게 함으로써 '빅데이터'가 주목을 받게 된 것입니다.

아무리 빅데이터가 많아도 그것을 분석할 수 없으면 쓸모가 없습니다. 그러한 현실에서 뜨거운 관심을 받고 있는 것이 '데이터 사이언티스트Data Scientist'라는 직업입니다.

영화 〈머니볼〉을 보면 주인공 브래드 피트를 도와주는 뚱뚱한 체구의 MIT 출신의 분석가가 한 명 나옵니다. 브래드 피트가 다른 구단의 구단주와 미팅을 할 때 구단주가 이 분석가의 지시를 받아 선수를 살지 팔지 의견을 받는 것을 보고 브래드 피트는 이 사람을 스카우트합니다. 이 뚱뚱한 사람은 한마디로 통계 분석가이면서 요즘 말로 하면 한창 뜨는 직업인 데이터 사이언티스트인 것입니다. 이 사람은 철저하게 선수들의 통계 데이터를 가지고 선수를 평가합니다. 이전에 스카우터들은 타율, 홈런 갯수, 빠른 발 등 대략 7가지 정도의 자기들 나름대로의 성적을 가지고 선수를 평가했으나, 여기에는 감성적인 부분도 있었던 것 같습니다. 하지만 이 사람은 철저하게 선수들의 데이터를 가지고 현재 팀에 필요한 선수를 선택하고 아무리 명성이 높아도 현재는 팀에 필요가 없다면 오히려 높은 값으로 스카우트 시장에 내놓도록 의견을 제시합니다. 그리고 그렇게 만들어진 자금으로 타 구단에서 저평가되어 있지만 자기 구단에 꼭 필요한 선수를 싼 가격에 영입을 합니다. 수많은 데이터 가운데서 필요한 데이터를 찾아내고 분석하고 제시하고 결국 그렇게 나온 결과가 경영이나 기타 결정을 해야 하는 중요한 의제에서, 빅데이터가 중요한 길라잡이가 될 수 있는 좋은 예시인 것 같아서 이 영화를 소개드립니다.

그림 8.18 영화 머니볼

· Chapter · 06

IT 인프라

오늘날의 인간 세상은 모든 것들이 다 네트워크로 연결되어 있습니다. 이 연결에서 제외된 것들은 현실적이지 못하고 뒤처진다고 할 수 있습니다. 클라우드, 모바일, SNS 등 모든 IT 서비스는 어떤 방식으로든 다 연결되어 있고, 연결되어 있지 않은 시스템은 사실 별 소용이 없는 시스템이 되어 버리고 말았습니다. 컴퓨터에 인터넷 연결이 되어 있지 않다고 생각해 보세요. 그 컴퓨터는 정말 쓸모없지 않나요? 통신이 되지 않는 스마트 기기를 생각해 보세요. 스마트폰에 LTE, Wifi가 연결되어야만 사용할 수 있지, 연결되지 않는 스마트 기기는 쓸모가 없습니다.

1 컴퓨터가 서로 연결되어 있다

그림 8.19 네트워크로 대동단결

과거 PC 통신 초장기에는 컴퓨터 통신을 사용하는 것이 비용과 속도의 문제로 그렇게 쉬운 일은 아니었습니다. 하지만 지금의 컴퓨터는 적은 비용과 빠른 속도로 인해 컴퓨터 통신 사용에 제약이 없습니다. 과거에 종이로 이루어졌던 회사 업무나 기타 개인의 편지 전송도 이제는 컴퓨터끼리 연결을 통해서 보다 효율적이고 빠르게 전송할 수 있습니다. 더욱이 회사 컴퓨터도 네트워크로 연결되어 조달이나 재고, 물류 등과 같은 전 공정을 일괄 관리하는 체제가 되었습니다.

2 ┊ 사람이 연결되어 있다

1980년대부터 사무실에서 PC가 사용되면서 모든 문서는 PC로 작성하게 되었습니다. 이렇게 모든 업무의 전산화는 '그룹웨어'라는 이름으로 대기업을 중심으로 사용되기 시작합니다. 1990년대 중반부터는 기업 간 연결을 넘어서 개인끼리의 연결이 보편화되는 인터넷이 일반적으로 보급되었습니다. 이런 편리함 덕분에 개인끼리 이메일과 기타 단문형 채팅 프로그램을 통한 메시지 전송 등이 가능해졌습니다. 그러면서 트위터, 페이스북 같은 소셜 미디어가 사람들의 관계를 크게 바꾸고 있습니다. 이제 더 이상 밖에 나가서 사람들을 만날 필요가 없습니다. 실시간으로 카메라가 장착된 컴퓨터에만 앉아 있으면 전 세계 사람들과 만날 수 있기 때문이지요. 과거 그 어느 시대에도 이루지 못했던 초고속, 전 세계 인종의 만남의 시간이 시작된 것입니다.

그림 8.20 세상 사람을 만나다.

사물에 센서를 장착하여 정보를 수집하려는 시도는 과거에도 있었습니다. 앞서 이야기했던 영화 〈트위스터〉의 도로시라는 장치들처럼요. 하지만 네트워크가 본격적으로 발달된 지금은 사물에 센서와 통신 기기를 탑재하여 실시간으로 데이터를 수집합니다. 예를 들면, 우리는 운전할 때 내비게이션을 이용합니다. 초장기 내비게이션은 데이터 센터에서 전송하는 도로 상황을 받아서 목적지까지의 여정을 정하는 단방향의 정보 이동이었습니다. 하지만 이제는 내 차의 이동 속도와 목적지까지의 도로 상황을 양방향으로 전송하여 데이터 센터에 방대한 데이터가 축적되고, 이를 바탕으로 좀 더 정확한 실시간 데이터를 양산하고 있습니다.

이와 같이 IoT로 수집된 데이터는 안전, 에너지 절약 또는 생산성 향상, 최적화를 위한 노하우 등을 찾아내기 위해 분석되고 다시 사물의 제어나 이용자에 대한 조언, 지시로 피드백됩니다. IT 인프라는 이렇게 컴퓨터뿐만 아니라 사람을 연결하고 사물을 연결하게 되어 생활과 사회를 지지하는 중요한 기반으로 자리 잡고 있습니다.

그림 8.21 IoT가 세상을 지지하는 시대가 왔습니다.

Chapter 07 인공지능

1 | 인공지능의 시작

인공지능의 역사를 이야기할 때, 우리가 이미 컴퓨터의 기초에서 배운 인물이 다시 거론됩니다. 바로 앨런 튜링입니다. 1950년 앨런 튜링은 '계산 기계와 지능Computing Machinery and Intelligence'이라는 논문에서 기계가 생각할 수 있는지 그 가능성에 대한 테스트 방법과 지능적 기계의 개발 가능성, 학습하는 기계 등에 대해서 기술하였습니다. 앨런 튜링은 기계의 지능 가능성에 대해서 인간과 대화를 하는 데 있어서 사람이 기계인지 인간인지 구별할 수 없는 경우에 인간과 같은 지능을 소유하고 있다고 판단할 수 있다고 했습니다. 즉, 언어 인지 능력과 언어 구사 능력에 따라서 지능 여부를 판단했다고 볼 수 있습니다. 이 기술을 현실화한 튜링 머신은 이후 인간계 천재의 끝판왕이라고 표현했던 존 폰 노이만에 이르러 현대 컴퓨터 구조의 표준이 되었습니다. 그리고 이것을 인공지능의 시작으로 보고 있습니다. 이후 미국의 신경외과 교수인 워렌 맥컬록Warren Mc Cullonch과 논리학자 월터 피츠Walter Pitts는 기초 기능의 인공 신경을 그물망 형태로 연결하면 사람의 뇌에서 동작하는 간단한 기능을 흉내 낼 수 있다는 것을 이론적으로 증명하였습니다. 이후 이런 연구는 퍼셉트론Perceptron이라는 뇌 신경을 모사한 인공 신경 뉴런의 연구로 탄생하며, 신경망 기반 인공지능 연구에 부흥을 이끌게 됩니다. 하지만 이 이론에는 커다란 문제가 있었는데, 단순 스위치 On, Off의 기초 기능에는 위의 이론이 유효하였으나 XOR 같은 문제에는 적용할 수 없다는 것이 증명되기 때문이지요. 다시 말하면 스위치 On, Off의 기능만으로는 우리가 이미 배운 논리 기호에서의 AND, OR의 논리 기호의 표현은 가능하나 XOR 같은 문제에는 적용할 수 없다는 것입니다. 이러한 한계에 부딪힌 인공지능은 첫 번째 암흑기를 맞이하게 됩니다.

인공지능은 1970년대 이후 통계 분석에 기초를 두고 데이터 마이닝이라는 이름으로 방대한 기존 데이터를 분석함으로써 산업 전반에 문제 해결 도구로 사용되며 현재는 빅데이터 기술의 기본이 되고 있습니다.

2 | 오늘날의 인공지능

오늘날 인공지능하면 대부분의 사람들은 이세돌 기사와 바둑을 두었던 구글 딥마인드사의 알파고를 떠올립니다. 그리고 인공지능 공기 청정기, 로봇 청소기를 떠올리지요. 우리가 보기에 인공지능은 앞서 언급한 제품들 그리고 컴퓨터로만 보인다고 생각하지만, 사실 이미 산업 전반에 걸쳐 광범위하게 사용되고 있습니다. 아주 간단한 예로, 여러분이 사용하는 컴퓨터에서 옷이나 신발을 검색했다면, 다음번에 컴퓨터 검색 화면에 앞서 검색한 옷이나 신발과 유사한 제품 사진을 자동으로 추천해 주는 것을 본 적이 있을 것입니다. 그리고 오늘 들었던 음악과 유사한 음악을 다음에도 자동으로 추천해 주는 것을 경험한 적이 있을 것입니다. 이와 같이 로봇 청소기뿐 아니라 컴퓨터를 사용하는 모든 분야에서 인공지능은 어느새 우리 옆에 다가와 있습니다.

우리가 인공지능에 대한 자세한 이론이나 방식에 대해서 다 공부할 필요는 없습니다. 하지만 기본적인 개념에 대한 이해는 필요하리라 생각합니다.

3 | 인공지능은 어떻게 동작하는가?

인공지능은 반복적 학습과 데이터를 분석하여 발견하는 것을 자동화합니다. 하드웨어에 기반을 둔 로봇 자동화와는 개념이 다르지요. 또한, 이미 사용 중인 제품의 자동화, 대화 플랫폼, 스마트 머신이 대량의 데이터와 결합하는 형태로 투자 분석이나 여론 분석을 통해서 일반 생활에서 이용하는 많은 기술을 개선할 수 있습니다.

인공지능은 학습 알고리즘을 통해 스스로 개선하고 데이터를 프로그래밍할 수 있게 되어 있습니다. 이 부분이 인공지능의 가장 핵심적이고 중요한 부분이라고 생각합니다. 주어진 데이터의 규칙과 구조를 스스로 찾아내고 알고리즘이 이를 학습하도록 하는 것이지요. 이러한 학습 구조로 인해 세계적인 바둑 고수들을 이길 수 있는 시스템을 구성할 수 있었습니다.

인공지능은 보다 많은 데이터를 깊이 있게 분석하기 위해 숨겨진 다양한 레이어를 가진 신경망을 활용합니다. 레이어가 많을수록 연산의 수가 기하급수로 늘어나기 때문에, 이 부분은 제공되는 컴퓨팅 파워와 밀접한 관계가 있습니다. 과거와 비교할 수 없는 하드웨어의 발달로 인해 이제 엄청난 데이터를 순식간에 분석하고 자료화하고 이를 토대로 새로운 데이터를 만들기를 반복하는 것에 문제가 없습니다. 딥러닝 모델은 데이터를 이용해 직접 학습하기 때문에 많은 양의 데이터가 필요한데, 입력하는 데이터가 많을수록 알고리즘의 정확도는 더 높아집니다.

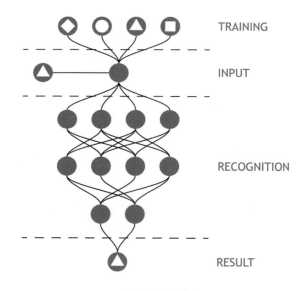

그림 8.22 인공 신경망

또한, 이전에는 불가능했던 딥 신경망 분석을 통해 놀랍도록 향상된 정확도를 제공합니다. 현재 우리가 사용하고 있는 Google Search, Google photos 등은 이미 딥러닝 기술을 활용하여 서비스하고 있는데, 사용해 보고 느꼈겠지만 놀랍도록 정확한 결과를 내고 있습니다.

인공지능은 데이터 활용을 극대화합니다. 네트워크상에 있는 데이터에 모든 해답이 있습니다. 데이터의 역할이 어느 때보다 중요해진 이 때에, 방대한 데이터를 분석하여 보석 같은 데이터로 재탄생시키는 인공지능에서는 데이터야말로 보석 같은 존재입니다.

요약 ---

1 미래의 예측

- 무어의 법칙은 인텔의 창업자 고든 무어가 이야기한 법칙으로 '반도체의 집적밀도는 18~24개월 마다 2배씩 증가한다'는 법칙입니다.

- 메트칼프의 법칙은 이더넷을 발명한 로버트 메트칼프가 이야기한 내용으로, '통신 네트워크의 가치는 접속 시스템 수의 제곱에 비례한다'는 법칙입니다.

2 클라우드는 구름인가?

- 클라우드는 인터넷을 기반으로 하는 데이터의 집합으로, 외부 서비스를 통해 데이터를 저장하고 해당 데이터를 빌려서 사용하는 개념입니다. 클라우드는 비용 대비 뛰어난 효과가 있으며, 공동 사용을 전제로 합니다.

- 클라우드 서비스 모델 중 SaaS Software as a Service는 이메일이나 스케줄 관리, 문서 작성, 표 계산, 재무 회계나 판매 관리 등과 같은 애플리케이션을 인터넷을 통해 제공합니다. PaaS Platform as a Service는 개발 플랫폼을 서비스하는 모델로, 애플리케이션을 개발하거나 실행하기 위한 시스템 기능을 서비스로 제공하며 데이터베이스, 개발 프레임워크, 실행 시에 필요한 라이브러리 및 모듈을 제공합니다. IaaS Infrastructure as a Service는 서버와 스토리지 같은 시스템 자원을 제공합니다.

- 클라우드는 배치에 따라 퍼블릭 클라우드와 프라이빗 클라우드, 하이브리드 클라우드로 나눌 수 있습니다. 퍼블릭 클라우드는 사용자가 인터넷을 통해서 클라우드의 자원을 공유 자원의 형태로 사용합니다. 비용면에서는 우수하지만 보안면에서는 취약한 구조입니다. 프라이빗 클라우드는 퍼블릭 클라우드의 편리함에 보안성을 보완한 클라우드입니다. 하이브리드 클라우드는 퍼블릭 클라우드와 프라이빗 클라우드의 비용적인 장단점과 보안성의 장단점을 서로 보완하는 형태의 시스템입니다.

3 모바일 기기

- 윈도우 PC가 급속도로 보급되고 이동 중이나 출장 중에 사용 가능한 컴퓨터에 대한 요구가 늘면서 포터블 PC, LapTop PC 등으로 불리는 기기들이 등장했지만 지금의 노트북과는 비교할 수 없을 정도로 무거웠으며, 그 무게만큼이나 배터리로 구동하기에는 지속시간이 충분치 않았습니다.

- 스마트폰이라는 개념도 없었던 시기에 스티브 잡스는 아이폰을 '손가락 터치로 조정할 수 있고 인터넷 접속 기능을 갖춘 혁신적 전화기'라고 소개합니다. 이후 아이폰 3G는 애플이 본격적으로 수익을 낸 제품으로 이때 앱스토어가 등장합니다.

4 웨어러블 기기

- 웨어러블 기기는 말 그대로 '몸에 입을 수 있는' 기기를 말합니다. 몸에 기기를 부착하여 내 몸에 대한 생물학적인 정보 등을 저장 및 전송하거나 몸의 움직임을 돕습니다.

- 블루투스는 음향기기의 무선 통신 인터페이스로, 주로 무선 이어폰이나 무선 스피커 등에 많이 사용되고 있습니다. 블루투스의 가장 큰 장점은 저전력 사용이며, 현재 가장 많이 사용하고 있는 무선 통식 방식이므로 세계 어느 곳에서나 사용이 가능하다는 범용성 또한 큰 장점입니다.

- NFC는 약 10cm 이내의 근거리에서 데이터를 교환할 수 있는 비접촉식 무선 통신 기술입니다.

5 IoT와 빅데이터

- IoT는 Internet of Thing의 약자로, 우리나라 말로 '사물인터넷'이라고 번역하여 사용하고 있습니다. 이는 그 전에는 네트워크망에 속하지 않았던 사물들이 네트워크망 안으로 들어오면서 인터넷과 사물이 연결된다는 뜻입니다.

- 빅데이터를 활용하면, 사람들의 관심의 방향과 유용한 정보의 생산을 각종 센서와 기기, 인터넷을 통해서 데이터로 축적하고 그 데이터를 분석함으로써 데이터가 향하는 방향에 대해서 알 수 있습니다.

6 IT 인프라

- 클라우드, 모바일, SNS 등 모든 IT 서비스는 어떤 방식으로든 다 연결되어 있고, 연결되어 있지 않은 시스템은 사실 별 소용이 없는 시스템이 되어 버리고 말았습니다.

- 1990년대 중반부터는 기업 간 연결을 넘어서 개인끼리의 연결이 보편화되는 인터넷이 일반적으로 보급되었습니다. 이런 편리함 덕분에 개인끼리 이메일과 기타 단문형 채팅 프로그램을 통한 메시지 전송 등이 가능해졌습니다.

- IoT로 수집된 데이터는 안전, 에너지 절약 또는 생산성 향상, 최적화를 위한 노하우 등을 찾아내기 위해 분석되고 다시 사물의 제어나 이용자에 대한 조언, 지시로 피드백됩니다. IT 인프라는 이렇게 컴퓨터뿐만 아니라 사람을 연결하고 사물을 연결하게 되어 생활과 사회를 지지하는 중요한 기반으로 자리 잡고 있습니다.

7 인공지능

- 인공지능은 반복적 학습과 데이터를 분석하여 발견하는 것을 자동화합니다. 이미 사용 중인 제품의 자동화, 대화 플랫폼, 스마트 머신이 대량의 데이터와 결합하는 형태로 투자 분석이나 여론 분석을 통해서 일반 생활에서 이용하는 많은 기술을 개선할 수 있습니다.

- 인공지능은 학습 알고리즘을 통해 스스로 개선하고 데이터를 프로그래밍할 수 있게 되어 있습니다. 주어진 데이터의 규칙과 구조를 스스로 찾아내고 알고리즘이 이를 학습하도록 하는 것이지요.

- 인공지능은 보다 많은 데이터를 깊이 있게 분석하기 위해 숨겨진 다양한 레이어를 가진 신경망을 활용합니다. 레이어가 많을수록 연산의 수가 기하급수로 늘어나기 때문에, 이 부분은 제공되는 컴퓨팅 파워와 밀접한 관계가 있습니다.

- 인공지능은 이전에는 불가능했던 딥 신경망 분석을 통해 놀랍도록 향상된 정확도를 제공합니다.

점검문제 --

1. 무어의 법칙이란 무엇인가요?

2. 클라우드 서비스 모델 중에서 SaaS에 대해서 설명하세요.

3. 하이브리드 클라우드에 대해서 설명하세요.

4. 초기 모바일 기기에서 가장 중요한 문제는 무엇인가요?

5. 블루투스에 대해서 설명하세요.

6. 데이터 사이언티스트에 대해서 설명하세요.

7. 우리가 쉽게 접할 수 있는 인공지능에는 무엇이 있을까요?

PART 09

정보 보안

정보가 너무 많아져서 그중에 어떤 것이 중요한 정보이고 어떤 것이 불필요한 정보인가를 가려내는 일이 쉽지 않은 세상입니다. 이러한 와중에 개인 정보를 보호하는 일은 너무도 중요한 일이 되어버렸습니다. 지켜야 할 중요한 정보가 그리 많지 않았던 시대를 넘어, 이제는 사람들의 개인 정보에서부터 회사 정보 그리고 국가 정보까지 모두 새어나갈 수 있는 위험에 있습니다. 정보의 접근이 쉬워진 인터넷 세계가 양날의 검처럼 우리를 위협하고 있지요. 세상에는 좋은 쪽으로만 사용되는 정보뿐만 아니라 다른 사람의 사생활이나 공익에 반하는 정보도 같이 유통되고 있어서, 정보 보안에 대한 문제는 끊임없이 제기되고 있습니다.

·Chapter· 01

정보 보호

정보 보호는 우리가 사용하는 정보가 우리가 원하지 않는 곳에 사용되지 않도록 하는 모든 행위를 말합니다. 이러한 정보 보호의 방법으로는 기술적인 조치가 있을 수도 있으며, 혹은 원시적인 방법도 있을 수 있습니다. 보호해야 하는 정보가 인터넷상이나 컴퓨터에 있는 전자 정보라면 기술적인 방법으로 정보를 보호해야 합니다. 그러나 보호해야 하는 정보가 원시적인 형태의 문서나 물리적인 실체의 정보라면 그에 맞는 정보의 보호 형태가 있어야 할 것입니다. 과거 컴퓨터가 활성화되지 않았던 시기에는 주로 문서나 금고 안에 보관하는 형태로 정보를 보호할 수 있었습니다. 그러나 중요 문서들이 모두 전자 문서화되는 시기에는 이에 맞는 형태로 정보가 보호되어야 합니다. 인터넷과 컴퓨터의 발전으로 정보의 공유에 대한 편리성은 증대되었으나 그에 따라 정보의 보호막도 느슨해졌습니다. 대량의 개인 정보 유출이나 인터넷 뱅킹의 해킹 등이 그 예입니다.

1 정보 보호의 목표와 서비스

1.1 정보 보호의 목표

정보를 보호하기 위해서는 다음의 3가지 요구 사항이 있습니다.

[가] 비밀성Confidentiality

비밀성은 정보의 접근을 제한하여 허가된 사람들에게만 정보를 공개하고 그 외 사람들에게는 공개되지 않도록 하는 것입니다. 정보가 유출되더라도 특별한 코드를 통할 때만 정보가 확인되도록 하는 암호화 등을 이용하여 정보를 보호하고 비밀성을 유지할 수 있습니다.

[나] 무결성Integrity

무결성은 허가되지 않은 사용자가 정보를 수정할 수 없도록 하는 것입니다. 수신자가 정보를 수신하거나 보관되어 있는 정보를 보았을 때 정보가 중간에 수정되지 않았음을 확인하여 정보가 오염되지 않았음을 보장하는 것입니다.

[다] 가용성Availability

가용성은 정보 접근에 인가된 사용자가 정보를 요구할 경우 언제든지 사용 가능하도록 하는 것을 말합니다. 정보 요청이 있을 경우 승인된 정보자에게는 지연이나 방해를 하지 않고 정보를 제공해 주는 것입니다.

1.2 정보 보안 서비스

그림 9.1 중요 정보는 보호되어야 합니다.

[가] 인증Authentication

인증은 정보를 사용하는 사용자의 신분을 확인하는 서비스입니다. 정보를 전달받는 수신자는 정보를 제공하는 송신자가 누구인지 확인이 가능해야 합니다.

[나] 접근 제어Access Control

접근 제어는 인가받지 않은 사용자에게는 접근을 제한하고, 허가된 사용자에게는 인가된 정보의 접근을 허가하는 것을 말합니다.

[다] 부인 방지 Non-reputation

부인 방지는 정보를 전송할 때 송수신 여부를 확인할 수 있도록 합니다. 이것은 정보 송신자가 송신 행위를 부정하거나 혹은 수신자가 정보를 수신하고도 수신하지 않았다고 하는 것을 방지합니다.

2 | 정보 보안의 위협 요소

전송되는 정보를 유출하려는 위협으로는 정보 가로막기 Interruption, 정보 가로채기 Interception, 정보 수정 Modification, 정보 위조 Fabrication가 있습니다.

2.1 정보 가로막기

정보 가로막기는 말 그대로 전송되는 정보의 송수신을 방해하여 정보의 전송을 방해하고 차단하는 것을 말합니다. 정보 보호의 가용성에 위배되는 상황으로, 승인된 정보 접근자에게 제대로 된 정보를 전송할 수 없게끔 하는 모든 방해 행위를 말합니다.

2.2 정보 가로채기

정보 가로채기는 정보의 비밀성에 위배되는 행위입니다. 정보의 비밀성은 인가된 송수신자만이 정보를 서로 전송, 수신할 수 있으나, 제3의 인가받지 않은 접근자가 전달되는 정보에 접근하여 정보를 가로채는 것을 말합니다. 정보를 수신하지 못하도록 가로채는 방법도 있으며 정보를 도청하는 방법도 있습니다.

2.3 정보 수정

정보 수정은 전송되는 정보를 단순히 가로채거나 도청하는 것을 넘어서 정보의 일부를 수정하거나 완전 다른 내용의 정보를 전달함으로써 수신자에게 혼동을 주는 행위를 말합니다. 정보 수정은 정보의 무결성에 위배되는 행위입니다.

2.4 정보 위조

정보 위조는 제3의 접근자가 송신자로 위장하여 임의의 정보를 전송하는 것을 말합니다. 이 역시 정보 무결성에 위배되는 행위입니다. 임의의 정보를 송신하여 수신자가 알아채더라도 전송되는 정보의 신뢰성을 떨어뜨려서 전체 정보를 쓸모없게 만들 수 있습니다.

・ Chapter ・
02

보호해야 하는 정보

인터넷 세상에는 수많은 정보들이 유통되고 재생산되고 있습니다. 이 중에 우리가 보호해야 하는 정보에 대해서 알아보도록 하겠습니다. 보호되어야 한다는 것은 허가된 사람들에게 제한적으로 정보를 제공함을 의미합니다. 이렇게 제한되어야 하는 정보 중에 가장 많이 알고 있는 것으로는 개인 정보가 있습니다. 그리고 기업들의 기업 정보나 국가 기관이나 군에서 취급하는 비밀 정보 또한 이에 속합니다. 컴퓨터 세상에서 보호해야 하는 정보인 개인 정보에 대해서 알아보겠습니다.

1 개인 정보

개인 정보는 살아 있는 개인을 구별할 수 있는 모든 정보를 말합니다. 개인을 구별할 수 있는 정보는 여러 가지가 있을 수 있습니다. 개인의 얼굴을 찍은 사진, 주민등록번호 등 하나의 정보로도 각 개인을 구별할 수 있습니다. 그중 주민등록번호는 아주 강력한 개인 정보일 것입니다. 13자리 번호만을 가지고 우리나라 모든 국민을 구별할 수 있기 때문입니다. 아주 적은 데이터를 효율적으로 사용할 수 있는 강력한 개인 정보인 주민등록번호와는 다르게 개인의 얼굴을 찍은 사진은 시간에 따른 얼굴의 변화까지 알 수가 없으며, 상대적으로 사진은 데이터의 크기가 주민등록번호보다는 훨씬 큽니다. 하지만 사진상으로도 개인을 정확히 구별할 수 있는 확률이 높기 때문에 이 역시 개인을 구별할 수 있는 아주 강력한 정보로 사용할 수 있습니다. 그 외에 2개, 3개의 정보를 조합하여 누구라는 것을 구별할 수 있는 정보들이라면 역시 보호받아야 할 개인 정보에 속합니다. 예를 들어 생년월일과 사는 주소가 조합되어 있다든지, 개인 사진과 이름 같은 경우도 이에 속할 수 있습니다.

1.1 직접 식별 개인 정보

직접 식별 개인 정보는 고유 식별 정보와 민감 정보로 나눌 수 있습니다. 고유 식별 정보는 개인을 고유하게 구별하기 위하여 부여된 식별 정보를 이야기합니다. 민감 정보는 개인의 바이오 정보, 그 사람이 가지고 있는 사상적인 정보 등 공개될 경우 정보 주체의 사생활을 현저히 침해할 우려가 있는 개인 정보를 말합니다.

적절한 절차를 거치지 않은 상태의 직접 식별 개인 정보의 외부 유출은 처벌 대상이 되며, 이 정보들은 모두 암호화 과정을 거쳐서 취급해야 하며, 암호화 미적용 시에도 처벌의 대상이 됩니다.

그림 9.2 개인 정보는 민감한 정보입니다.

[가] 고유 식별 정보

개인 정보 보호법에는 아래의 식별 정보를 고유 식별 정보로 규정하고 있습니다.

- 주민등록법 제7조 3항에 따른 주민등록번호

- 여권법 제7조 1항에 따른 여권 번호

- 도로교통법 제80조에 따른 운전면허의 면허번호

- 출입국관리법 제31조 4항에 따른 외국인등록번호

우리가 보통 알고 있는 개인에게 부여된 고유 번호가 모두 이에 속합니다.

[나] 민감 정보

개인 정보 보호법에는 다음을 민감 정보로 규정하고 있습니다.

- 사상, 신념, 노동조합 정당의 가입 탈퇴, 정치적 견해, 건강, 성생활 등에 관한 정보

- 유전자 검사 등의 결과로 얻어진 유전 정보나 범죄 경력 자료

1.2 간접 식별 개인 정보

간접 식별 개인 정보는 직접 식별 개인 정보와 결합하거나 간접 식별 개인 정보들을 결합할 경우, 해당 개인을 용이하게 알아볼 수 있는 정보를 지칭합니다. 이 정보들 역시 적절한 절차 없이 외부 유출 시에는 처벌의 대상이 되나, 데이터의 암호화 대상은 아닙니다.

- 이름과 주소의 결합

- 이름과 휴대폰 번호의 결합

- 이름과 회사, 회사 전화 번호의 결합

Chapter 03

해킹

해킹Hacking 이라는 말은 원래 컴퓨터 시스템의 내부 구조와 동작 등에 심취한 매니아들이 네트워크의 보안 취약점을 찾아내고, 찾아낸 문제점을 유익한 방향으로 해결하고 이를 악용하지 못하도록 방지하는 행위를 말했습니다. 사실 해킹의 첫 취지는 요즘과 달리 너무도 건전하고 좋은 방향이었습니다. 그러나 이제는 고속 인터넷 발달과 함께 인터넷상에서 일어나는 불법 시스템 침투, 정보 도청, 정보 위조 등의 불법 행위들을 해킹이라고 지칭하고 있습니다. 해킹은 공공의 네트워크 망을 이용하여 허가받지 않은 컴퓨터 시스템에 불법으로 접속하여 해당 시스템의 정보를 도청, 위조, 변조, 혹은 파괴하는 모든 행위를 일컫는 말이 되었습니다.

그림 9.3 해커의 해킹

1 해커와 크래커Hacker and Cracker

해커라는 말은 1960년대 미국의 MIT 공대의 TMRCTech Model Railroad Club 라는 동아리에서 처음 사용했던 Hack에서 유래되었습니다. 원래 Hack은 '작업 과정 그 자체에서 느껴지는 순수한 즐거움'이란 의미로 사용되었습니다. 의미에서와 같이 나쁜 의도로 컴퓨터 작업을 하는 것이 아닌 그 자체로 즐거움에 빠진 사람들의 의미였던 해커란 단어는 나쁜 의미로 자신의 이익을 위해서 다른 컴퓨터에 침입하고 정보를 빼내는 크래커로 변질됩니다.

2 | 해킹의 종류

어떤 컴퓨터 시스템을 해킹하기 위해서는 해당 시스템의 구성을 파악하고, 사용하고 있는 네트워크 프로토콜의 취약점 등을 알아내는 것이 중요합니다. 과거 고전적인 방법으로는 회사 시스템이 변경될 시점에 기존에 사용하던 시스템 매뉴얼을 폐기하는 과정에서 정보가 유출되는 경우도 있었습니다. 그래서 쓰레기통을 뒤져서 폐기 시스템 매뉴얼이나 기타 정보들을 수집하는 경우도 있었다고 합니다. 과거 시스템 매뉴얼이라 할지라도 해킹을 하려는 사람들의 손에 들어가면 변경될 시스템의 대략적인 구조를 파악할 수 있다는 의미입니다. 쓰레기통으로 버려지는 매뉴얼도 조심해야 할 것입니다. 요즘은 대부분의 회사 시스템 관련 서류들은 모두 대외비 서류로 분류하여 폐기할 때는 모두 파쇄하도록 되어 있기 때문에 그럴 일이 거의 없겠지만요.

2.1 자원 고갈 공격

자원 고갈 공격은 공격 대상 시스템의 네트워크 트래픽을 증가시키거나 시스템의 CPU, 메모리 등의 자원을 소모시키는 공격 형태입니다. 이러한 공격이 가능하도록 더미 데이터Dummy Data를 무작위로 보내거나, CPU 점유율이 높은 프로그램을 지속적으로 기동시키는 방법 등을 사용합니다.

[가] DoS Denial of Service

얼마 전 서울시에 불법으로 뿌려지는 성매매 업소를 근절하는 방법으로 DoS와 비슷한 방법을 사용한다는 뉴스가 나왔습니다. 이는 불법으로 뿌려지는 전단지에서 해당 업소의 전화번호를 수집하여 3초마다 전화를 거는 방법입니다. 이렇게 하면 해당 전화번호는 계속 통화 중이 되어 업소를 이용하는 사람들의 접근을 막을 수 있습니다.

이와 같은 방식으로 Dos는 시스템의 정상적인 서비스를 방해하기 위해 과도한 데이터를 보내서 공격 대상의 네트워크나 시스템이 정상 동작하지 못하도록 하는 공격 방법입니다. 특별한 침투 기법을 이용하여 시스템에 침투하여 시스템을 장악하는 것이 아니라, 인해전술로 대량의 데이터를 마구 보내서 해당 시스템으로 하여금 정상적인 서비스를 하지 못하도록 하는 마구잡이식 공격법이라고 할 수 있습니다.

• Ping of Death

보통 네트워크가 정상적으로 연결되었나 확인할 때 쓰는 Ping 명령어를 사용하는 공격 방법입니다. 공격 대상의 IP로 Ping 명령어를 이용하여 최대 패킷으로 데이터를 보내면, 지나가는 네트워크의 특성에 따라서 수백 개, 수천 개의 패킷으로 잘게 쪼개지며 결과적으로 공격 대상 시스템은 대량의 작은 패킷을 수신하게 됩니다. 이러한 데이터를 짧은 시간에 수천 번 이상 보내어 대상 시스템으로 하여금 Ping에 응답하느라 다른 동작을 하지 못하도록 하는 공격법입니다.

그림 9.4 Ping 테스트

이 방법은 해당 시스템에 IP로 접근하여 공격하므로 잘못하면 연결되어 있는 네트워크 전체에 영향을 미칠 수 있습니다. 이러한 공격을 막는 방법으로 반복적으로 일정한 수 이상의 패킷이 올 경우 해당 패킷들을 무시하도록 세팅하는 방법이 있습니다.

• SYN Flooding

네트워크 시스템은 동시 접속 사용자 수를 대부분 일정하게 제한하고 있습니다. 이는 너무 많은 사용자가 자원을 한꺼번에 요구할 경우 시스템 부하가 가중되기 때문입니다. 이런 약점을 이용해서 공격하는 것이 SYN Flooding 공격입니다. SYN이라는 용어는 Synchronize Sequence Number의 약자로, 일단은 서버로 보내는 메세지의 일종이라고만 알아두면 됩니다. SYN Flooding은 최대 접속 사용자들이 접속한 것처럼 위장하여 실제 서비스를 받아야 하는 사용자의 접근을 막는 방식입니다. 예를 들면 은행에 창구가 4개가 있으며 한 번에 은행 창구를 이용할 수 있는 사람은 총 4명이라고 합시다. 그런데 어느날 손오공이 나타나서 분신술을 써서 원숭이 4마리가 창구 앞을 점령하고 있다면, 은행 업무를 봐야 하는 사람은 창구에 접근할 수가 없습니다.

그림 9.5 호잇!!! 분신술이닷!!!

앞의 예에서처럼 서비스에 응대해야 하는 서버의 경우 은행 창구와 같이 한정된 응대를 할 수 있습니다. 창구에서 통장을 개설할 때, 고객이 통장 개설을 요청하면 창구에서는 해당 은행 절차를 밟은 후 통장을 개설해 주게 되어 있습니다. 창구 4개에 동시에 통장 개설을 요청하면 창구 4개는 모두 통장을 개설하는 중이 됩니다. 이것을 ACK와 SYN Receiver로 설명하면 다음과 같습니다.

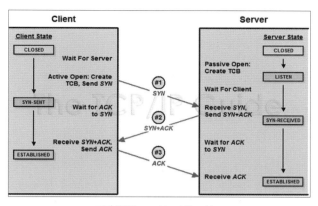

그림 9.6 3-way Hand Shacking

위의 그림에서 Client에서 Server로 SYN을 보내면 Server는 SYN 신호를 받은 후 Client에 ACK를 보내야 합니다. 그런데 Client에서 끊임없이 계속 SYN을 보내온다면 Server도 계속해서 ACK 신호를 Client 쪽으로 보내야 합니다. 악수Hand Shacking를 한 쪽에서만 할 수 없고 둘이서 같이 손을 잡아야 악수를 할 수 있듯이, 서로 대답과 응답이 있어야 통신이 완료되는 구조에서는 한쪽에서 계속 악수를 하자고 손을 내밀 때 반대편도 같이 계속 손을 내밀어야 하는 구조를 이용한 공격 방법입니다.

이와 같이 동시 접속 서비스가 일부러 최대로 일어나게 한다면 공격이 되겠지만, 평소에도 특정 서비스에 사용자가 폭주할 경우도 있을 수 있습니다. 이 공격은 일정 시간이 지나고 서버가 SYN Received 상태에서 자동으로 벗어나게 되면 정상으로 회복됩니다.

• HTTP GET Flooding

이 방법은 공격 대상 시스템에 TCP-3way Hand Shacking 과정을 통해 정상적으로 접속을 한 후 특정 페이지의 갱신을 무한대로 진행하는 경우입니다. TCP-3way Hand Shacking이라고 하는 것은 신뢰성있는 네트워크 연결을 하기 위해서 연결 전에 패킷을 3번 교환하여 확인하는 과정입니다. [그림 9.6]에서 보듯이 제일 처음 Client가 Server로 SYN 패킷을 보내면 Server는 SYN + ACK 신호를 보냅니다. 그러면 다시 ACK를 회신해서 서로의 상태가 문제가 없다고 판단하게 됩니다. 이러한 일련의 과정을 거치고 난 후 특정 페이지 갱신을 무한대로 진행하여 시스템을 사용 불가 상태로 만드는 것이 HTTP GET Flooding입니다.

[나] DDoS^{Distributed Denial of Service}

DDoS는 분산 서비스 공격이라고 합니다. 이 공격을 하기 위해서는 먼저 좀비 PC라고 불리는 환경이 필요합니다. 쉽게 표현하자면, 내 명령대로 움직이는 PC를 만들어야 합니다. 내 명령대로 움직이는 PC는 악성 바이러스가 내포된 메일을 무작위로 보내서 사용자가 메일을 수신하게 되면 바이러스가 해당 PC에 뿌려져서 좀비 PC로 만들 수 있습니다. 악성코드는 이러한 메일뿐 아니라 다양한 경로로 유입이 가능합니다. 특정 웹사이트 방문 시에 Active X 형식으로 설치될 수도 있으며, 혹은 특정 프로그램 설치 시에 자신도 모르게 설치될 수도 있습니다. 또는 이메일의 하이퍼링크나 첨부 파일을 통해서도 감염이 가능합니다. 감염된 PC는 모두 공격자의 명령대로 움직이는 PC가 됩니다. 이렇게 만들어진 좀비 PC로 하여금 해커는 특정 시스템을 공격하도록 명령합니다. 이 명령은 바이러스 안에 정보를 심어서 시간과 공격 대상의 정보를 담고, 특정 시간이 되면 PC들은 특정 시스템을 공격하게 됩니다. 혹은 공격자는 사전에 심어 놓은 악성코드를 이용해서 원격에서 제어가 가능하게 만들어 놓습니다.

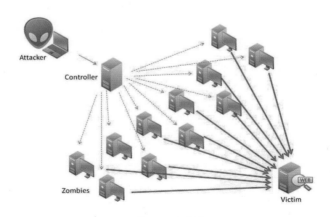

그림 9.7 DDos 공격

이렇게 원격 조종되는 PC는 자신이 공격에 가담하고 있다는 사실을 인지하지 못합니다. 좀비 PC는 적게는 수십 대에서 많게는 수만 대까지 악용해서 사용되는 사례가 있습니다.

최근 공격 사례로 2011년 10월 26일 중앙 선관위 홈페이지에 DDos의 공격이 있었습니다. 당시 재보궐 선거가 이루어지고 있었는데, 공격은 당일 오전 9시부터 12시까지 이어졌고 해당 시간에 중앙 선관위 홈페이지에 접속이 불가했습니다. 또 다른 사례로 2011년 3월 3일 국내 주요 정부 기관과 포털 사이트, 은행 등이 DDos의 공격을 받아 두 차례에 걸쳐 서비스가 마비되는 사건이 있었습니다. 4~7일 가량이 지나면 하드 디스크가 파괴되도록 설정되어 있었지만, 공격에 큰 피해가 없자 이를 앞당겨 하드 디스크를 파괴하는 명령과 보호나라 사이트 접속을 막는 명령을 내린 것으로 알려졌습니다. 방통위는 해당 DDos는 P2P 파일 공유 사이트에 업로드된 일부 파일에 삽입·유포됐다고 발표했습니다.

[다] 스푸핑 Spoofing

그림 9.8 아 이런 짜가

스푸핑은 사전적 의미로 '속이다'라는 의미가 있습니다. 말 그대로 가짜의 DNS, IP, Mac 주소, 이메일을 만들어서 이것에 접속하는 시스템과 사람들의 정보를 빼내는 해킹 방법입니다. 간혹 스팸 메일 중에서 은행을 사칭하거나 경품에 당첨되었다고 해서 이를 열어 보면 특정 사이트로 접속을 유도하는 것을 본 적이 있을 것입니다. 특정 사이트 접속뿐 아니라 중요한 개인 정보를 입력하도록 해서 정보를 빼내는 것을 경험해

본 사람도 있을 것입니다. 이러한 것을 스푸핑이라 합니다.

• IP 스푸핑

공격자가 자신의 IP를 변조하여 공격 대상의 사이트나 시스템에 접속하는 방법을 말합니다. 변조 대상 IP는 특별 관리 대상의 IP로 접근 제어 목록을 우회하거나 혹은 회피해서 접속 가능한 IP로 위조하여 접속하는 것을 말합니다.

• ARP 스푸핑

네트워크 통신을 하기 위해서 IP 주소를 고유의 네트워크 장비 주소인 Mac으로 변환시키기 위한 과정에서 위조를 하는 방법입니다. ARP는 IP 주소를 Mac 주소로 변환시키는 프로토콜입니다. 그래서 ARP 스푸핑은 ARP가 전달하는 Mac 주소를 위조하여 접속하는 방식을 사용합니다. Mac 주소를 확인하는 단계에서 일어나는 기법이므로 공격 대상의 PC는 같은 로컬망에 접속되어 있어야 합니다.

• DNS 스푸핑

DNS Domain Name System는 도메인 이름을 IP로 변환해 주는 시스템입니다. DNS 스푸핑은 IP로 변환하는 과정에서 잘못된 IP 주소를 알려 주는 것입니다. 예를 들면 어느 사용자가 N 포털 사이트로 접속할 경우, DNS는 N 포털 사이트 이름을 IP 주소로 변경하여 실제 접속 사이트로 접속하도록 합니다. 이때, 공격 시스템은 이 IP 주소가 전달되기 전에 유인할 사이트의 IP 주소를 대상 시스템에 전달하여 대상 시스템으로 하여금 잘못된 웹사이트로 접속하도록 유인합니다. 이미테이션으로 만들어 놓은 사이트에 접속하기 위해서 사용자가 아이디와 패스워드 및 기타 개인 정보를 입력할 때 이 정보를 훔쳐오는 방법입니다.

• 전자우편 스푸핑

전자우편을 위조하여 보내서 사용자로 하여금 해당 사이트로 접속하도록 유도하거나 전자우편에 바이러스를 내포하여 감염되도록 하는 방식입니다.

[라] 스니핑 Sniffing

스니핑은 고전적인 정보 수집 방법인 감청을 네트워크에 적용한 방법입니다. 전자우편을 주고받을 때나 채팅을 할 경우 공격자는 이메일이나 채팅을 중간에 가로채거나 모니터링하고 있다가 금융 정보나 기타 중요한 정보를 주고받을 때 이것을 훔칩니다. 고전적인 방법이지만 아직까지도 꽤 효과적인 정보 탐지의 방법입니다. 가능하면 전자우편이나 채팅에서는 아이디, 비밀번호, 기타 중요한 개인 정보를 알려 주는 행위는 하지 않는 것이 좋습니다.

그림 9.9 낮말은 새가 듣고 밤말은 쥐가 듣는다.

• 쿠키 스니핑

쿠키는 사용자가 접속하였던 웹사이트의 이력을 기록하는 파일입니다. 웹사이트에 방문할 때 사용하였던 아이디와 패스워드 등을 가지고 있어서 사용자는 해당 사이트를 재방문할 경우 다시 아이디나 패스워드를 넣지 않아도 편리하게 접근이 가능하도록 합니다. 이 쿠키 파일을 가로채서 중요한 개인 정보를 가져가는 것을 쿠키 스니핑이라고 합니다.

[마] XSS Cross Site Scripting 공격

XSS는 악성 스크립트를 포함한 게시물을 게시하여 정보를 취득하는 방식입니다. 보통 Active X나 기타 스크립트를 이용해서 입체적인 웹사이트를 많이 만들고 있습니다. 게시물을 올리는 사람들이 역동적인 정보를 올리기 위한 실행 코드나 기타 태그의 업로드가 자유로운 점을 악용하여 이 실행코드에 악성 스크립터를 삽입하여 게시물을 올립니다. 그리고 다른 이용자들이 이 게시물을 열람하게 되면 스크립터가 작동하여 이용자들의 정보를 빼내는 방식입니다.

그림 9.10 XSS

·Chapter·
04

악성코드

악성코드는 악의적인 의도를 가지고 만든 코드의 통칭입니다. 여기서 말하는 악의적인 의도로는 중요 정보의 유출, 혹은 대상 시스템의 공격을 말합니다. 예전에는 정보의 유통이 지금처럼 빠르고 대용량을 이루어지지 않았습니다. 인터넷을 이용해도 속도가 느리고 컴퓨터 시스템 성능도 지금처럼 고속의 대용량 메모리나 CPU가 있던 시기가 아니었습니다. 그러다 보니 많은 정보를 유통하기 어려운 구조였습니다. 이러한 환경적 요인으로 인해 악성코드 프로그램을 이식하는 과정이 그리 쉽지 않았으며 주로 불법 소프트웨어나 기타 유혹하기 쉬운 파일에 악성코드를 포함해서 감염을 유도하는 경우가 많았습니다. 하지만 요즘은 단순히 이메일이나 특정 페이지를 접속하는 것만으로도 침투가 가능합니다. 이런 정보의 유출이나 공격을 위해서 만든 프로그램은 대표적으로 바이러스, 웜, 트로이 목마로 나눌 수 있습니다.

1 | 바이러스 Virus

컴퓨터 바이러스는 1949년 폰 노이만에 의해서 예견되었습니다. 폰 노이만은 앞에서 설명한 것처럼 정말 위대한 천재로, 컴퓨터 프로그램이 자신을 복제함으로써 스스로 복제가 가능하다는 것을 예견했습니다. 최초의 바이러스는 1986년 파키스탄의 한 프로그램 제작자에 의해 탄생된 브레인 바이러스입니다. 이 프로그래머가 자신이 개발한 프로그램을 불법 복제·유포되는 것을 막기 위해서 바이러스라는 악성코드를 개발했던 것이 바이러스의 시작이라고 합니다.

사실 복제 개념이 들어간 최초의 바이러스는 그 전에도 있었는데, 바로 엘크 클로너 Elk Cloner라는 프로그램으로 1982년경 15세였던 리치 스크렌타 Rich Skrenta라는 소년이 만들었습니다. 이 바이러스는 Apple II 시스템에만 적용되었으며, 부팅된 이후 메모리에 남아 있다가 새로운 디스크가 컴퓨터에 삽입될 경우 해당 디스크를 감염하는 방식이었습니다. 초기 바이러스로써 별다른 해를 입히는 것은 아니었으며 감염된 디스크로 50번째 부팅을 시도하면 짧은 시를 출력하는 귀여운 테러를 벌였습니다. 이 프로그램이 퍼져나간 정도도 최초 개발자의 주위 사람들 정도였기 때문에 별다른 피해없이 지나갔다고 합니다.

과거 저희 선배들이 회사생활을 막 시작할 무렵의 에피소드가 있습니다. 개발자로 취업을 한 이 선배는 실험실 한쪽 귀퉁이에 비닐 봉지로 꼭꼭 싸매어진 컴퓨터 한 세트를 보고 지나가는 타 부서의 선배에게 저 컴퓨터는 왜 저렇게 비닐로 매났냐고 물어봤다고 합니다. 그랬더니 그분 말씀이 바이러스 걸려서 사람한테 옮길까봐 비닐로 밀봉해놨다고⋯⋯.

컴퓨터 바이러스는 의학용어로 사용될 때처럼 컴퓨터에 감염되면 컴퓨터가 정상적으로 동작하지 못하도록 병들게 합니다. 또한, 주위의 다른 컴퓨터들도 같이 전염이 되도록 복제하고 이동하기도 합니다. 하지만 컴퓨터끼리만 해당할 뿐 사람을 물거나 하지는 않습니다. 적어도 아직까지는 말입니다.

1.1 1세대 원시형 바이러스 Primitive Virus

1세대 원시형 바이러스는 컴퓨터의 부트 영역이나 파일 등을 감염시키는 특징이 있으며, 단순 자기 복제 기능과 데이터 파괴 기능을 가지고 있는 단순하면서 비교적 분석이 쉬운 바이러스입니다.

[가] 부트 바이러스

컴퓨터가 최초 부팅을 하게 되면 컴퓨터는 하드 디스크의 부트 섹터에 있는 프로그램을 실행합니다. 부트 바이러스는 이 부트 섹터에 있는 프로그램이 정상 동작하지 못하도록 하여 부팅 자체를 하지 못하도록 하는 바이러스입니다. 예로 브레인 바이러스, 미켈란젤로 바이러스, 몽키 바이러스가 있습니다.

[나] 파일 바이러스

특정 파일에 바이러스 파일을 숨겨 놓았다가 프로그램이 실행될 때 바이러스 파일도 같이 동작하는 방식입니다. 바이러스에 감염된 파일이 실행될 때 프로그램을 덮어쓰는 덮어쓰기형과 프로그램 앞 또는 뒷부분에 바이러스를 붙이는 덧붙이기형이 있습니다. 덮어쓰기는 프로그램이 정상적으로 실행되지 않으며, 덧붙이기는 프로그램이 실행되지만 바이러스가 파일에 감염이 된 상태입니다. 대표적인 바이러스로 예루살렘 바이러스가 있습니다.

1.2 2세대 암호형 바이러스 Encryption Virus

암호형 바이러스는 백신 프로그램이 등장하면서 이 백신을 우회하기 위해서 자체적으로 코드의 일부분 또는 전체를 암호화하는 바이러스입니다. 암호화 방식이 일정하였으므로 암호 해독 방식도 일정했습니다. 이때부터 백신에 암호 해독 방식을 포함해야 했기에 백신 제작에 다소 어려움이 생기기 시작합니다. 예로는 폭포 바이러스와 느림보 바이러스가 있습니다. 폭포 바이러스는 알파벳이 폭포처럼 쏟아지는 현상이 나타납니다.

그림 9.11 폭포 바이러스

그림 9.12 하늘에서 알파벳이 폭포처럼 쏟아집니다.

1.3 3세대 은폐형 바이러스 Stealth Virus

이 바이러스는 백신에 탐지되지 않도록 자기를 은폐시키는 거짓 정보를 제공합니다. 카멜레온처럼 은폐 가능한 바이러스죠. 이렇게 3세대 즈음되니 백신을 회피하는 기술이 점점 더 발달하게 됩니다. 보통의 실행 파일에 기생하는 컴퓨터 바이러스는 실행이 되면 파일 사이즈가 증가하여 감염 여부의 진단 인식이 쉽습니다. 이를 회피하기 위해서 은폐형 바이러스는 컴퓨터를 감염시킨 후에 메모리나 파일 크기가 감염 이전과 같은 데이터를 백신에게 보여줌으로써 감염 사실을 숨기는 방식을 사용합니다. 대표적인 예로 브레인 바이러스, 조쉬 바이러스, 512 바이러스가 있습니다.

1.4 4세대 갑옷형 바이러스 Armor Virus

컴퓨터 바이러스의 발전은 백신 프로그램을 회피하는 데 있습니다. 갑옷형 바이러스는 백신 프로그래머가 컴퓨터 바이러스를 분석하고 백신을 만들기 어렵게 함으로써 개발을 지연하는 데 목적이 있습니다. 이 바이러스는 마치 생물학적인 암세포처럼 다양한 형태로 자가 변종이 가능하여 자체 변형 바이러스 Self-encrypting Virus라고도 합니다. 이것은 암호화 바이러스의 일종인데 암호를 푸는 부분이 항상 일정한 2세대와는 달리 암호를 푸는 부분이 감염될 때마다 달라지도록 변종 발전되었습니다. 이러한 다형성 바이러스의 변형 방법이 100만 가지가 넘는다고 합니다. 따라서 백신 프로그램이 기존 방식으로는 이러한 바이러스를 발견해내기 어려워졌습니다. 그래서 갑옷형 바이러스는 최상의 실력을 가진 전문 프로그래머가 개인 또는 단체로 만들어낸 것이라는 추측을 하고 있습니다. 대표적 고래 바이러스는 여러 명의 전문가가 모여 겨우 분석을 마칠 수가 있었다고 합니다. 복잡한 것이 문제이긴 하나 복잡하니 쉽게 만들 수 없는 고난도의 바이러스 프로그램입니다.

1.5 5세대 매크로 바이러스 Macro Virus

매크로 바이러스는 엑셀이나 워드처럼 매크로 명령을 사용하는 프로그램의 데이터에 감염되는 바이러스입니다. 1995년 10월에 처음 발견되었으며 국내에서는 1996년 6월에 통신망을 통해서 발견되었습니다. 이 매크로 바이러스 중 하나인 와주 Wazzu는 주로 워드의 문서 파일에 감염되어 새로 작성되는 모든 문서를 감염시킵니다. 와주에 감염되면 문서 내의 단어가 서로 엇갈린다든지, Wazzu라는 단어가 무작위로 삽입되는 피해를 입을 수 있습니다.

2 | 웜Worm

웜은 네트워크를 통해서 자신을 복제하고 전파할 수 있는 악성 프로그램을 의미합니다. 바이러스와 달리 웜은 직접적인 피해를 입히기보다는 자기 복제 행위와 네트워크를 통해 확산하는 프로그램입니다. 단순 자기 복제 기능만으로도 시스템에 막대한 부하를 일으켜서 정상적인 동작이 불가하도록 하며, 바이러스에 비해 네트워크를 통한 확산 속도가 빨라 단시간에 네트워크에 치명타를 입힐 수 있습니다. 대표적인 예로 러브레터 바이러스, 조크바이러스, 스테이지스 등이 있습니다. 웜이 처음 알려진 사건으로 1988년 11월 모리스웜Morris Worm 사건이 있는데, 유닉스 시스템을 통해서 웜이 전파되어 수천 대의 서버 시스템이 정지하는 사건이었습니다.

그림 9.13 웜 공격으로 컴퓨터가 정상 작동되지 않아요.

3 | 트로이 목마Trojan Horse

트로이 목마는 그리스 군대와 트로이 전쟁 고사에서 유래했습니다. 호메로스가 쓴 일리아스에서 나오는 이야기로, 우리에게는 브래드 피트가 나오는 영화로 더 유명합니다.

그림 9.14 트로이 목마

간단히 설명하면, 그리스와 트로이와의 전쟁에서 그리스 군대는 거짓으로 도망가는 척하고 커다란 목마를 하나 만들어 놓은 뒤, 이 커다란 목마에 숨습니다. 트로이에 서는 이 목마를 발견하고 목마를 불태우려 하는 쪽과 전쟁의 전리품으로 취하려 하는 쪽으로 나뉘었고, 결국 목마는 전리품으로 성 안으로 들여지게 됩니다. 트로이 사람들이 승리에 취해서 축하를 벌인 다음날 새벽, 트로이 목마에서 나온 그리스 군인들은 성문을 열어서 그리스 군이 성으로 들어오도록 하면서 트로이 성을 함락시킨다는 이야기입니다. 여기서 쓰인 트로이 목마처럼 아무 해가 없을 것 같은 파일을 공격할 컴퓨터에 심어 놓고 필요에 따라 실행시켜서 바이러스를 활성화시키는 방법입니다. 이 바이러스는 자기 복제 능력이 없어서 자기 자신을 다른 곳으로 감염시키지는 못합니다. 그러나 내부 자료를 파괴하거나 특정 정보를 훔쳐내는 데 사용할 수 있습니다. 특히 사용자 정보 유출 및 자료 파괴에 효과를 보이고 있어서 해커들이 자주 사용하는 바이러스입니다. 사용자 정보 유출에는 공격 대상의 컴퓨터에 신용카드 번호나 기타 개인 정보가 입력되면 이 정보를 외부로 유출하는 경우가 있으므로 주의가 필요합니다.

바이러스는 자기 복제와 전파 능력이 있어서 발견 시 연결되어 전체 프로그램을 검사해야 하지만 트로이 목마는 자기 복제 능력이 없는 것으로 알려져서 해당 프로그램만 지우면 문제가 해결됩니다. 그러나 이 또한 어떻게 변형이 될지 모르고 변형 가능성은 많으므로 바이러스가 발견될 경우 전체를 대상으로 백신 검사를 하는 것이 좋습니다. 대표적인 예로 Trojan.Win32.Bymer, Win-Trojan/Quz, Win-Trojan/Wscanreg 등이 있습니다.

4 기타 유해 프로그램

과거 유해 프로그램이라 하면 시스템에 큰 영향을 주기보다는 사용자의 이용에 불편을 주는 과도한 광고 배너, 혹은 무작위로 전송되는 이메일 정도였을 것입니다. 그러나 요즘은 이런 배너, 이메일뿐 아니라 각종 툴바, 백신을 가장한 스파이웨어 등 그 피해가 바이러스 이상인 경우도 있어서 그에 대한 방책이 필요합니다.

4.1 스파이웨어 Spyware

스파이웨어 혹은 애드웨어Adware라고 불립니다. 특정 회사의 광고나 제품 광고의 목적으로 배너를 삽입하거나 화면상에 지속적으로 광고 창을 생성하는 프로그램입니다. 요즘은 심지어 소프트웨어를 설치할 경우에 사용자 동의없이 설치되거나 제거 옵션 박스를 잘 보이지 않는 곳에 두어서 사용자로 하여금 주의를 기울이지 못하도록 하여 설치됩니다. 또한 툴바 형태로 설치되기도 합니다. 주로 초기에는 웹브라우저의 시작 페이지를 고정하도록 하여 특정 사이트 접속을 유도하는 정도였으나, 악성 스파이웨어의 경우는 사용자의 개인 정보와 아이디, 패스워드 등의 정보를 정해진 서버로 주기적으로 전송하는 경우도 있습니다.

2005년 정보통신부는 스파이웨어를 정보통신망법제48조 2항상의 악성코드로 규정하고, 몇 가지 기준안을 발표했습니다.

(1) 웹브라우저 등 이용자가 그 용도를 명확하게 인지하고 동의한 프로그램(이하 '정상 프로그램'이라 한다) 또는 시스템의 설정을 변경하는 행위

(2) 정상 프로그램 또는 시스템의 운영을 방해, 중지 또는 삭제하는 행위

(3) 정상 프로그램 또는 시스템의 설치를 방해하는 행위

(4) 정상 프로그램 외의 프로그램을 추가적으로 설치하게 하는 행위

(5) 운영체계 또는 타 프로그램의 보안설정을 제거하거나 낮게 변경하는 행위

(6) 이용자가 프로그램을 제거하거나 종료시켜도 당해 프로그램(당해 프로그램의 변종 프로그램도 포함)이 제거되거나 종료되지 않는 행위

(7) 키보드 입력 내용, 화면 표시 내용 또는 시스템 정보를 수집, 전송하는 행위(다만, 정보통신서비스제공자가 이용자의 개인 정보를 수집하는 경우는 「정보통신망 이용촉진 및 정보보호 등에 관한 법률」 제50조의 5의 규정을 적용한다)

· Chapter ·
05

보안 기술

챕터 4에서는 타인의 시스템이나 컴퓨터를 뚫으려고 하는 창인 악성코드에 대해서 이야기했습니다. 이번 챕터는 이러한 창을 막기 위한 방패들을 이야기해 보려 합니다. 보안 기술은 보호해야 할 컴퓨터나 시스템에 원하지 않는 사용자가 들어오는 것을 막는 모든 기술적인 행위를 말합니다. 보안의 기술적인 행위로 뚫지 못하게 막는 방안과 뚫렸을 때 이를 대응하는 방법으로 나눌 수 있습니다. 이것을 설명하기 위해서 〈미션 임파서블〉의 한 장면을 생각해 보겠습니다.

그림 9.15 미션 임파서블

〈미션 임파서블〉의 유명한 장면 중에 컴퓨터실에 잠입하는 장면입니다. 설계된 상황으로만 보면 컴퓨터실의 보안은 이중, 삼중으로 철저하게 설정되어 있었습니다. 인가된 사용자만이 컴퓨터실에 출입할 수 있으며 허가된 시간에만 사용할 수 있습니다. 이와 같이 일반적인 회사에도 민감한 정보를 취급하는 데이터실에는 출입 자체를 통제하여 허가된 사람만 컴퓨터에 접근하게 하는 방법이 있습니다. 1차적인 보안 방법으로 물리적으로 컴퓨터에 접근을 제한했다면, 필요 정보에 접근을 제한하는 것이 다음 단계입니다. 정보 접근을 제한하는 방법의 쉬운 예로 데이터 접근 사용자에 제한을 두어 사용자를 등급별로 나누고 각 등급마다 열람할 수 있는 정보를 제한하는 방법이 있습니다. 그리고 네트워크 접근을 제어하기 위한 방화벽, 혹시 모를 침입 시 이를 탐지하기 위한 감시 시스템 등이 모두 보안 기술에 해당합니다. 이렇게 사용자 계정의 등급을 나누는 것은 대형의 시스템에 적합한 경우이고, 우리가 사용하는 PC 의 경우에는 컴퓨터 로그인 암호의 설정이나 백신을 설치하는 방법 등이 있습니다.

1 백신 Vaccine

우리가 알고 있는 백신 프로그램의 대명사는 V3였습니다. 노턴 같은 외국 백신 프로그램도 많이 있으나, 그래도 여전히 백신이라고 하면 우리나라에서는 V3가 가장 유명한 듯합니다.

백신 프로그램의 원리는 한 가지로 정의하기는 어려우나, 기본적인 방식은 독특한 문자열을 가지는 바이러스의 특징을 이용해 파일의 특정 위치에 있는 특정 명령어문자열를 비교하여 바이러스를 찾아냅니다. 예를 들어 바이러스에 감염된 파일 내부에 XXX라는 문자가 특정 위치에 있다면, 검사 대상인 파일 내부에 XXX라는 문자가 포함되어 있는지를 검색하여 바이러스 감염 여부를 파악하는 것입니다. 또다른 방법으로 컴퓨터 바이러스에 감염된 섹터나 파일의 내용이 원래의 것과 다르다는 사실을 이용합니다. 이것은 파일의 현재 상태를 기록해 두었다가 나중에 검사할 때 파일이 이상한 형태로 변경된 흔적이 발견되면, 바이러스 감염이 되었다고 판단하는 것입니다.

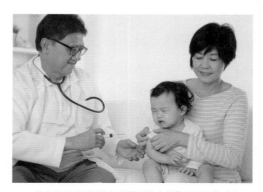

그림 9.16 병에 걸리면 주사를 맞든가 약을 먹어야 합니다.

방화벽은 네트워크를 통해서 들어오는 데이터를 거르는 역할을 합니다. 과거에 서울에 입성하기 위해서 4대문을 만들어 관리했던 것처럼, 방화벽은 컴퓨터나 시스템을 보호하기 위해서 문을 만들어 두고 인증되지 않은 데이터의 유입을 차단하는 역할을 합니다. 허가된 출입은 인가하여 오고갈 수 있으나 허가되지 않은 데이터는 막는 방법입니다.

그림 9.17 동동 동대문을 열어라.

이는 외부에서 들어오는 데이터를 거르는 역할뿐 아니라 내부 정보가 밖으로 유출되는 것을 막는 역할도 합니다. 이와 같이 방화벽은 특정 아이디와 패스워드를 이용하여 제어하는 방법과 네트워크 포트를 제어하여 막는 방법, VPN Virtual Private Network, 가상 사설망 과 같은 통신 포트를 제어하는 방법을 취합니다.

```
# Firewall configuration written by system-config-securitylevel
# Manual customization of this file is not recommended.
*filter
:INPUT ACCEPT [0:0]
:FORWARD ACCEPT [0:0]
:OUTPUT ACCEPT [0:0]
:RH-Firewall-1-INPUT - [0:0]
-A INPUT -j RH-Firewall-1-INPUT
-A FORWARD -j RH-Firewall-1-INPUT
-A RH-Firewall-1-INPUT -i lo -j ACCEPT
-A RH-Firewall-1-INPUT -p icmp --icmp-type any -j ACCEPT
-A RH-Firewall-1-INPUT -p 50 -j ACCEPT
-A RH-Firewall-1-INPUT -p 51 -j ACCEPT
-A RH-Firewall-1-INPUT -p udp --dport 5353 -d 224.0.0.251 -j ACCEPT
-A RH-Firewall-1-INPUT -p udp -m udp --dport 631 -j ACCEPT
-A RH-Firewall-1-INPUT -p tcp -m tcp --dport 631 -j ACCEPT
-A RH-Firewall-1-INPUT -m state --state ESTABLISHED,RELATED -j ACCEPT
-A RH-Firewall-1-INPUT -m state --state NEW -m tcp -p tcp --dport 21 -j ACCEPT
-A RH-Firewall-1-INPUT -m state --state NEW -m tcp -p tcp --dport 22 -j ACCEPT
-A RH-Firewall-1-INPUT -m state --state NEW -m tcp -p tcp --dport 23 -j ACCEPT
-A RH-Firewall-1-INPUT -m state --state NEW -m tcp -p tcp --dport 80 -j ACCEPT
-A RH-Firewall-1-INPUT -m state --state NEW -m tcp -p tcp --dport 25 -j ACCEPT
-A RH-Firewall-1-INPUT -m state --state NEW -m udp -p udp --dport 137 -j ACCEPT
-A RH-Firewall-1-INPUT -m state --state NEW -m udp -p udp --dport 138 -j ACCEPT
-A RH-Firewall-1-INPUT -m state --state NEW -m tcp -p tcp --dport 139 -j ACCEPT
-A RH-Firewall-1-INPUT -m state --state NEW -m tcp -p tcp --dport 445 -j ACCEPT
-A RH-Firewall-1-INPUT -j REJECT --reject-with icmp-host-prohibited
COMMIT
```

그림 9.18 방화벽 포트 설정 예시

방화벽은 외부 통신망의 1차 저지선입니다. 이메일이나 메신저 등 내부 사용자에게 전달하는 내용까지 확인이 불가하므로 방화벽에서는 이를 막을 수 없습니다.

3 | 침입 탐지 시스템 IDS: Intrusion Detection System

침입 탐지 시스템은 전통적인 방화벽이 탐지할 수 없는 모든 종류의 악의적인 네트워크 트래픽 및 컴퓨터 사용을 탐지하는 데 필요합니다. 침입 탐지 시스템은 보호해야 하는 시스템 자체와 연결되어 있는 네트워크를 모니터링하여 실시간으로 침입 여부를 탐지하는 기능을 가지고 있습니다.

3.1 침입 탐지 시스템의 분류

침입 탐지 시스템은 아래와 같이 분류가 가능합니다.

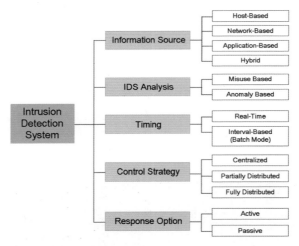

그림 9.19 침입 탐지 시스템의 분류

[가] Information Source

호스트 기반, 네트워크 기반, 애플리케이션 기반, 하이브리드 형태의 감지 시스템이 있습니다. 호스트 기반은 시스템에 직접 설치하여 운영 체제 내의 의심가는 작업을 모니터링하고 수집하는 작업과 시스템 로그를 감시합니다. 네트워크 기반은 네트워크 패킷을 감시합니다. 대부분의 상업용 침입 탐지 시스템이 이 분류에 속합니다. 애플리케이션 기반은 사용자와 애플리케이션 간의 데이터 전송에 대해서 감시합니다. 암호화된 패킷이 이 구간에서는 복호화되기 때문에 암호화된 패킷의 모니터링이 가능하다는 장점이 있습니다. 하이브리드는 이러한 것들을 서로 복합해서 사용하는 방식입니다.

[나] IDS Analysis

이 분류의 하위에는 오용 탐지Misuse Detection 방식과 비정상행위 탐지Anomaly Detection 가 있습니다. 오용 탐지 방식은 미리 정해진 공격 모델을 정해 놓고 이와 같은 공격이 왔을 경우 탐지하는 방식입니다. 그리고 비정상행위 탐지는 정상인 상태를 정해 놓고 그 범주를 벗어나는 행위를 침입으로 간주하는 방식입니다.

[다] Timing

이 분류는 감지의 시간에 따른 분류입니다. Real Time은 실시간으로 감지하는 방식입니다. 실시간 방식이므로 CPU와 메모리의 소모가 심합니다. 그에 비해 Interval-Based 방식은 일정 기간을 주기로 감시하는 방식입니다. 실시간보다는 자원의 소모가 덜하다는 장점이 있습니다.

[라] Control Strategy

이 방식은 중앙 집중식으로 침입 탐지 시스템을 설치하는 Centralized, 부분적으로 네트워크를 분할하여 설치하는 Partially Distributed 방식, 충분한 수의 침입 탐지 시스템을 설치해서 분산처리하는 Fully Distributed 방식이 있습니다.

[마] Response Option

Passive Response는 수동적 대응 행동으로 관리자에게 침입 정보만 제공하는 방식입니다. 이렇게 전달된 침입 정보를 기초로 관리자가 대응하도록 합니다. Active Response는 능동적 대응 방식으로 실제 대응 행동을 침입 탐지 시스템이 자동적으로 수행하도록 합니다. 예를 들면 라우터에서 해당 IP나 포트를 제어한다든지, 방화벽을 재설정하는 방법 등이 있습니다.

암호화 기술

암호하면 떠오르는 대표적인 곳이 군대입니다. 암호는 송신자가 원하는 수신자만이 메시지의 의미를 파악할 수 있도록 사전 약속된 규칙으로 메시지를 보내는 방식입니다. 〈다빈치 코드〉 영화에서 피보나치 수열과 시구 같은 단어들을 조합해서 중요한 단어를 찾아내는 장면이 있습니다. 이와 같이 암호는 일반 사람들이 보면 알 수 없도록 평문을 암호문으로 만드는 과정에 필요한 방식입니다. 그리고 그 반대로 암호문을 평문으로 전환하는 과정을 복호라고합니다. 그래서 통틀어서 암호화Encryption와 복호화Decryption라고 합니다.

1 전자 서명

1988년 제정된 전자 서명법에 의하면 전자 서명이란 서명자가 해당 전자 문서에 서명하였음을 나타내기 위해 전자 문서에 첨부되거나 논리적으로 결합된 전자적 형태의 정보를 말합니다. 현재 전자 서명은 인터넷 민원 서비스, 인터넷 쇼핑 그리고 인터넷 뱅킹이나 주식 거래와 같은 사이버 금융 거래 등에서 발생할 수 있는 개인 정보 도용, 정보의 위·변조 및 유출을 보호하기 위해 널리 사용되고 있습니다.

1.1 전자 서명의 기능

전자 서명은 위조 불가Unforgeable, 인증Authentication, 재사용 불가Not Reusable, 부인 방지Non Repudiation의 기능이 있습니다. 우리나라의 전자 서명의 표준은 1996년 개발된 KCDSAKorean Certific-based Signature Algorithm가 있습니다.

[가] 디지털 서명

디지털 서명이란 공개키 암호화 방식을 이용한 전자 서명의 한 종류입니다. 즉 송신자가 수신자에게 메시지를 보낼 때 송신자의 사설키로 암호화하여 전자 문서를 보내면 수신자는 송신자의 공개키를 이용하여 문서를 복호화하는 방식입니다.

[나] 공인인증서

공인인증서는 우리가 보통 은행 거래를 할 때 많이 사용합니다. 공인인증서는 전자 서명을 사용하는 데 있어서 이용되는 정보가 서명자에게 유일하게 속한다는 것을 증명하기 위해 공인 인증 기관으로부터 발행받은 전자 정보로, 인터넷상에서 자신을 증명할 수 있는 사이버 거래용 인감증명서라고 할 수 있습니다.

요약

1 정보 보호

- 정보 보호는 우리가 사용하는 정보가 우리가 원하지 않는 곳에 사용되지 않도록 하는 모든 행위를 이야기합니다.

- 정보 보호의 목표로는 비밀성, 무결성, 가용성이 있으며 정보 보안 서비스로는 인증, 접근 제어, 부인방지가 있습니다. 정보 보안을 위협하는 요소에는 정보 가로막기, 정보 가로채기, 정보 수정, 정보 위조가 있습니다.

2 보호해야 하는 정보

- 개인 정보는 살아 있는 개인을 구별할 수 있는 모든 정보를 말합니다.

- 직접 식별 개인 정보는 고유 식별 정보와 민감 정보로 나눌 수 있습니다. 고유 식별 개인 정보는 개인을 고유하게 구별하기 위하여 부여된 식별 정보이며, 민감 정보는 개인의 바이오 정보, 그 사람이 가지고 있는 사상적인 정보 등 공개될 경우 정보 주체의 사생활을 현저히 침해할 우려가 있는 개인 정보입니다.

- 간접 식별 개인 정보는 직접 식별 개인 정보와 결합하거나 간접 식별 개인 정보들을 결합할 경우 해당 개인을 용이하게 알아볼 수 있는 정보를 지칭합니다.

3 해킹

- 해킹이란 말은 원래 컴퓨터 시스템의 내부 구조와 동작 등에 심취한 매니아들이 네트워크의 보완 취약점을 찾아내어, 유익한 방향으로 그 문제를 해결하고 이를 악용하지 못하도록 방지하는 행위를 말했습니다.

- 해킹의 종류 중 자원 고갈 공격은 더미 데이터를 무작위로 보내거나 CPU 점유율이 높은 프로그램을 지속적으로 기동시키는 방법입니다. 자원 고갈 공격에는 시스

템의 정상적인 서비스를 방해하려는 목적으로 과도한 데이터를 보내서 공격 대상의 네트워크나 시스템이 정상 동작하지 못하도록 하는 DoS, 좀비 PC로 하여금 특정 시스템을 공격하도록 명령하는 DDoS, 가짜의 DNS, IP, Mac 주소, 이메일에 접속하는 시스템과 사람들의 정보를 빼내는 스푸핑, 고전적인 정보 수집의 방법인 감청을 네트워크에 적용한 스니핑, 악성 스크립트를 포함한 게시물을 게시하여 정보를 취득하는 XSS 공격이 있습니다.

4 악성코드

- 악성코드는 악의적인 의도를 가지고 만든 코드의 통칭입니다. 여기서 말하는 악의적인 의도로는 중요 정보의 유출, 혹은 대상 시스템의 공격을 말합니다.

- 웜은 네트워크를 통해서 자신을 복제하고 전파할 수 있는 악성 프로그램을 말하며, 직접적인 피해를 입히기보다는 자기 복제 행위와 네트워크를 통해 확산하는 프로그램입니다.

- 트로이 목마는 아무 해가 없을 것 같은 파일을 공격할 컴퓨터에 심어 놓고 필요에 따라 실행을 시켜서 바이러스를 활성화시키는 방법입니다.

- 스파이웨어 혹은 애드웨어는 특정 회사의 광고나 제품 광고의 목적으로 배너를 삽입하거나 혹은 화면상에 지속적으로 광고 창을 생성하는 프로그램입니다.

5 보안 기술

- 보안 기술은 원하지 않는 사용자가 보호해야 할 컴퓨터나 시스템에 들어오는 것을 막는 모든 기술적인 행위를 말합니다.

- 백신 프로그램의 기본적인 방식은 독특한 문자열을 가지는 바이러스의 특징을 이용해 파일의 특정 위치에 있는 특정 명령어를 비교하여 바이러스를 찾아냅니다.

- 방화벽은 네트워크를 통해서 들어오는 데이터들을 거르는 역할을 합니다.

- 침입 탐지 시스템은 전통적인 방화벽이 탐지할 수 없는 모든 종류의 악의적인 네트워크 트래픽 및 컴퓨터 사용을 탐지하는 데 필요합니다.

6 암호화 기술

• 1988년 제정된 전자 서명법에서는 '전자 서명이란 서명자가 해당 전자 문서에 서명하였음을 나타내기 위해 전자 문서에 첨부되거나 논리적으로 결합된 전자적 형태의 정보를 말한다'라고 정의합니다.

점검문제

1. 정보 보호를 위한 3가지 요구 사항은?

2. 정보 보호의 위협 요소는 무엇입니까?

3. 직접 식별 개인 정보 중 고유 식별 정보에 대해서 설명하세요.

4. DDos에 대해서 설명하세요.

5. 트로이 목마에 대해서 설명하세요.

6. 백신에 대해서 설명하세요.

7. 공인 인증서에 대해서 설명하세요.

PART 10

IT의 윤리적 관점

태초 이래로 사람들에게는 여러 가지 도구가 주어졌습니다. 불의 발견이 그러했으며, 이후 석기와 청동기, 철기 시대를 지나면서 인간의 도구는 점점 발전했지만 그러한 도구의 발전이 항상 사람들을 즐겁게 해 주지는 못했습니다. 칼과 활은 사냥하기에는 좋은 도구였으나 한편으로는 사람을 살상하는 무기로도 사용되었지요. IT도 마찬가지인 것 같습니다. 사람들이 어떤 마음으로 그 도구를 사용하느냐에 따라서 유익한 도구가 될 수도 있고, 사람을 상하게 하는 도구도 될 수도 있습니다. 이번 파트에서는 양날의 검처럼 우리가 사용하는 IT에 대해서 고민해 보는 시간을 가져 보려 합니다.

· Chapter · 01 정의란 무엇인가?

마이클 샌더슨의 〈정의란 무엇인가?〉라는 책을 읽은 분들이 있을 것입니다. 이 책에는 제어가 안 되는 기차의 예시를 드는 내용이 있습니다. 브레이크가 고장 난 기차가 선로를 달리고 있습니다. 기차가 진행하는 갈림길의 좌측 선로 앞에는 5명의 인부가 일을 하고 있고 기차는 그들을 향해서 달려가고 있습니다. 우측 다른 선로에는 1명의 인부가 일을 하고 있습니다. 당신이 기관사라면 5명을 향해서 달리겠습니까? 아니면 1명을 향해서 달리겠습니까? 우리는 선로를 선택할 수 있고 그에 따라 5명과 1명의 운명을 선택할 수 있습니다. 여러분이라면 어떤 선택을 하겠습니까? 한 사람이 중요할까요? 아니면 다른 선로에 있는 5명이 중요할까요? 숫자가 많으면 더 중요하다고 판단할 수 있을까요? 다수의 목숨이 소수의 목숨보다 더 중요한가요?

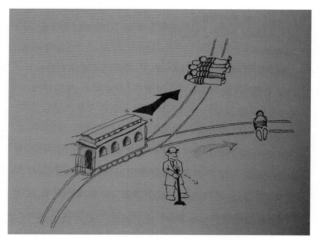

그림 10.1 선택은 어디로?

비슷한 예를 하나 더 들어 보겠습니다. 차를 운전하고 가는 중에 앞에 오토바이가 급정거를 해서 급브레이크를 밟아야 하는 상황이 벌어졌습니다. 거리상으로 봤을 때 도저히 브레이크로 멈출 수 있는 거리는 아닙니다. 이런 상황에서는 앞의 오토바이를 들이받거나 아니면 다른 차선의 차량과 충돌해야 합니다. 오토바이와 충돌하는 것이 나을까요? 아니면 다른 차선의 차량과 충돌하는 게 나을까요? 오토바이보다는 차량에 충돌하는 것이 사고 피해 정도가 약할 것이기 때문에 그렇게 해야 할까요? 아니면 그대로 오토바이에 충돌을 하는 것이 오토바이의 급정거에 대한 책임으로 그럴 수 있을까요?

과거에는 사람의 반응 속도와 인체의 한계로 인해 앞차에 충돌하든, 오토바이에 충돌하든 운전자의 과실로 처리가 되었습니다. 이것을 피할 수 있는 반응 속도는 사람이 지배할 수 없는 영역이라고 생각했습니다. 둘 중 어느 곳으로 충돌을 할 것인가에 대해서 선택할 수 없는 상황이므로 그리 고민할 것이 안 되었습니다.

그러나 이 상황을 그대로 자율 주행 시스템 하에서 생각하고, 그 차량이 자율 주행 시스템이 적용된 차량이라고 가정한다면 이 선택의 책임은 고스란히 과학자, 엔지니어의 몫이 됩니다. 왜냐하면 기계적으로 프로그래밍된 컴퓨터의 반응 속도는 인간보다 훨씬 빠르고 정확하기 때문입니다. 그렇기 때문에 사고 대책 알고리즘을 어떻게 구성했는가에 따라서 차량 사고의 피해자를 바꿀 수 있습니다. 물론 이 선택이 최선이 되도록 최적의 알고리즘과 각종 법규와 기타 각종 상황적인 옵션들을 고려해야 할 것입니다. 그러나 어떤 선택을 하든지 혹은 어떤 대책을 프로그래밍하든지 인간이 만들어 놓은 선택으로 사고의 방향을 바꿀 수 있다는 것은 불편한 일일 수밖에 없습니다. 어떤 선택을 하더라도 피해를 당해야 하는 편의 이견에 대해서 명쾌하게 답변을 하기는 어렵습니다. 이전에는 이런 고민은 우리의 영역이 아니었습니다. 그냥 운명의 선택이거나 혹은 어쩔 수 없는 일로 생각했습니다. 하지만 인간이 선택할 수 없던 부분을 기술의 발전으로 선택할 수 있게 되면서 이제는 중요한 문제가 된 것입니다. 위의 오토바이 충돌 사건으로 프로그래밍된 상황을 설명하자면, 당연히 앞의 오토바이 과실로 인한 사고 발생이므로 오토바이에 충돌하는 것이 타당하다고 설명이 가능합니다. 아마도 그렇게 되면 오토바이는 일반적으로 안전 면에서는 다소 취약하므로 오토바이 운전자는 큰 부상을 당할 것입니다. 그리고 과연 그것이 최선의 선택인가 생각하면, 그나마 사고에 더 안전한 다른 차선의 차량과 충돌로 사고를 유도한다면 전체 사고의 규모는 작아질 수 있으나 무고한 다른 차선의 차량에게 피해를 입히는 결과를 얻게 됩니다.

그림 10.2 오토바이 추돌

AI 관련된 이야기를 좀 더 해보도록 하겠습니다. 우리나라의 이세돌 기사가 구글의 알파고와 바둑 대결을 했습니다. 결과는 이미 알고 있는 대로 이세돌 기사가 1승을 하고 나머지는 모두 패했습니다. 이후 다른 바둑 기사들과도 알파고는 바둑 대결을 했지만 알파고의 유일한 패는 이세돌 기사와의 대결에서의 1패만 있고 전승을 하게 됩니다. 인공지능은 스스로 학습하고 학습한 데이터를 토대로 다시 데이터를 재생산합니다. 네트워크로 연결된 방대한 데이터를 기초로 학습하고 그 이상의 데이터를 만들며 그렇게 만들어진 데이터로 다시 재생산하는 방식입니다. 그리고 그 학습의 시간은 이 세상 어떤 창조물보다 빠릅니다. 이전에는 정보의 초기 생산은 사람에 의해서만 가능했습니다. 컴퓨터는 사람이 만드는 정보를 빠르고 정확하게 하는 데 추가적으로 도움을 주는 기계일 뿐이었습니다. 그런데 그런 컴퓨터가 이제는 스스로 기존 정보를 토대로 새로운 정보를 만들어낼 수 있다는 것입니다. 더 이상 데이터를 생산하고 창조하는 것은 인간만 하는 것이 아니라 컴퓨터도 가능하다는 사실과, 그 기능은 인간보다 컴퓨터가 뛰어나다는 것은 이제 의심할 여지가 없습니다. 세상의 온갖 방대한 자료를 분석하고 저장하고 새로운 데이터를 만드는 기능은 인간의 머리보다는 컴퓨터의 CPU가 훨씬 빠르고 정확하다는 사실은 이제 놀랄 일도 아닙니다.

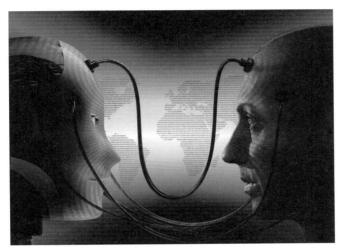

그림 10.3 인공지능

위의 2가지를 접목하여, 사고 사례를 분석하고 각종 사고의 시뮬레이션을 통해서 컴퓨터가 자율 주행에 대한 결괏값을 내놓았다고 가정해 봅시다. 우리는 'A라는 선택이 현재의 계산상으로 가장 좋은 값입니다'라고 생각하고 그게 좋은 선택이라고 검증할 수 있는 방법은 다른 컴퓨터를 이용하거나 혹은 우리의 두뇌로 이성적이고 감성적인 판단밖에는 할 수가 없습니다. 그러니 결국은 그 선택이 최선이냐는 것의 논리적 검증을 위해서는 컴퓨터를 다시 이용해야 하고, 감성적인 것은 사람의 직관이나 다수 사람들의 보편적인 감성에 기초해야 합니다. 아직까지 감성적인 영역은 컴퓨터에게는 없는 감정을 가지는 인간만이 느끼는 것이니까요.

그래서 내가 오토바이 피해자가 되었다고 했을 때 우측 차선에서 천천히 가고 있다가 뒤에서 충돌을 당해도 "아 어쩔 수 없는 것이구나" 혹은 "재수가 없었구나"라는 감성적 생각을 할 수 있습니다. 그리고 논리적인 판단을 위해서는 경찰에게 의뢰하게 됩니다. 문제는 우리와 같은 사람이 만든 알고리즘에 의해서 사고의 피해자가 결정될 수 있다고 한다면, 과연 사람들은 이 부분을 수긍할 수 있을까요? 아마도 알고리즘을 만든 사람들에게 온갖 원망과 질문이 쏟아질 것입니다. 그리고 알고리즘이 아무리 명확하게 만들어졌다고 해도 우리가 신에게 기도하는 만큼의 원망과 요구가 알고리즘 제작자들에게 쏟아지리라 생각됩니다.

그림 10.4 기도하는

우리 인간의 기술은 정말 눈부실 정도로 발전하고 있습니다. 그리고 그 속도 또한 점점 가속화되어 가고 있습니다. 인류의 역사에서 천 년 전부터 백 년 전까지의 기술의 발전보다는 근 백 년 사이의 기술의 발전이 훨씬 많이 빠르게 변한 것을 알 수 있습니다. 그리고 그러한 기술의 발전은 우리의 생활 방식을 완전히 바꿔 놓았습니다. 이러한 발전이 점점 가속화되면 될수록, 그 전에는 건드리지 못했던 부분까지 인간의 능력이 미칠수록, 우리는 이런 발전의 산물들이 사람들에게 좋은 영향만 미칠 것인지에 대해서 고민해 볼 필요가 있습니다. 핵융합을 발견하고 핵발전소를 지어서 좋은 효율로 에너지를 공급하는 것은 발전의 산물이 좋게 사용되는 예일 수 있으나, 그 발견으로 인해 핵폭탄이 만들어지고 그로 인해 사람들이 무서워하거나 다칠 수 있다면 과연 그 발견은 우리에게 좋은 발견일 것이냐는 것은 어려운 숙제인 것 같습니다. 그렇지만 인간의 끝없는 탐구욕과 도전의 정신을 폄하해서는 안 될 것입니다. 그러한 탐구욕과 도전 정신으로 사람들이 윤택하고 편리한 삶을 살고 있다는 것은 무시할 수 없기 때문입니다.

물음. 사람이 다른 사람의 운명을 결정지을 수 있을까요?

물음. 당신이 신이라면? 당신은 인간들을 어떻게 만들고 싶으신가요?

물음. 합리적인 결정이라는 것은 과연 무엇일까요?

Chapter 02 성인용 콘텐츠는 필요한 것인가?

네덜란드는 풍차의 나라입니다. 다들 아시는 것처럼 바다의 수위가 육지보다 높아서 홍수가 자주 일어났던 나라라고 합니다. 예전 교과서에서 네덜란드의 어린 아이가 주먹으로 둑의 구멍을 막아서 홍수를 막아 냈다는 일화가 제 기억에 남아 있습니다.

그런데 이 나라는 다른 면으로도 유명한데, 바로 언론 자유도가 세계 1위라는 것입니다. 공영 방송에 성인용 콘텐츠와 유아용 콘텐츠의 구별이 없습니다. 이 나라의 방송은 방송에 대한 규제라는 것이 존재하지 않으며, 각종 성인 콘텐츠뿐 아니라 약물이나 기타 다른 나라에서는 금기시하는 콘텐츠도 여과 없이 방송됩니다. 그런데 이렇게 방송의 규제가 완전히 없는 데에는 그럴만한 이유가 있다고 합니다. 과거 스페인의 식민지였던 네덜란드는 주로 무역을 위주로 하는 상인의 나라였습니다. 장사를 하려면 불교 국가와도 장사를 해야 하고 기독교 국가와도 장사를 해야 하기 때문에, 무역을 하는 데 종교는 큰 상관이 없다고 생각했습니다. 당연히 무역은 유색 인종들과도 해야 하고 다른 종교의 민족들과도 해야 하니, 그러한 차별을 둔다면 무역은 이루어지지 않을 것입니다. 그런데 네덜란드를 지배하고 있는 스페인 국왕은 가톨릭 신자였습니다. 스페인 국왕은 네덜란드 국왕에게 가톨릭 국가 이외의 국가와의 무역을 금지하는 요구를 하게 됩니다. 이교도들을 이롭게 하는 무역을 허락할 수 없었던 것입니다. 네덜란드 입장에서는 종교도 중요하지만 본업인 무역의 권리를 지키기 위해서 전쟁을 결정합니다. 그리고 이것을 쟁취하기 위해서 80년간 종교 전쟁을 하게 됩니다. 기나긴 종교 전쟁의 끝은 네덜란드의 승리로 끝납니다. 전쟁을 80년간 했으니 얼마나 힘들고 어렵게 이끌어낸 승리였겠습니까? 그리고 1648년 종교 및 모든 사상의 자유를 허용하는 최초의 국제 평화 조약을 체결합니다. 이것이 '베스트팔렌 조약'입니다. 긴 종교 전쟁을 통해서 독립을 쟁취하였기 때문에 네덜란드는 종교적인 차별이 배제되었고 무역의 나라이므로 다른 문화의 수용에도 관대해졌습니다. 이렇게 어렵게 이루어낸 가치에 대해서 네덜란드는 지금까지 지켜오고 있는 것입니다.

또한, 네덜란드는 지역적인 특이함이 있습니다. 바다의 수위가 땅보다 높아서 홍수가 자주 발생하고 이 위험에 대해서 네덜란드 국민들은 항상 불안한 마음을 가지고 있습니다. 바닷물을 막기 위해서 둑을 세우고 지키는 일은 국민들 자신의 생존과 직접적으로 관련되어 있었습니다. 그러니 홍수를 막는 일에는 정말 남녀노소 그 어느 누구도 빠질 수 없었습니다. 이런 재난을 막기 위해서는 홍수가 나는 지역에 사는 유색인, 이교도, 어린이라고 해서 다를 수 없었으며, 직업적으로는 성매매 종사자들에서부터 귀족까지 모두 마을에 둑을 세우고 홍수를 막는 일에 동참을 하게 됩니다. 이렇게 재난을 막는 과정에서 귀족이든 창녀든 누구든지 모두 다 마을의 일원이라는 개념이 생겨났다고 합니다. 그래서 각자의 직업이나 하는 일에 대해서 차별을 두고 업신여기기보다는 저 사람도 나와 같이 마을을 지키기 위해서 둑을 세운 사람이라는 존중의식이 강했습니다. 네덜란드는 2000년 매춘을 합법화합니다. 암스테르담에는 대략 7천 명의 매춘부가 일하고 있습니다. 다른 일면으로 매춘은 세계에서 가장 오래된 직업 중 하나라고 네덜란드는 설명하고 있습니다. 이러한 사상의 기초 위에서 네덜란드는 모든 사람이 평등하다는 분위기가 생겨나게 되고, 언론 자유도 세계 1위의 나라가 됩니다. 어떠한 이야기도 제한 없이 방송에서 가능하며 성인용 콘텐츠도 구별이 없습니다.

그림 10.5 네덜란드의 시위

이제 우리나라의 경우를 생각해 보겠습니다. 우리나라는 나이별로 콘텐츠의 접근을 제한하고 있습니다. 우리가 성인용 콘텐츠를 구분하는 이유는 만들어진 콘텐츠가 성인이 아니면 소화를 못할 정도의 내용이라고 판단하기 때문입니다. 이러한 콘텐츠가

미성년자나 어린 아이들에게 노출되었을 때는 그들에게 필요 없는 정보이거나 혹은 나쁜 영향을 미칠지도 모른다고 판단하여 이러한 콘텐츠의 접촉을 막기 위한 규제를 만들었습니다. 같은 이야기를 위의 네덜란드 사람들에게 물었습니다. "그렇게 모든 콘텐츠를 아이부터 어른까지 다 같이 시청하면 아이들에게 나쁜 영향을 미칠 수도 있는 것 아닌가? 우리 상식으로는 이해가 되지 않는다." 하지만 그 사람들은 "감출수록 오히려 더 안 좋은 영향을 미칠 수 있다."라고 합니다. 감추지 않고 밝은 곳에서 같이 공유하는 것이 훨씬 좋다는 것입니다. 나라가 다르고 사람이 다르니 네덜란드 사람들의 문화가 옳다고만 할 수는 없습니다. 그러나 성性은 감추지 않고 밝은 곳에서 이야기해야 좋다는 것은 우리나라 사람들도 일견 동의하는 내용일 것 같습니다.

물음. 성인용 콘텐츠는 필요할까요?
물음. 모든 정보는 모두에게 다 공개가 되어야 할까요?
물음. 초등학생의 아이들에게는 어느 정도의 콘텐츠만이 공개가 되어야 할까요?
물음. 미성년자 관람불가, 청소년 관람불가 콘텐츠는 잘 지켜지고 있을까요?

Chapter 03

SNS는 정말 인생의 낭비인가?

하루를 SNS로 시작하는 사람들이 많습니다. 자기의 일상생활을 다른 사람들과 공유하면서 사람들의 공감을 얻기를 바랍니다. 적절한 정보의 공유와 일상의 공유는 사람들에게 좋은 영향을 미칠 수 있습니다. 유용한 정보의 공유는 공감대 형성과 자존감을 높일 수 있는 좋은 방법입니다. 하지만 과할 경우는 예상치 못한 부작용이 나타나게 됩니다. 검증되지 못한 정보나 지나친 주관적 판단에 의한 정보 제공은 오히려 사람들에게 혼동을 줄 수도 있습니다. 그리고 과도한 일상의 공유는 자기의 사생활뿐 아니라 주변 사람들의 사생활 침해로 번질 수 있습니다.

그림 10.6 좋아요

자기의 일상을 많은 사람들과 공유한다는 것은 그 동안 유명인이나 연예인에게만 해당되는 이야기였습니다. 유명인이나 연예인은 일반 대중들의 관심이 있기 때문에 그들의 행동이나 말이 영향력을 발휘합니다. 그래서 유명인의 일상의 공유라는 것은 일반인에게 좋은 방향이든 나쁜 방향이든 영향을 미치게 됩니다. 유명인과 비교해서 영향력이 크지 않은 일반인들은 자기 지인이나 혹은 주변 몇몇 사람들에게 SNS를 한다고 해서 그렇게 큰 영향력을 미치지는 못합니다. 하지만 소소한 재미를 위해서 SNS로 일상을 공유하는 것은 또 다른 재미임은 분명합니다.

'SNS는 인생의 낭비'라는 이야기는 영국 프리미엄리그 맨체스터 유나이티드 팀의 퍼거슨 감독이 한 말입니다. 영국의 맨체스터 유나이티드는 우리나라 박지성 선수가 선수로 있던 유명한 팀이지요. 퍼거슨 감독이 이런 말을 한 배경이 무엇인지 먼저 알아볼 필요가 있습니다.

맨체스트 유나이티드 팀의 유명한 공격수 웨인 루니 선수가 트위터에서 한 팔로워와 시비가 붙어서 때아닌 논쟁이 벌어졌습니다. 이에 대해서 언론과의 인터뷰 중에 퍼거슨 감독은 "선수들이 그런 것에 신경 쓸 시간이 있는지 모르겠습니다. 이런 걸 할 시간이 어디 있습니까? 인생에서 할 수 있는 다른 것이 백만 가지는 더 있는데 말이지요. 차라리 도서관에 가서 책을 읽으세요. SNS는 시간낭비일 뿐입니다."라고 이야기 했습니다. SNS보다 더 중요한 일들이 많으니 그런 것에 시간을 낭비하지 말라는 조언 정도로 이해가 됩니다. 그러나 아무리 무의미하다고 이야기해도 여전히 SNS는 우리 삶에서 중요한 부분을 차지하고 있습니다. 퍼거슨 감독의 말은 과거에 TV를 넋 놓고 보는 저를 보고 저희 아버지가 했던 말씀과 유사합니다. "TV 볼 시간에 책을 한번 더 읽어라." TV에 나오는 연예인의 이야기에 빠져있는 저를 책망하는 말씀이었습니다. 아버지 생각으로는 위인이 아닌 연예인의 이야기에 빠지기보다는 책을 보고 지식을 더 쌓으라는 이야기였을 것입니다. 사실 다른 측면으로 이야기하면 TV 속에서 나오는 이야기나 내용들이 책 읽는 것보다 더 유익한 내용이 아니라는 생각이셨겠지요. 여전히 책을 읽어서 얻는 정보가 TV에서 얻는 정보보다 더 유익할 수는 있겠으나, 분명한 것은 TV에 나오는 연예인들이나 운동 선수들의 사회적 지위가 과거에 TV 볼 시간에 책을 더 보라고 말씀하신 시대와는 분명 달라졌다고 생각합니다. 이와 비슷하게 SNS 에서 얻는 정보의 질과 유익성이 점점 좋아진다면 퍼거슨 감독의 "SNS는 인생의 낭비 이다."라는 이야기는 SNS에 대한 결론이 아니라 얼마든지 인생에 있어서 좋은 정보를 제공해 주는 수단이 될 수 있으리라 생각합니다.

그림 10.7 인스타그램

물음. SNS에서의 정보 공유는 우리에게 좋은 영향을 미치나요?

물음. SNS는 어떻게 사용해야 할까요?

물음. SNS를 통해서 이익을 얻은 경우가 있다면 이야기해 봅시다.

물음. SNS를 통해서 불이익을 얻은 경우가 있다면 이야기해 봅시다.

4차 산업혁명의 이야기를 하기 전에 먼저 이 용어의 시작부터 찾아볼 필요가 있습니다. 4차 산업혁명이란 용어는 2010년 독일에서 발표한 '하이테크 전략 2020 High-tech Strategy 2020 for Germany – HTS 2020'에서 나옵니다. 하이테크 전략 2020은 2065년 정부, 연구원, 산업계 전문가의 참여로 범정부 차원에서 수립한 첨단 기술 전략 06 High-tech Strategy for Germany을 2009년에 수정·보완한 국가과학기술 육성 전략입니다.[위키피디아 참조] 이 전략은 독일뿐 아니라 전 지구적으로 대응이 필요한 기후보호, 에너지, 보건 및 영향, 이동성, 커뮤니케이션, 보안 등 5개 영역에서 총 11개의 과학기술 개발 과제를 설정하였습니다. 프로젝트 중 하나인 '인더스트리 4.0'에서 '제조업과 정보통신의 융합'을 뜻하는 의미로 4차 산업혁명이 사용됩니다.

4차 산업혁명은 '3차 산업혁명을 기반으로 발전되어 왔던 디지털과 바이오산업, 물리학 등 3개 분야의 융합된 기술이 경제 체제와 사회구조를 급격히 변화시키는 기술 혁명'이라고 정의되었습니다. 이 정의는 세계 경제 포럼 WEF 회장인 클라우스 슈밥의 저서에서 기술하고 있습니다.

앞선 산업혁명에 대해서 좀 살펴보면 1차 산업혁명은 증기 기관의 발명 이후 기계에 의한 생산이 가능해지면서 일어났습니다.

그림 10.8 1차 산업혁명

2차 산업혁명은 전기와 대량생산이 가능한 조립 라인 등이 구축되면서 물자의 대량 생산이 가능해졌습니다.

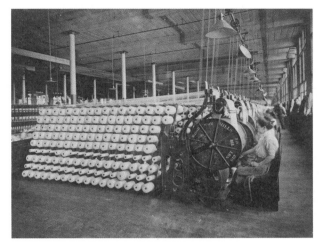

그림 10.9 대량생산의 산업혁명

3차 산업혁명은 반도체의 발달과 그로 인한 컴퓨터의 급속한 발전, PC의 보급 그리고 인터넷의 발달을 통한 정보통신 기술의 시대로 이야기할 수 있습니다.

이에 이은 4차 산업혁명으로 떠오르는 단어들은 사물인터넷, 클라우드, 빅데이터, 인공지능으로 대표될 수 있습니다. 네트워크 안에 있는 모든 사물과 인간이 서로 연결되고, 여기서 발생하는 데이터를 빅데이터 처리하여 AI로 좀 더 정확하고 대량처리가 가능한 지능화된 사회로 변화할 것이라는 예측입니다.

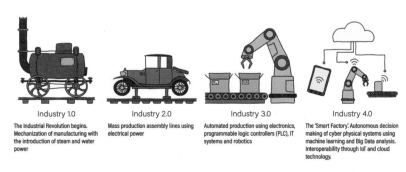

그림 10.10 4차 산업혁명

1차 산업혁명은 개인의 노동을 증기 기관이 대신합니다. 다수의 사람이 해야 할 일을 기계가 알아서 하는 것입니다. 여기서 다수의 사람은 양의 문제가 아니라 힘이 많이 들어가는 물리적 힘의 필요를 기계의 힘을 빌려서 해결합니다.

2차 산업혁명은 전기를 통해서 대량생산이 가능해집니다. 이것은 이제 다수의 사람이 오랜 시간 동안 이루어야 했던 생산량을 기계의 힘을 빌려서 단시간에 대량의 물자를 생산할 수 있음을 의미합니다.

3차 산업혁명은 이제 육체의 힘과 양을 넘어서 사람의 계산과 저장 능력을 기계가 대신하게 됩니다. 더 이상 사람은 복잡한 계산을 머리를 써서 할 필요가 없습니다. 이런 복잡한 계산은 컴퓨터나 기계가 알아서 하는 시대가 되었습니다.

이제 4차 산업혁명은 더 이상 생각하고 고민할 필요조차 없습니다. 어떤 것이 현재의 데이터로 가장 현명한 결정일까요? 주변 여건과 변수를 모두 고려했을 때 가장 합리적인 결정은 무엇일까요? 네, 맞습니다. 기존의 데이터를 모두 수집하고 있는 컴퓨터에 물어보면 현재까지의 데이터를 근거로 답을 알려 주는 시대가 온 것입니다.

어찌 생각하면 아주 편리하고 멋진 생활이 가능한 것으로 들릴 수도 있습니다. 그러나 역사 시간에 배운 지식을 조금만 생각해 본다면 1차 산업혁명의 산물인 증기 기관과 철도는 사람과 물자의 편리한 이동이라는 좋은 면도 있으나, 제국주의 열강들이 식민지를 수탈하는 방법의 시작으로 활용되기도 했습니다. 대량생산이 가능한 조립 라인으로 많은 물자들이 사람들에게 제공되는 좋은 면도 있었으나, 이 역시 자본의 권력을 쥐고 있는 사람들이 서민의 노동력을 착취하는 수단이었다는 어두운 면도 같이 발생했다는 것을 상기시키고 있습니다.

4차 산업혁명으로 인해서 발생될 어두운 면으로, 로봇이 저급 및 중급 기술자들의 업무를 대체하게 됩니다. 그리고 빅데이터 분석 등 사람의 통찰력과 관찰력이 필요했던 업무는 인공지능이 대체할 것으로 예상됩니다. 향후 5년간 세계 고용의 65%를 차지하는 선진국 및 신흥시장 15개국에서 일자리 710만 개가 사라지고, 4차 산업혁명으로 210만 개의 일자리가 창출되어 500만 개의 일자리가 감소할 것으로 전망하고 있습니다. 가장 큰 타격을 받을 직군은 사무관리직으로, 빅데이터 분석 및 인공지능 기술을 갖춘 자동화 프로그램과 기계가 일자리를 대체해 앞으로 5년간 475만9000개의 일자리가 줄어들 것으로 각종 경제 관련 보고서들은 전망하고 있습니다. 그나마 늘어나는 직군은 컴퓨터, 수학, 건축, 공학 분야에서 약 100만 개 정도가 늘어날 것으로 예상하고 있습니다.

지금 시대를 살아가는 사람들은 이미 3차 산업을 한 번 겪었습니다. 3차 산업은 이미 언급한 대로 반도체 컴퓨터, PC, 인터넷이라는 키워드로 정리가 가능합니다. 컴퓨터 인터넷의 발달은 우리 생활에 엄청난 변화를 가져왔습니다. 과거 서류가 즐비하던 사무실에는 이제 모두가 다 컴퓨터를 놓고 일을 합니다. 컴퓨터가 없던 시절에는 어떻게 사무 일을 봤는지 상상이 되지 않을 정도입니다. 그리고 인터넷과 컴퓨터는 우리에게 많은 편리함과 즐거움도 주지만, 어두운 면에 대해서는 따로 언급하지 않아도 다들 아실 것이라 생각합니다.

1차 산업혁명의 시작은 1760년이었습니다. 처음 1차 산업혁명의 시작은 지금의 시간의 흐름으로 본다면 아주 오랜 시간, 약 80년이 걸렸습니다. 하지만 이제 그 주기와 기간은 점점 짧아지고 있습니다. 3차 산업혁명은 1960년도 반도체 개발을 시작으로 인터넷이 활성화된 1990년대 후반까지로 잡습니다. 이런 속도와 주기라면 4차 산업혁명은 아주 빠른 시기에 일어나고 완료되리라고 예상하는 것은 그리 어렵지 않습니다.

물음. 1차, 2차, 3차 산업혁명의 좋은 영향은 무엇이며, 그 반대의 영향은 무엇인가요?
물음. 4차 산업혁명으로 인한 우리의 실생활에 어떤 변화가 있을까요?
물음. 산업혁명이라는 것이 인류 역사에 필요한 것일까요?

논리적
문제 해결을 위한
컴퓨팅 사고

1판 1쇄 발행 2019년 08월 23일

저   자 | 김두진
발 행 인 | 김길수
발 행 처 | 영진닷컴
주   소 | 서울 금천구 가산디지털2로 123 월드메르디앙벤처센터 2차
             10층 1016호 (우)08505
등   록 | 2007. 4. 27. 제16-4189

ISBN | 978-89-314-6142-8

도서문의처 | http://www.youngjin.com

YoungJin.com **Y.**
영진닷컴